무도 경기 기획론

장재이 · 최종균 · 방환복 지음

鮮文大學校

머리말

현대 신체문화는 서양 스포츠를 중심으로 전 세계적으로 활발하게 확대되고 있다. 이 서양스포츠의 본질은 격렬한 신체활동을 동반하여, 동일한 경기규칙에서 선의의 경쟁관계를 통해 타인의 존재를 인식하는 신체문화적 의미를 함축하고 있다. 그러므로 스포츠는 이타상생(利他相生)의 정신이 그 저변에 배경을 이루고 있다. 이러한 관점에서 동양의 신체문화인 무도(武道)가 가지고 있는 근본정신과 상통하는 점이 있으며, 현대에 접어들면서 서양스포츠와 동양무도의 만남이 새로운 시각으로 재해석되기 시작하였다. 다시말해서 동양무도가 가지고 있는 생사관(生死觀)으로부터 서양스포츠의 승부관(勝負觀)으로의 변화는 무도스포츠라는 새로운 용어를 창출하게 되었다.

이러한 무도스포츠 중 하나인 합기도(合氣道)는 기법의 특성상 경기화를 추진한다는 점에서는 많은 한계성을 가지고 있었다. 그러나 이러한 무도스포츠로의 변화는 거스릴 수 없는 시대의 흐름이며, 합기도수련인구의 경기화에 대한 선호도를 무시할 수 없기 때문에 합기도의 경기화는 계속해서 변화를 거듭할 것이다. 그동안 경기화에 대한 많은 논쟁은 무도스포츠라는 영역 안에서 찾아야만 한다. 즉 경기화된 합기도의 내용으로부터 무도성(武道性)을 담아내야 한다는 것이다.

즉 과거의 합기도는 하나의 신체단련, 정신수양, 호신의 무도였다면 오늘날의 합기도는 과거의 수련 목적을 포함하여 자신이 그동안 지도자로부터 배워온 기술을 경기를 통하여 타인과 겨루어 봄으로서 실력을 재평가 받고, 경기에서 패자는 이를 계기로 한층 더 성숙할 수 있는 동기를 유발한다는 점에서 경기화는 중요한 교육적 소재로 인식될 수 있다.

합기도경기화에 대한 인식 변화는 1990년 이후부터 이다. 이러한 변화는 합기도관련 각종 단체들에 의해 많은 대회가 개최되어 왔다. 그러나 합기도경기의 빠른 증가에 비하여 대회를 주최·주관하는 단체와 임원들은 주먹구구식의 인식에서 벗어나지 못하고 구태(舊態)를 반복하고 있다.

본 교재는 이러한 구태의연한 대회 개최의 현실로부터 벗어나기 위하여 많은 현장경험과 축적된 노하우를 바탕으로 매뉴얼화 한 것이다. 또한 합기도경기가 활성화되고 합기도 경기의 질적 향상을 위하여 기획단계로부터 평가단계까지 짜임새 있게 구성되었다. 그러므로 본 교재를 통하여 경기 준비 실무자는 지금까지의 합기도 경기를 치러낸 경험자의 지식과 노하우를 일목요연하게 파악할 수 있을 것이다. 본 교재의 내용을 경기현장에서 그대로 적용한다면, 큰 무리 없이 성공적인 경기를 개최할 수 있을 것이라 확신한다.

이제 본 교재에 담겨있는 내용은 제1장 기획의 본질, 제2장 기획서 작성과 프레젠테이션, 제3장 일반행정 실무, 제4장 대회행정 실무, 제5장 경기실무 등의 순서 구성되어 있으며, 합기도 경기를 기획·구성하는 임원, 심판, 선수, 진행요원들에 이르기까지 자신들의 역할이 무엇인지를 명확하게 인식할 수 있는 내용으로 되어 있다. 합기도경기를 치르는데 있어서 철저한 기획에서부터 업무분담, 경기진행 요령, 시합 후 평가단계에 이르기 까지 세밀한 내용으로 구성되도록 노력하였으며,

이러한 노력이 독자들에게 많은 도움이 되기를 기원한다.

끝으로 무도성(武道性)을 담아낸 합기도경기화의 성공을 위하여 많은 합기도인들의 애정 어린 질정을 기다린다.

2008년 10월

선문학사에서
저자대표

목　　차

제1장 기획의 본질

제1절 기획의 개념

우리가 살아가는 인간사회에서 흔하게 기획(planning: 企劃)이란 용어를 쉽게 접할 수 있다. 그러나 기획이 무엇이냐고 질문하며 정의 내리기란 그리 쉽지 않다. 그러나 분명한 것은 현대사회에서 기획이란 어떤 일에 대해 수행하고 있는 많은 업무를 통합, 조정하고 그 재원을 사용하며 현재와 미래를 효율적이며 효과적으로 운영해 나가는 아주 중요한 요소임에는 틀림이 없음은 누구나 알고 있다.

기획(planning)의 어원의 유래를 찾아보면 “flat surface”란 의미의 planum에서 연유형식적인 문서란 의미를 내포하고 있으며, 한문으로 企劃은 (企: 바랄기, 계획할 기, 절실하게 생활할 기로, 劃: 샛길 획, 그을 획, 계획할 획, 송곳칼 획) 등으로 해석된다, 우리말로 기획이란 용어를 표준대사전(1999)을 살펴보면 일을 꾀하여 계획함 등으로 해석하고 있다.

1. 기획의 정의

기획(planning)이란 무엇을 의미하는가의 정의에 대하여는 학자마다 관점을 달리하고 있다. 금건우(1990)는 기획을 일반적으로 인식하고 있는 기획은 “더 나은 성과를 이루기 위하여 미래를 예측하는 어떤 결정을 내리는 일이며, 어떤 행동에 착수하기에 앞서 실현 가능한 더 나은 착상과 동시에 독창력 및 아이디어를 표출하는 것”이라고 정의하고 있고, 이영두(1997)는 기획은 “단체가 하려는 것, 조직이 이루고자 하는 것이 무엇인지를 정확히 결정하면서 현실적인 목표를 세우고 그 목표를 충족시키는 데 사용되기 위한 특정한 수단과 방법, 계획을 결정하는 것이다. 다시 말해 조직이 추구하는 목표를 분명하게 규정짓고 이를 달성하기 위해 해야 할 과업들을 결정하는 과정”이라고 정의 내리고 있다. 칼럼리스트 로 유명한 이내화는 기획이란 “어떤 목표를 정해서 그 목표에 도달하기 위해 행하는 구상, 제안, 실천의 모든 업무를 뜻한다”라고 정의하고 있다. 또한 충북대학교 사회과학대학 행정학과 박대운 교수는 외국의 여러 학자들이 내 놓은 기획에 대한 정의를 그 내용에 따라 다음과 같이 2가지 관짐으로 대별하고 있다.

1) 관리기능의 한 단계: 전통적 기획관

기획을 관리기능의 한 단계로 보는 견해가 있다. L. Gulick, D. C. Stone, H. Koontz와 C. O'Donnell 등이 대표적인 학자들이다. 기획의 정의에 대하여 Gulick은 ‘어떤 사업의 설정된 목적을 달성하기 위하여 수행하여야 할 일과 방법을 개괄적으로 짜내는 것’이라고 정의하고[1)]

POSDCORB과정 중 첫 단계에 놓았다. 관리기능 중 가장 중요한 기능이라는 뜻이다. 또한 Stone은 '장래를 가능한 한 정확하게 예측하고 통제하려는 신중히 준비한 노력'으로 정의하며,[2] Koontz와 O'Donnell은 '여러 대안 중에서 목표·예산·절차 및 사업계획 등을 선택하는 관리자의 기능'이라고 정의한다.[3] 이러한 견해를 가진 사람들은 대부분 관리과학파(management science)의 학자들이다. 특히 이러한 견해는 정치·행정2원론, 기술적 행정학 또는 능률적 행정학이 풍미하던 시기에 지배적인 것이었다.[4] 즉, 행정은 정치영역에서 수립된 정책을 능률적으로 집행만 하는 기능이라고 보았고, 기획 역시 관리능률 향상을 위한 수단으로 본 것이다. 때문에 이렇게 정의하는 기획을 폐쇄적 모형(closed model)의 기획 또는 기계적 모형(mechanistic model)의 기획이라고도 한다.[5]

<표 1> 학자에 따른 기획의 정의

학 자	정 의
Chadwick	인간이 장래에 관해서 미리 사고하는 과정
Newman	무엇을 할 것인가를 사전에 결정하는 대단히 광범위한 인간행태
Stone	장래의 경영을 가능한 한 정확하게 예측하고 통제하려는 신중히 준비된 노력
Koonts & O'Donell	여러 대안 중에서 목표, 예산, 절차 및 사업계획 등을 선택하는 관리자의 기능
Merriam	국가정책을 결정함에 있어서, 사회적 예지를 활용하려는 조직적 노력
Waterston	국가발전목표를 효율적으로 달성하기 위하여 장래의 행동에 관한 일단의 결정을 준비하는 과정
Dror	보다 나은 수단으로 목표를 달성하기 위하여 장래의 행동에 관한 일단의 결정을 준비하는 과정
Waldo	인간생활에 과학을 활용함으로써 목적을 구현하는 수단
Friedman	인간이 공동의 장래를 설계하고 노력하는 활동이며 사회적 선을 증진
Simon	장래를 위한 제안, 제안된 대안들에 대한 평가, 그리고 장애의 통제 등에 적용되는 합리적 적응적 사고
Pfiffner & Presthus	보다 나은 결정을 하기 위한 수단
Davidoff & Reiner	일련의 선택을 통해서 적절한 장래 행위를 결정짓는 과정
Faludi	정책결정에 과학적인 방법을 응용하는 것
Gulick	사업을 위해 설정된 목적을 달성하기 위하여 수행되어야 할 방법을 짜내는 것
Smith	사고하는 인간들이 그것을 통해서 목표를 설정하고, 그 목표를 달성하는 가장 단순하고 자연스러운 과정

2) 정책결정방법: 신기획관

기획을 정책결정방법으로 보는 견해가 있다. 즉, H. Ozbekhan, E. Jantsch, Y. Dror 등이 대표적인 학자이다. Ozbekhan은 전통적 기획이론이 선형적인 사고와 행동(linear thinking and action)을 강조하는 기계적 모형에 집착하는 오류를 범하고 있다고 기술하고, 새로운 기획이론은 인간행동모형(human action model)에 기초한 사회체제(social system)의 자기규제성(self-regulating)과 자기적응성(self-adaptive)을 통하여 환경변화에 일치 또는 조화하는 동적 과정으로서, 변동적 안정상태(steady state dynamics)의 유지에 관심을 두어야 한다고 강조하면서 기획을 정책형성에 포함시키고 있다.[6] 또한 Jantsch는 전통적 기획이론은 i) 기획의 목표는 외부로부터 주어지는 것으로 보고, ii) 특정문제의 해결을 대상으로 하며, iii) 외적 정책에 의하여 통제를 받는 등의 특징을 가진 비창조적 낡은 기획이론(old non-creative planning)이라고 비난하고, 새로운 기획이론으로서 i) 기획에 있어서 규범적 사고와 가치의 평가를 도입, 이를 통하여 미래를 창조하고, ii) 체제설계(system design)를 기획의 핵심적 요소로 삼으며, iii) 세 가지 수준의 기획, 즉 규범적 또는 정책적 기획(normative or policy planning: 당위성차원), 전략적 기획(strategic planning: 실현가능성차원), 전술적 및 운영적 기획(tactical or operational planning: 수단 및 방법상의 차원)의 상호작용을 새로운 미래 창조적 기획(new futures-creative planning)의 요건으로 보았다.[7] 이 밖에도 Jantsch는 정책결정의 차원에서 미래창조(forecasting: 발명)↔기획(planning:체제설계)↔의사결정(decision-making: 정책의사에 의한 채택)↔합리적·창조적 행동(rational creative action: 체제구현)의 모형을 제시한다. Ozbekhan이나 Jantsch의 기획정의에 있어서의 특징은 기획을 체제설계 및 구현과 관련시키고 있다는 점이다.

정책결정방법의 관점에서 기획을 정의하는 학자 중 빼놓을 수 없는 사람은 Dror이다. Dror는 기획의 개념을 i) 설계된 행동노선, 지적 사전결정, ii) 합리성과 지적 과정, iii) 사회적 선을 증진시키기 위한 수단, iv) 미래에 대한 합리적·적응적 사고 등 4부류로 분류한 다음,[8] 기획이란 보다 나은 수단에 의하여 목표를 달성할 수 있도록 미래의 행동에 관한 일련의 결정을 준비하는 과정이라고[9] 정의한다. 이와 같이 Dror는 기획을 사상결정 혹은 정책결정의 한 유형으로 정의한다. 기획을 정책학의 한 분야로 보는 견해는 Dror외에도 많이 있다. 그 중에서도 J.D.Millett는 기획이란 인간이 가지고 있는 최선의 가용지식을 공공분야 안에서 공신성을 띠고 있는 사업의 추진을 위하여 체계적·계속적·선견적으로 적용하는 것이라고 정의하고,[10] C. E. Merriam은 기획이란 국가정책을 결정함에 있어 사회적 예지를 활용하려는 조직적 노력이라 정의한다.[11]

기획의 정의에 있어서 신기획관의 관점인 이러한 정의는 기획을 정책과 같은 맥락에서 파악함으로써 기계론적 관점인 전통적 기획관에서 탈피한 바람직한 것이라 할 수 있다.

이상에서 고찰한 기획의 정의에 대한 관점을 토대로 하여 볼 때, 기획이란 미래의 활동에 관한 일련의 결정을 준비하는 동태적 과정이라 정의할 수 있다. 미래의 활동에 관한 일련을 결정인 점에서 기획은 특정의 목표를 달성하기 위하여 최상의 방법이나 절차를 선택하는 의도적인 결정뿐만 아니라 목표의 탐색 및 설정까지도 포함한다. 즉, 넓은 의미로 파악하여야 한다는 것이다. 따라서 행정을 하나의 과정으로 보아 단계를 표시한 목표설정(where)→정책결정(what)→기획(how)→조직화→동작화→평가→시정조치→목표설정의 행정과정 관점은 수정되어야 한다. 왜냐하면, 이러한 과정은 기획을 목표설정과 정책의 하위개념으로 본 것, 즉 수단과 방법 면에서 파악한 것에 그치기 쉽기 때문이다. 기획은 목표설정과 정책결정까지도 망라되는 것으로 파악하여야 한다. 이렇게 인식하지 않고는 기획은 기계적·능률적 개념, 즉 전통적 개념에 머물 수밖에 없다.

혹자는 기획의 정의를 다음과 같이 분류하는 경우도 있다.

(1) 미시적인 개인차원의 기획 정의: Newman

(2) 중범위적인 조직차원의 기획 정의: Gulick, Pfiffner and Presthus. Waterston

(3) 거시적인 사회차원의 기획 정의Dror, Merriam, Waterston, Mintzberg :

2. 기획의 필요성

위에서 살펴본 바와 같이 여러 학자들에 의해 다양하게 정의 되고 있는 기획이란 용어는 공연, 이벤트, 영화, 출판, 방송, 웹 분야 등에서도 사용되고 있으며, 공공기관에서는 도시기획, 선거기획, 혁신기획, 발전기획, 일반기업에서는 신제품기획, 물류기획, 마케팅기획, 영업기획 등 도처에서 기획이 일어나고 있다.

*문제해결 과정설: 기획을 문제해결을 위하여 문제를 진단하고, 해결 대안을 탐색하는 객관적, 과학적 이성적 과정으로 이해

Piffner & Sherwood

Co-plan : coordination, control, cooperation

1) 국가 사회차원의 필요성

국가체제에서 기획을 합리적으로 공공재를 제공하기 위하여 필요함.

(1) 국가기획은 시장의 결여와 불완전성을 해소하기 위하여 필요하다.

(2) 국가차원의 기획은 자원의 배분적 형평성을 확보하기 위하여 필요하다

(3) 국가차원의 기획은 신속한 국가발전을 위하여 필요하다.

(4) 기획은 국민의 동의. 지지획득 수단으로 활용.

2) 조직차원의 필요성

주로 관리적인 측면에서 이해
Gulick : POSDCoRB

(1) 조직은 그들의 활동을 조정하기 위하여 계획을 필요로 한다.
조직은 분업체계로써 이들을 적절하게 조정할 필요가 있음
Poter :기획을 통하여 얻을 수 있는 중요한 이점은 "기능부처간의 정책(활동이 아님)을 조정하고 공통의 목표로 유도하는 데 있다"(1980: xiii)고 한다.
(2) 조직은 미래를 고려하도록 하기 위하여 계획이 필요하다.
기획은 이러한 미래에 대하여 사전 준비를 함으로서 보다 합리적으로 대처하도록 하기 위하여 필요
(3) 조직은 합리성을 제고하기 위하여 계획이 필요하다.
"기획의 장점은 합리적 선택의 보편적인 규범을 구체화하는 데 있다"
(4) 조직은 통제를 위하여 계획이 필요하다.
조직의 모든 구성요소가 일정한 기준에 의하여 행동을 시정조치 할 필요가 있음

3) 대회에서의 기획의 필요성

그렇다면 경기기획이란 용어는 생소하지만 위와 같은 정의를 토대로 정의를 내리자면 한 단체(스포츠 및 무도)가 대회를 앞두고 그 상황을 잘 분석하고, 미래를 잘 예측하여 특정 목표와 일정한 결과를 얻기 위해 행하는 모든 행동을 경기기획이라 할 수 있다. 지난 수 십여 년간 수많은 대회(경기)를 준비하고 끝내왔지만, 경기가 거듭 될수록 발전적인 면을 찾을 수 있는 대회가 있는 반면, 제자리걸음을 면치 못하는 대회도 수 없이 많이 보아왔다.

이러한 현상은 초기 대회의 경우 한 사람이 대회의 전반적인 일을 도맡아 왔고, 대회에 앞서 제대로 된 기획이 전무한 곳에서 그 원인을 찾을 수 있다. 사전에 대회에 대하여 그 대회의 정확한 이미지를 묘사하고, 전체 또는 세부에 걸친 구상을 다듬고 한데 모으는 절차를 무시하는 것은 대회전반의 분위기를 혼잡하게 하게 할 뿐 아니라, 대회 당일 발생할 수 있는 특정한 상황을 쉽게 풀지 못하고 우왕좌왕하는 문제에 쉽게 부딪히게 된다. 모든 것을 현장에서 꾸미고 즉흥적으로 해결하려고 하는 무계획적인 발상은 이제 버려야 할 때 이다.

이제 과거 기획이란 용어조차 사용하지 않았던 시대를 탈피하여 현시대에 맞게 제대로 된 기획에 의거하여 움직일 때 비로소 하나의 대회를 체계적이고 원활한 경기흐름으로 이어지게 할뿐 아니라, 성공적인 대회로 기억될 수 있는 것이다. 성공적인 대회는 그 대회로 끝나는 것이 아니며,

다음 대회의 표본이 되고 대회에 참여하는 관람객, 선수, 심판, 진행요원, 대회조직위원들의 인식을 전환시키는 계기로도 중요하다.

해가 갈수록 대회는 증가하고 있고, 대회에 참여하는 사람들의 의식이 향상됨에 따라 대회의 규모보다 질적인 평가가 우선시 되고 있는 상황에서 경기기획은 그 어느 때 보다 시급하며 도입되어야할 필수 요인으로 대두되고 있다.

창의적, 체계적, 치밀함, 희망, 열정적이고, 미래지향적인 기획과 언제나 준비하고 대처하며, 적극적이고 도전적인 사고, 창의적이며 논리적으로 생각하는 사고방식의 기획가가 각 분야별로 분류된 많은 실무자들이 함께할 때 하나의 경기기획이 만들어진다.

제2절 기획과 유사개념

1. 기획과 계획, 사업계획과 세부사업계획

기획을 세우는 순서나 그 일에 관한 문서 작성 방법들은 많은데, 근원적인 질문인 "기획과 계획에는 어떠한 차이점이 있는가?" 하는 질문에는 실무를 경험한 사람들도 정확하게 단정하여 구분 짓기 힘들어한다. 실상 실무를 담당하시는 사람들이 이를 알고 있음에도 어떤 정의된 문구를 찾아 내지 못하는 경우라 할 것이다.

기획을 논함에 있어서 첫째로 대두되는 용어문제는 기획과 계획은 어떻게 다른가에 모아진다. 다행히 이들 용어에 대하여는 일반적으로 합의(consensus)가 이루어지고 있다. 통설은 기획은 영어의 planning에 해당되는 것으로 계획을 수립·집행하는 과정을 말하며 아직까지 없거나 새로운 일을 이루기 위한 것이며, 계획은 영어의 plan으로 표기되며 기획을 통해 산출되는 최종결과(end-results)로서 미래에 대한 좀더 체계적, 조직적, 세부적인 실천성을 지니고 있다. 또한 계획은 주어진 문제와 관련되는 수많은 요인, 요소를 논리적으로 분석하고, 불확정정인 요소를 꿰뚫어 본 다음 과학적인 해결책을 수립하는 것이다.

즉, 기획이 목표 설정이라는 역할을 하는데 대해 계획은 기획된 목표를 실행하기 위한 구체적인 접근방법을 설정하는 것이며, 기획과 계획의 본질적 차이점은 창조성이 있는가 없는가이다. 창조성이 있는 새로운 아이디어가 첨가됨으로써 이미 존재하고 있는 것을 갖다 맞추는 계획과는 달리 새로운 모습을 띄게 되는 것이며, 기획이라 할 수 있다. 그래서 plan을 계획서 또는 계획안이라 번역하기도 한다.

최종적으로 정리해보면, 기획은 "어떤 일에 대한 전체적인 윤곽을 잡는 것"이고 계획은 "윤곽이 잡힌 사항에 대해 어떻게 준비할 것인가" 에 대한 말 그대로의 계획이라고 조심스럽게 펼쳐본다.

이 밖에도 계획개념으로 사용되는 것으로서 program과 porject는 어떻게 다른가에 대한 문제가 대두된다. 일반적으로 program은 사업계획(서)으로 번역되는 것으로 대규모의 복합적인 계획을 말하고, project는 세부사업계획(서) 혹은 단위사업계획(서)으로 번역되며 소규모의 단순적인 계획을 의미한다. 이들 두 용어는 plan의 하위개념이다.

2. 기획과 정책결정

기획과 정책결정은 모두가 기획이 바람직한 상태를 위한 선택과정이라는 점과, 정책은 문제결정에 대한 체계적인 분석을 내용으로 한다는 점에서 공통점을 가진다. 즉, 정도의 차이가 존재할 뿐 본질을 같이한다는 것이 일반적인 견해이다.

그러나 기획과 정책결정은 다음과 같은 몇 가지 점에서 상이성이 발견된다. 첫째, 기획은 정책결정에 비하여 미래에 대한 의지와 목표달성의 욕구가 강하다. 둘째, 기획은 특정의 기간과 연결시키는 것을 선호하지만 정책결정은 기간정향적인 개념이 아니다. 즉, 정책은 기간과 관계없이 늘 일어나는 현상이라는 것이다. 셋째, 기획은 이념성이 강한 데 비하여 정책결정은 이념과는 무관하다. 넷째, 기획은 공식성을 강조하는 경향이 강한 데 비하여 정책결정은 공식성 못지않게 비공식성도 강조한다. 다섯째, 기획은 절차나 과정을 중시하는 데 비하여 정책결정은 정책의 내용을 중시한다. 기획과 정책결정에 있어서 주목할 점은 앞에서 언급한 바와 같이 정책결정은 넓은 의미의 기획과정 속에 존재하는 하나의 과정이라는 것이다. 즉, 계획의 목표를 구체적으로 완수하는 방향에서 정책개념이 고려되어야 한다는 것이다.

3. 기획과 예산

기획은 바람직한 미래에 대한 설계이고 예산은 금전적 단위로 표현한 계획이다. 정부를 비롯 모든 기관은 1년 동안의 할 일에 대하여 예산을 편성하는데, 이러한 작업은 분명히 기획활동이다. 정부예산은 연도단위의 행정활동 전반에 관한 명세성과 구체성이 극히 높은 계획이다. 아무리 훌륭한 계획이더라도 예산책정이 되지 않으면 공수표가 된다. 이와 같이 기획과 예산은 서로 보완적인 관계를 가지는 활동이다.[12] 이 양자의 관계를 잘 나타내는 예산제도로 성과주의예산제도(PBS)와 계획예산제도(PPBS)가 있다.

그러나 기획과 예산은 다음과 같은 몇 가지 점에서 상이함이 존재한다. 첫째, 기획이 하나의 정책결정체계라면 예산은 이를 돕는 보조체계이다. 둘째, 기획은 목표설정을 중심으로 하는 하나의 실물계획산출적 지위를 갖는데 비하여 예산은 산출된 실물계획의 집행을 돕는 하나의 구체적인 자금 또는 재정계획이라 할 수 있다. 셋째, 기획은 본래 활동에 대한 지침(guideline)을 제공하는 제안적 성격을 가지는 데 비하여 예산은 계획목표와 내용을 효율적으로 수행하는 데 중점을 두는 실천계획적 성격을 가진다. 따라서 예산은 그 내용에 있어 계획보다 구체적이고 현실적이며 정확성을 지니게 된다.

4. 기획과 체제분석

기획과 체제분석 간에는 유사한 점이 많다. 왜냐하면, 체제분석은 문제를 명확히 하고 목표와 대안을 탐색, 각각의 예상되는 결과와 비교·평가함으로써 의사결정을 돕는 기법이기 때문이다.[13)]

그러나 Cataness와 Steiss는 몇 가지 기준에 비추어 양자간의 차이를 다음과 같이 규정하고 있다.[14)] 첫째, 기획은 장래에 예상되는 문제를 사전에 대처하려는 예방적인 것에 역점을 두는 데 비하여 체제분석은 당면한 문제를 해소하려는 교정 적인 것에 중점을 둔다. 둘째, 기획은 서로 얽혀 있는 복합적인 문제를 대상으로 하는 데 비하여 체제분석은 단일한 해결책을 추출할 수 있는 일원적인 문제들을 대상으로 한다. 셋째, 기획은 체제분석에 비하여 장기적인 전망을 가진다. 넷째, 기획은 체제분석보다 계량적인 방법을 덜 사용한다. 다섯째, 기획은 주로 논리적 일관성(logical consistency)을 판단기준으로 삼는 데 비하여 체제분석은 비용·편익분석(cost-benefit analysis)을 판단기준으로 삼는다.

제3절 기획의 특성

1. 하나의 과정(a process)으로 능동적이며 계속적인 과정이다(계속성)

기획은 하나의 과정이다. 그 자체가 목표가 아니며 여러 대안 중에서 어느 것을 선택하는 의사결정과정(a decision-making process)이다. 어떤 조직이든 목표를 수립하고 그것을 달성하기 위한 수단을 탐색하게 되는데 이러한 활동은 어느 한 가지 결정으로 끝나는 것이 아니라 계속성을 띤다. 이것이 기획의 특성이다. 즉, 기획은 대체 가능한 제대안(alternative)중에서 어느 것(최선의 대안)을 선택하는 의사결정과정이면서, 계속적인 과정(continuous process)이라는 것이다. 이 점에서 미래행동을 위한 일련의 결정 또는 최종산물인 계획(plan)과 구별된다.

2. 사전준비과정이다(준비성)

기획은 일련의 결정, 즉 계획을 준비하는 과정(a process of preparing a set of decisions or plans)이다. 준비하는 과정인 점에서 집행과는 구별된다. 동일기관이 기획기능과 집행기능을 담당한다 할지라도 양자는 본질적으로 별개의 과정에 속한다는 것이다.

3. 일련의 제결정이다.

기획은 일련의 제결정(a set of decisions)을 특성으로 한다. 이것이 일반적 의사결정과는 다른 점이다. 일반적인 의사결정(decision-making)은 제대안 중 어느 하나를 결정 그 자체인 데 비하여 기획은 의사결정군 또는 조(a set)를 형성하는 제결정을 다룬다. 여러 개의 결정들이 체계적 관련성을 가지고 이루어진다.

4. 행동지향성

기획은 본질적으로 집행(execution)을 전제로 하는 의사결정과정이다. 즉, 행동지향성(action oriented)을 특성으로 한다. 따라서 단순한 조사연구나 지식의 탐구 등과는 구별된다.

5. 미래지향적 활동이다.

기획은 미래지향적(future oriented) 의사결정과정이다. 즉, 현재 위에서 (on present) 미래를(for future) 투시하여 설계한다는 것이다. 미래에는 개연적인 미래(probable future), 가능한 미래(possible future), 소망스러운 미래(preferable future)로 나눌 수 있다. 개연적인 미래는 현재의 상태가 계속되면 분명히 나타날 것으로 보이는 가장 확실한 미래를 말하고, 가능한 미래란 선택할 수 있고 존재할 수 있는 미래를 말하며, 소망스러운 미래는 실현되기를 바라는 바람직한 상태의 미래를 말한다. 미래를 이와 같이 구분할 때 기획은 우선 개연적인 미래를 예측하여 그 적합성 여부를 진단하고 만족스럽지 못한 경우에는 여러 형태의 가능한 미래 가운데서 가장 소망스러운 미래를 선택하는 과정이라 할 수 있다.[15)]

이를 위하여 기획활동에서는 미래전망(forecasting)으로부터 상황분석(situation analysis)등을 비롯한 여러 가지 활동들이 전개된다. 그러나 여기서 주목할 점은 미래전망이나 상황분석은 기획에 있어서의 중요한 단계이며 수단일 뿐이지 그 자체가 기획이 될 수는 없다는 것이다. 기획은 미래전망, 상황분석 등을 통하여 인간의 소망과 의지를 반영하는 노력이라는 것이다. 기획은 미래를 바람직한 상태로 끌어올리기 위한 활동이라는 점에서 미래지향성은 기획에 있어서 가장 중요한 특성이라 할 수 있다.

6. 목표지향적 활동이다.

기획은 목표지향성(goal oriented)을 특성으로 한다. 기획은 일단 설정된 목표를 달성하기 위한 여러 가지 수단을 탐색하는 활동이다. 기획과정은 처음부터 명백한 목표를 가지고 시작되는 것이 아니고 대부분 정책결정과정에서 설정된 막연한 목표를 근거로 기획목표를 설정함으로써 개시된다[16]는 것이다. 그러나 넓은 시각에서 본다면 목표설정 자체가 기획활동이다. 목표는 어떤 조직이 달성하여야 할 바람직한 상태인 점에서 기획의 목표지향성은 매우 중요한 특성이다.

7. 효율성: 최적의 결과를 추구한다.

8. 복합성: 단일의 결정을 대상으로 하는 것이 아닌 한 묶음의 결정을 대상으로 한다.

제4절 기획의 기본철학

기획의 저변에 흐르는 기본철학(underlying philosophy)으로서는 다음의 두 가지를 들 수 있다. 이것은 R. A. Dahl과 C. E. Lindblom의 기획개념 요소에서 잘 나타나고 있다. 즉, 두 사람은 기획을 합리적인 계산 및 효과적인 통제체계(system of rational calcuation and control)라 규정하고 있다.[17]

1. 합리성

기획은 합리성추구를 기본철학으로 한다. 합리성(rationality)이란 글자 그대로 이성(reason)에 합치되는 성질을 말한다. 구체적으로 말하면 행위가 지성적이고, 상식적이며, 의식적이고, 계산된 것을 말한다.[18] 이러한 합리성은 실질적 합리성(substantial rationality), 기능적 합리성(functional rationality), 절차적 합리성(procedural rationality), 기술적 합리성(technical rationality), 경제적 합리성(economic rationality), 사회적 합리성(political rationality)을 모두 포함한다.[19]

2. 통제성

기획은 바람직한 미래를 달성하기 위하여 미래의 인간 행동을 일정한 방향으로 지향하도록 인간의 행동을 통제 및 조절한다. 통제의 대상은 주로 조직의 환경보다는 개인이나 조직체가 된다.

따라서 기획은 통제성을 기본철학으로 한다. 통제성은 협의로는 행정통제를 말하고 광의로 사회통제를 말하는데, 기획에서의 통제는 후자의 것으로 정의하는 것이 옳다. 기획은 바람직한 미래를 실현하는 데 목적이 있으므로 기존의 추세에 어떤 형태로든 수정과 통제를 가하는 활동을 전개하게 된다. 즉, 자연적인 추세로 방치하는 것이 아니라 인위적인 수정과 통제를 가한다.[20] 이것이 기획이 추구하는 기본철학이다.

제5절 기획의 목적과 기능

1. 기획의 목적

1) 업무의 현대화와 업무의 효율화의 촉진

(조직의 요구에 부응하는 인력육성과 업무 방법을 개선하여 업무 효과를 올릴 수 있도록 보조적 역할)

2) 인력의 전문화와 지위 향상 촉진

(인력의 처우와 후생의 개선 등 인력 전반에 걸친 개선을 촉진)

3) 행정의 현대화 촉진

(행정조직의 효율화, 시설의 발전과 시설 활용의 개선 등을 촉진)

4) 재정의 효율화

(적정 규모의 재원을 확보하고 기획과 예산의 연결을 통하여 예산의 효율적 배분과 효과적인 집행을 도모)

5) 연구 개발의 촉신과 평가 활동 강화

(피드백 함으로써 조직의 목적 달성을 극대화한다.)

6) 조직사회 수요와 인력 수요를 충족시키고 조직의 외적 생산성 고양

7) 계획하는 조직 체제 구축

(과학성, 합리성, 효율성을 추구, 변화에 대응, 계속적으로 계획하는 조직 체제 구축)

2. 기획의 기능

1) 미래에의 대비 및 창조

기획은 미래에 있어 발생할 가능성이 높은 사태에 대비하고 바람직한 미래를 창조하는 기능을 한다. 관리자는 미래에 대처하거나 창조하는 역할을 담당하여야 한다. 미래에 있어 예상되는 위험을 최소화하는 일과, 미래를 보다 바람직한 상태로 발전시키는 활동 등이 이에 속한다.

2) 경비의 절약 및 낭비의 최소화

기획은 경비를 절약하고 낭비를 최소화하는 기능을 한다. 기획은 주어진 조건하에서 최대의 효과를 탐색하거나 주어진 목표를 최소의 비용으로서 달성하려는 것으로, 최적수단의 선택에 의거 비생산적인 활동을 회피, 불필요한 경비의 억제와 노력의 절약을 가져오게 한다.[21] 즉 한정되어 있는 재정의 합리적 배분과 올바른 투자의 우선순위 결정도 이에 해당한다.

3) 효과적 성과측정

기획은 성과측정을 효과적으로 할 수 있게 하는 기능을 한다. 기획은 일정한 공간·시간에서 수행되는 것이기 때문에 그 기간 내에 이루어진 성과측정을 효과적으로 할 수 있게 한다.

4) 가용자원의 효과적 사용

기획은 가용자원을 효율적으로 사용하게 하는 기능을 한다. 가용자원은 한정되어 있다. 이 한정된 자원은 바람직한 기획에 의하여 적정배분 및 사용됨으로써 그 가치를 높일 수 있다. 특히 자원부족의 현상이 심화될 것으로 예상되는 '새로운 시대'(a new era)인[22] 1980년대에는 자원의 효율적 사용을 위한 기회기능이 절실히 요청되고 있다.

5) 합리적 통제의 수단

기획은 어떤 조직의 합리적 통제를 위한 수단으로서의 기능을 한다. 어떤 조직이든 기획을 통하여 조직단위별 활동에 대한 체계적 배분이 이루어진다. 이것은 곧 조직단위활동을 합리적으로 통제하는 수단이 된다.

6) 효과적인 조정

기획은 조직의 궁극적인 목표를 향하여 조정되는 기능을 한다. 어느 조직이든 궁극적인 목표를 가진다. 그러나 조직을 이루고 있는 여러 구성단위는 제각기 목표를 정하여 노력을 투입할 수 있다. 이것은 자칫하면 조직의 궁극적인 목표와 갈등관계에 놓이거나 역기능을 야기 시킨다. 따라서 이러한 갈등이나 역기능을 방지하기 위한 조정활동이 필요하다. 기획은 바로 이와 같은 조정을 위해 필요하다

제6절 기획의 원리

기획에 있어서 그 본질에 맞는 효과적 지침으로서의 원리는 다음과 같다.

1. 목적성의 원리(principle of contribution to objective)

기획에는 목적이 구체적으로 명확히 제시되어야 한다.

2. 능률성(경제성)의 원리(principle of efficiency)

기획은 투입된 비용에 비하여 그 성과나 산출이 크도록 수립되어야 한다. 이를 위하여서는 불필요한 비용을 과감히 제거하는 노력이 필요하다.

3. 보편화의 원리(principle of pervasiveness)

기획은 조직 내의 모든 관리자가 수행하여야 할 기능이다. 기획은 마치 조직의 상위직 또는 최고 관리층에 국한된 기능인 것으로 인식하기가 쉬우나 정도의 차이가 있을 뿐 계층의 높고 낮음을 막론하고 모든 관리자는 기획업무를 수행한다.

4. 우선의 원리(principle of primacy)

기획은 관리기능 중 제1차적 기능이다. 왜냐하면, 어느 관리자도 사전에 목표를 모르거나 그 목표달성을 위한 정책을 모르면 관리의 기능을 수행할 수 없기 때문이다.

5. 가정의 원리(principle of premise)

기획은 가정설정을 요건으로 한다. 가정은 훌륭한 기획을 위한 선행조건이 된다.

6. 시간결정의 원리(principle of time)

계획에서는 언제 어떻게 수행될 것인가의 시간이 표시되어야 한다.

7. 의사전달의 원리(principle of planning-communication)

훌륭한 기획이 이루어지기 위해서는 기획자는 담당기획에 대하여 충분한 정보를 가지고 있어야 하며 타 기획자와 의사소통이 이루어져야 한다.

8. 대안의 원리(principle of alternatives)

기획은 여러 가지 대안 중에서 조직의 목표에 맞는 대안 발굴 및 선택을 하는 활동이다.

9. 공약의 원리(the commitment principle)

기획은 공식적으로 실천할 행동노선을 결정하는 것이다.

10. 동태적 변경의 원리(the principle of navigational change)

기획은 바람직한 미래설계를 도모하는 것이다. 그러나 미래는 불확실한 것이므로 변화에 적절하게 적응하는 기획의 동태성 또는 탄력성을 가져야한다. 때문에 이를 탄력성의 원리하고도 한다.

11. 간결성의 원리

기획은 간결하게 표현되어야 하며, 지나친 수식어나 전문적인 용어의 사용은 금물이다.

이 밖에도 탄력성과 적절하게 조화되는 안정성의 원리, 기획의 계층화에 의하여 하위계획은 상위계획과 일관성을 가져야 하는 계층화의 원리, 기획에 필요한 제반 요소를 모두 포괄하여야 한다. 포괄성의 원리, 다른 계획과의 상호조호를 이루는 균형성의 원리, 미래에 대한 정확한 예측을 바탕으로 하는 예측정확성의 원리, 정당성과 필요에 의한 필요성의 원리 등이 있다.

제7절 기획이론의 범위

기획이론에서는 무엇까지 다루어야 하는가, 즉 기획이론이 포괄하는 영역에 관하여는 여러 가지 견해가 제시될 수 있으나 크게 다음과 같은 두 가지 이론을 포괄하는 것으로 인식되는 것이 일반적인 추세이다.

1. 내용이론(substantive theory, theory in planning)

기획에 있어서 내용이론이란 기획활동에 있어서 필요로 하는 분야별 전문지식에 관한 이론을 말한다.[23] 즉, 기획분야의 현상을 설명하고 예측하는 이론이다. 이 이론은 과정보다도 대상에 초점을 둔다는 데 특정을 가진다. 예를 들면, 지역계획의 경우에 지역개발이론과 개발전략에 관한 이론, 사회계획의 경우에 사회변동 및 사회계층이론 등이 이에 속한다. 이와 같은 것들은 기획에서 절실히 필요한 이론들로서 당연히 기획이론의 범주에 속하여야 한다.

2. 절차이론(procedural theory, theory of planning)

절차이론은 과정이론이라고도 불려지는 것으로 기획활동의 대상과 관계없이 기획활동 자체가 추구하는 이념, 가치, 목적, 원칙, 절차, 기구와 제도적 장치 등을 다루는 이론이다. 이 이론은 내용이론이 기획의 내용이나 대상에 초점을 두는 데 비하여 절차나 과정을 핵심으로 한다는 데 특징을 가진다.[24] 즉, 훌륭한 기획활동이 되기 위해서는 기획의 대상 또는 분야와 상관없이 공통적으로 적용할 수 있는 기획과정 자체가 효율적인 것이어야 한다고 보는 기획관점에서 출발되는 이론이다. 따라서 이 이론을 기획의 기획이론(planning of planning)이라고도 한다. 곧 상위기획(metaplanning)의 성격을 갖는다. 이 이론 또한 당연히 기획이론의 범주에 속한다. 오히려 1차적 관심의 대상이 된다. 이와 같이 기획이론은 대상이나 분야에 관한 이론과 과정이나 절차에 관한 이론을 함께 포괄한다. 실제에 있어서 유능한 기획안이 되기 위해서는 기획과정에 관한 지식·기술과, 기획 대상 분야에 대한 전문적 지식을 구비하여야 하고, 더 나아가 기획이 포괄하는 공간적 상황에 대한 지식도 구비하여야 한다.[25]

제8절 기획의 구분

1. 영역에 의한 분류

1) 전략기획

(1) 경영의 구조를 바꾸어 새롭게 장래를 방향 짓는 기획이다.

(2) 일반적으로 중장기에 걸치며 경영전반에 폭넓게 영향을 미친다.

(3) 최고 경영자의 방침과 직접 관련되는 기획이다.

2) 부분기획

(1) 전략기획의 집행적 측면을 갖는 기획이다.

(2) 전략기획과 유기적인 관계를 가지면서 부문별, 기능별 수단을 구체화한다.

(3) 연구개발 기획, 제품판매 기획, 설비기획, 물류기획, 재무기획

(4) 정보시스템 기획, 인사기획 등이 있다.

3) 업무기획

(1) 일상 업무 중에 나타나는 상황과 조건변화에 대응하는 기획이다.

(2) 실시 기획이라고 할 수 있는 것으로 부분적, 단기적, 비일상적인 성격을 지닌다.

(3) 구성 각자의 문제의식과 직접 관련되는 기획이다.

2. 기간에 의한 분류: 단기, 중기, 장기

3. 규모에 의한 분류: 지방, 전국, 국제규모

4. 대상 분야에 의한 분류

초등부, 중등부, 고등부, 대학일반부/ 여성, 남성/ 의사, 기업가, 다양한 대상으로 기획을 할 수 있다.

5. 기타 분류: 공간기획, 시간기획, 프로그램기획

제9절 기획과정

기획의 과정은 크게 두 가지로 구분할 수 있다. 계획서 작성 이외에 이에 대한 집행 및 평가활동까지 포함하는 광의의 기획과정과, 기획서 작성활동 까지만 과정에 포함하는 협의의 기획과정이 그것이다.

일반적으로 많이 사용하고 있는 절차주의자들의 기획과정은 다음과 같다. 문제의 진단→목표설정→미래의 예측→대안의 탐색과 분석→대안의 선택과 계획안의 작성→집행→평가의 과정

1. 문제의 진단

1) 문제 진단의 의의 : 다음의 물음에 답하는 활동임

(1) 무엇이 문제인가?

① 문제의 정의활동은 객관적 행위와 주관적 행위가 합쳐지는 것임

② 잘못된 문제의 정의는 3조 오류를 야기 시킴

(2) 문제의 원인과 해결하지 않고 놓아둘 경우에 그 결과는 무엇인가?

2) 문제의 분석

(1) 분석의 방법

① 대응적 방법 : 문제가 발생된 경우

② 예방적 방법 : 문제를 예측하는 경우, 예방적 차원에서는 욕구조사를 행하게 됨

3) 문제의 분석

기획의 대상이 되는 집단 및 사물의 상태, 이들에게 제공되고 있는 재화와 서비스의 상태 등을 체계적으로 조사하는 작업.

문제의 분석에서 사회문제의 진단과 정의의 과정은 과학적, 객관적, 기술적인 과정이면서 다양한 이해관계자의 합의를 요구하는 정치적인 과정

4) 문제 분석에서 행하여야 할 것들

(1) 바람직하지 못하다고 여겨지는 사람 혹은 그들의 환경상태나 조건들은 무엇인가?
(2) 누가 그 문제로 고통을 받고 있는가?
(3) 동인집단(identification Group), 관심집단(attention group), 관심 대중(attentive group), 일반 대중(general public)은 어떠한 집단인가?
(4) 누가 그 문제로 이득을 얻나?
(5) 누가 그 문제를 문제로 규정하는가?
(6) 누가 그 문제를 문제로 보지 않는가?
(7) 문제의 원인이 무엇 때문인가?
(8) 그 문제를 다루는 현 프로그램들은 어떤 것들이 있나?
(9) 이 프로그램들을 중단할 경우 예상되는 결과는 어떤 것일까?
(10) 사회변화의 목표는 무엇인가 ?
(11) 욕구와 자원간의 격차를 줄이는데 도움이 되는 또는 장애가 되는 것은 무엇인가?

5) 욕구조사

(1) 욕구조사의 의의
① 기획에 의하여 개입하여야 할 부분을 식별하고 해결을 위한 기준을 설정하는 데 그 목적이 있음.
② 욕구조사에 의하여 필요로 하는 서비스와 사업을 식별하고 욕구의 우선순위를 정할 수 있고, 재원의 할당기준을 마련할 수 있으며, 현재 진행되고 있는 사업을 평가하고, 기관간의 상호의존 및 협동상황을 파악할 수 있다.

(2) 욕구조사의 방법
※ 방법 : 지역을 중심으로 한 조사, 대상집단을 중심으로 한 조사, 또는 사업중심의 조사
※ 조사에서 고려할 것들
① 특정한 사업, 프로그램 또는 서비스에 대한 욕구는 개인에 따라서 또는 개인 및 지역사회의 가치관, 문화 및 경험에 따라서 다를 수 있다.
② 그 욕구는 여러 가지 상황과 복합적으로 상호 연관되어 있다.
③ 지역사회의 욕구는 역동적으로 변한다.
④ 욕구를 활동적인 사업 또는 프로그램으로 옮기는 데는 그 사회가 갖는 인적 및 물적 자원, 사업운영기술의 입수가능성, 자금사정 등의 요인으로부터 영향을 받는다.

(3) 욕구조사의 기법
① 욕구지표 분석(Indicator approach)
② 일반인구조사(General Population Survey)
③ 표적인구조사(Target Population Survey)
④ 사업운영자/서비스 제공자 조사(Survey of Program Operators/ Service Providers)
⑤ 주요정보 제공자 조사(Survey of Key Respondents)
⑥ 이차 자료분석(Secondary Data Analysis)
⑦ 행정자료조사
⑧ 집단접근방법

2. 목표 설정

기획이 달성하고자 하는 궁극적인 목적이 무엇인지를 구체화하는 단계로 목표의 기능은 대안탐색, 대안의 평가, 집행의 지침 작성, 집행실적의 평가이다. 목표설정의 제변수와 요건을 보면 아래와 같다.

1) 목적이나 목표의 설정에서 고려하여야 할 변수: 문제의 정의, 문제의 원인, 기획 대상집단의 성격과 범위, 기관의 정책, 자원 상태, 문제해결을 위한 대안 등

2) 목표의 기본 요건
(1) 목표의 타당성이 있어야 한다.
(2) 목표의 충분성
(3) 목표의 실현 가능성
(4) 목표들 사이의 내적 일관성이 있어야 한다.

3. 미래의 예측

1) 미래의 예측 및 추계의 의의

(1) 기획은 미래지향적인 활동이다.
(2) 미래의 예측활동은 기획의 전 과정 특히 문제의 정의, 목표의 선택 및 대안의 비교 분석에 있어서 핵심적인 활동이다.
(3) 기획에서 미래의 예측

① 수용에 대한 예측
② 대안비교분석에서 투입과 산출에 대한 예측
③ 기획체제 자체의 능력에 대한 예측

2) 예측의 방법

(1) 법칙이나 논리적 사유에 의한 연역적(외삽적) 예측
(2) 델파이(Delphi)기법 등을 이용한 주관적 질적(이론적) 예측
(3) 추세분석이나 회귀분석 등 통계적 기법을 이용한 계량적(직관적 예측) 예측

<표 2> 미래예측방법

접근방법	예측의 기초	예측기법	결 과
외삽적 예측	경향 외삽	시계열 분석 흑선기법 최소자승경향측정법 지수가중법 자료전환법 파국법	투사(projection)
이론적 예측	이론	이론지도 경로분석 투입산출분석 선형분석 회귀분석 상관분석	예언(prediction)
직관적 예측	주관적 판단	전통적 델파이 기법 정책델파이 기법 교차영향기법 실현가능성평가	추측(conjecture)

자료 : Dunn(1981)

4. 대안의 탐색과 분석

1) 대안의 탐색

목표를 달성하는데 취할 수 있는 복수의 노선들을 탐색, 개발하는 단계로서 대안을 개발하는 순서는 첫째, 목표에 관한 정확한 인지(기존의 대안), 둘째, 문제해결의 수단을 광범위하게 이해(과거의 유사한 해결대안, 타조직에서 사용한 대안, 이론이나 모형으로부터 창조되는 대안 등(이론과 창의적 방법), 셋째, 여러 종류의 수단을 적절히 배합하여 각 수단의 실현수준에 따른 다양한 대안 구성을 순이다.

2) 대안의 분석

(1) 개발된 대안들이 각각 실현될 경우 어떠한 결과들을 가져올 것인지, 이러한 결과들이 얼마나 바람직한가를 예측하여 각각의 대안들을 비교, 평가하는 단계

(2) 각각의 대안들의 비교, 평가기준
① 효과성(목표달성의 정도로 비교)
② 능률성(투입과 산출로 비교)
③ 공평성(사회정의로서의 배분적 정의에 합치되는 정도로 비교
④ 실현가능성(기술적, 재정적, 행정적, 정치적, 시간적 실현가능성을 비교)

(3) 각각의 대안들의 비교, 평가방법
어떠한 결과를 가져올 것인지의 효과적 혹은 능률적 결과에 대한 예측은 비용-편익(B-C)분석의 도움을 받을 수 있고, 결과가 얼마나 바람직 할 것 인지의 공평성에 관한 판단은 복수목표분석(multiful objectives analysis)의 도움을 받을 수 있다.

5. 대안의 선택과 계획안의 작성

1) 비교, 분석된 결과에 비추어 최선의 대안을 선택하는 단계로 기획가의 가치판단이 개재된다.(합리적인 방법 : 대안의 비교분석의 결과에 의존하는 방법)

2) 기획가의 판단윤리 - 의무론(도덕론)과 목적론(효용론)

행정가치가 다원적으로 존재할 때 정책의 결정자와 집행자는 "어떤 가치를 선택하고 어떻게 행위할 것인가?"라는 우선순위의 설정 및 행동방안의 모색에 혼란을 갖게 된다. 이때 모든 공공활동에 타당한 평가기준이 될 수 있는 표준이나 규칙을 탐구하는 규범윤리학의 도움을 받을 수 있다. 규범윤리학의 규범윤리체계에 의거하여 "어떤 기준에 의거하여 공공활동이 옳다거나, 좋다는 주장을 정당화할 수 있는가?"의 질문에 답할 수 있다. 규범 윤리체계 중 기준으로 제시되는 대표적인 것은 목적론적 윤리체계와 의무론적 윤리체계이다.

3) 선택의 검증

재검토, 동의의 확보(공청회. 여론조사 등등), 시험적 시행(정책실험 등등) : 대안선택 전에 시험적인 시행을 거칠 수도 있다.

4) 계획안의 작성

Action plan : 인적, 물적, 정보 및 시간표 작성, 책임의 할당

6. 집행

1) 집행은 목표와 계획을 직접적으로 연결시키는 행동지향적인 활동이며 기획의 내용 또는 기획의 수단을 실현시키는 과정이다.

2) 집행과정은 관리지향적인 과정으로 최종대안의 결정과 집행 이후의 평가과정과 밀접하게 연결되어 있는 복합적인 과정이다.

3) 계획안이 설정된 목표와 부합하여 진행되고 있는지를 점검하고 계획대로 이루어지도록 통제활동이 요구되는 단계이다.

4) 집행에 도움을 주는 기법 - PERT/ CPM
간트차트
대기행렬모형

7. 평 가

1) 평가의 의의

2) 평가의 방법

계획의 목표와 집행실적을 비교하는 평가에 그치지 않고 계획자체의 타당성과 기획과정 및 기획체제 전반에 관한 검토까지를 다루는 총괄평가를 실시한다. 그 결과는 次期의 기획과정에 還流되어야 함 <총괄평가, 집행과정 평가>

3) 평가의 기능 : Feedback 기능

8. 합리적 기획의 한계

1) 기획 과정상의 한계

(1) 기획목표설정의 갈등과 계량화의 곤란

다양한 이해관계자가 개입함으로서 목표의 합의 및 일치가 어렵다.

(2) 정확한 미래예측 및 가정설정의 곤란

합리적인 기획은 정호가한 미래에 대한 정보를 전제로 한다.

(3) 신축성의 결여

급격한 환경의 변화에 적절하게 적응하지 못하게 되면 기획의 효과성은 줄어들게 되나, 관료제의 변화에 대한 저항으로 신축성이 떨어지게 된다.

(4) 창의성의 저해

기획은 종종 사업계획, SOP 등에 의하여 집행되어서 개인의 판단 및 창의성을 발휘할 여지를 축소시킨다.

(5) 비용과 시간상의 제약

합리적인 기획은 많은 시간과 비용을 수반하는 행위이다.

(6) 기획에 대한 인식의 부조

기획을 위정자의 통치수단 또는 지배의 수단으로 이해하는 경우가 있다.

(7) 반복 사용의 제한

(8) 정보 자료의 부족

(9) 기획의 그래샴법칙

기획가가 정형화되고 루틴화된 업무에 관심을 가지기 때문에 기획가가 하여야 할 비정형적이고 쇄신적이며 비구조화된 업무에 덜 관심을 가진다.

(10) 자원의 제약과 환경의 불안정성

2) 행정상의 한계

(1) 불합리한 인사관리

정부기획은 전문적인 기획가를 요구하나 잦은 인사이동 등으로 전문성이 결여

(2) 번잡한 행정절차

창의적인 활동을 저해한다.

(3) 회계제도, 재정통제

지나친 재정통제는 조직의 기획기능을 억제한다.

(4) 조직상의 문제

부처할거주의 및 조직의 분업화는 조정을 어렵게 한다.

(5) 기획의 경직성 및 수정의 곤란성

9. 경기기획의 과정

1) 기획의 방향을 결정한다.

선정된 아이디어를 기반으로 알맞은 대회의 방향(경기종목, 특징)을 설정한다.

2) 정보를 수집한다.

기획이 단순한 착상이 아님을 증명하기 위해서는 다양하고 객관적인 자료를 수집한다.

훌륭한 경기를 성공적으로 준비하고 끝내기 위해서는 충분한 시간을 가지고 철저한 준비를 해야 한다.

3) 정보를 분석한다.

수집된 자료를 토대로 문제점을 파악하고 분석한다.

4) 과제를 결정한다.

수집된 자료를 토대로 시행하여야 할 대회의 조건을 명시한다.

5) 기획안을 구성한다.

명시한 대회의 조건을 개발하기 위한 전략을 구상한다.

6) 기획서를 작성한다.

구상한 내용을 토대로 각 부서별로 대회 전반적인 계획을 세운다.

7) 종합정리 및 조정을 한다.

부서별 대회 계획을 취합하여, 대회일정, 수준, 업무분담, 예산을 잡는다.

8) 기획서를 완성한다.

종합기획서, 각 부서별 계획서, 전체요약기획서(개요서 및 제안서)를 작성한다.

제10절 기획가가 갖추어야 할 능력

1. **선견력**: 미래를 내다보고 그 징후를 파악하고 금후의 전개를 예측하는 능력이다. 문제의식이 필요하다.

2. **구상력**: 아이디어, 디자인, 프로모션 등의 기획의 흐름을 파악하고 균형이 잡힌 전체의 구도를 구상하여 스케줄, 예산 등을 확실하게 배분할 수 있고 실현 가능하도록 구체적으로 마무리 하는 능력으로 계획력 이라고도 한다.

3. **정보력**: 기획을 구성하는 과정에서 여러 가지 자료, 조사 데이터, 정보 등을 수집, 분석하여 현상을 파악하는 능력이다.

4. **창의력**: 기획을 처음으로 착상함으로써 문제해결의 방법을 생각하고 구체적인 해결책을 입안하는 능력이다. 즉, 신선한 아이디어를 창출하는 능력으로 발상력 이라고도 한다.

5. **설득력**: 기획을 관계자에게 알기 쉽게 제안하고 공감을 얻을 수 있도록 타인을 설득하여 기획을 받아들이게 하는 능력이다.

6. **조직력**: 기획의 기능과 조립하여 집단의 조직력을 발휘케 하는 능력이다.

7. **실행력**: 실행으로 옮겨 경기성과를 증명하는 능력으로 추진력이라고도 한다.

제2장

기획서 작성과 프레젠테이션

제1절 기획서와 실행계획서

1. 기획서의 내용 구성[26]

1) 표지

2) 목차

3) 취지

대회 상황의 설명, 대회 개최의 배경, 주최자와 주관자가 해결해야할 과제, 대회형태 등을 제시하고 그것을 제안할 이유나 배경에 대한 설명을 한다.

4) 목적 및 목표

대회를 기획함에 있어서 달성하고자 하는 명확한 목적과 목표를 제시한다. 목적과 목표가 선명하면 대회 진행자들이 일의 추진방향을 명확히 이해하게 되고, 돌발적인 상황이 발생하거나 문제가 일어났을 때에도 신속하고 정확하게 대처할 수 있다. 목적은 대회를 준비하고 운영하는 모든 관계자 행동의 기존이 된다. 방향이나 방침이 기본기획서에 필요한 경우도 있고, 그렇지 않은 경우도 있다. 필요가 없는 부분이라면 과감하게 삭제하는 것도 좋으나 필요하다면 철저하게 갖추어야 한다.

5) 전체개요

(1) 대회명칭

대회의 컨셉을 구체화시킨 매력적인 대회명칭이 바람직하다. 대회에 참가할 대상자들이 관심을 유발하게 하는 것이 대회명인데, 간단명료하게 그 대회의 성격이 무엇인지를 감지할 수 있도록 하여야 한다. 그간에는 슬로건 형태의 주제나 부제를 사용하는 것을 볼 수 있다.

(2) 시기

대회의 개최시기, 대회기간, 기간선정 이유 등을 표시하여야 한다. 기간을 표시할 때는 메인 대회의 일정만을 작성하는 일이 있는데, 대회 기본기획서에 부대행사일정도 표시하는 것이 좋다. 기획서에 표시되어야 하는 기간이 수일 및 하루 또는 몇 시간일 경우도 있고, 어떤 경우는 시작과 종료시간을 명확히 표시하여야 하며, 준비 및 철수기간이 있을 때에는 이를 표시하여야 한다. 대회기간이 길 때는 기본기획서에는 중요한 내용의 일정만을 표시하고 그 외는 별도 일정표를 작성하는 것도 좋다.

(3) 장소

대회 장소, 공간의 크기 등을 분명하게 기록해야 한다. 대회장소가 한 장소일수도 있고 실내 및 실외에서 동시에 실시할 수도 있다. 대회의 장소는 모두가 인지할 수 있는 유명지물을 이용하여 착오를 일으키지 않도록 하여야 한다. 필요한 경우 행사장의 약도나 행사장 일람표를 첨부하도록 한다.

장소선택의 몇 가지 체크 포인트는 다음과 같다.

① 대회장이 있는 지역의 이미지
② 대회참가자의 교통편(대회장의 지명도)
③ 행사장 근처의 유명한 건물
④ 대회장의 이미지
⑤ 대회장의 화제성
⑥ 대회장의 부대시설(락커룸, 대기실, 회의실, 접견실)
⑦ 대회 참가자의 시설 방문경험

(4) 대상

합기도의 경우 대회에 참가할 선수로써, 초등부, 중등부, 고등부, 대학일반부 등으로써 남녀이며, 대련과 개인연무 1종목, 개인2종목, 단체연무 2종목의 경우 합기도 유단자에 한하며, 지역과 연계한 축제성격이 가미된 대회의 경우는 그 종목을 별도로 추가하여 유급자도 참가할 수 있도록 표기를 정확하게 한다.

(5) 추진체계

누가 대회를 책임지고 수행해 나갈 것인가 하는 조직을 구성하여야 한다. 즉 주최, 주관, 후원, 협찬, 협력과 같은 조직체의 구조나 조직위워회, 운영위원회, 집행위원회 조직표를 만들어 제시한다. 이때 특히 업무영역은 추진체계를 보고 혼선 없이 바로 알 수 있도록 정리되어야 한다. 대회 실무자들이 추진체계를 보고 어디로 가서 업무협조를 할지 모르다면 조직체계를 과감히 변경하거나 명칭을 바꾸어 보는 것도 생각해본다. 대회에서 일반적으로 사용하는 추진체계는 주최, 주관,

후원, 협찬, 협력 등의 용어를 사용하는데 주최는 행사의 대외적인 책임지는 의미이며, 주관은 실제로 그 일을 하는 실행하는 조직을 말하며, 후원, 협찬, 협력은 행사를 도와주는 조직체계를 의미한다.

(6) 대회프로그램

대회를 전개해 나가는 과정과 방법을 기술하여야 한다. 즉 대회의 구성 및 계획을 알기 쉽게 작성하여 제시한다. 세부실행계획에 해당되는 대회프로그램이 그것이다. 그 내용이 가장 쉽게 이해될 수 있도록 다양한 방법으로 형태에 구애받지 않고 작성하면 된다.

(7) 접수안내

대회에 참가하는 선수가 어떤 방법으로 대회에 참여하기 위해 어떤 경로로 접수할 것인가 정확히 기재한다.

(8) 홍보기획

홍보컨셉, 매체 매체별 특성, 광고를 위한 스케줄 등의 내용을 제시한다.

(9) 비상대책

발생이 예상되는 비상상황과 대책, 응급환자의 발생에 대비한 대책, 기후의 영향으로 대회 진행에 이상이 발생할 경우의 대책, 참가자가 과다하거나 적을 경우를 대비한 대책을 사전에 미리 세워둔다.

(10) 운영 및 진행

대회일정관리, 개회 및 폐회, 대회장의 관리 운영, 진행요원 및 심판원 교육 및 배치, 초정인사 대책 및 안내계획, 관람객 유도 및 동선계획, 청소, 위생 및 의료관계, 차량유도 안내 및 주차장 관리 등 대회에 관한 세부진행방법을 말한다.

(11) 관련기관 및 참가자 협조관계

대회를 하면 다양하고 수많은 내용의 대외적 협조가 필요할 수 있다. 예를 들어 이용시설의 관리자가 대회장 안전문제, 쓰레기, 교통문제 등 관계자들이 협조를 받아야만 진행이 가능한 경우도 많이 있다. 대회홍보를 위한 언론사의 협조나 후원이 필요하고, 응급환자 및 화재에 대비한 소방서의 협조 등이 그 예이다.

4) 특징

주최하려는 대회가 타 대회와 다른 이유와 본 대회에 참가할 경우 얻어지는 특전이 무엇인지를 정확하게 표기한다.

5) 예산

대회의 개최목적이 다양하게 제시될 수 있고, 대부분 대회의 경우 참가자의 등록비와 기타 지원금 등을 바탕으로 이루어지고 일반적으로 수익을 목적으로 하는 것은 아니지만 비용과 수입을 예측하고 현금 흐름을 예상하여 자금을 적시에 준비하고 투입하는 등의 예산업무는 기획에 있어서 중요한 위치를 차지한다. 일반적인 기업의 회계보다 단순하지만 적절한 항목의 구분과 물품의 수량, 단가, 금액 등을 기록하고 인건비와 임차료 등 외부에서 지출되어야 할 비용 등을 상세히 기록한다. 기본기획서에 예산편성은 수입예산과 지출예산으로 구분하여야 하며, 예상 수입은 예측하기 힘들지만 전년도의 대회의 경험을 토대로 하여 예상수입을 가늠하고 지출 또한 예측이 가능할 때 대회에 소요되는 비용을 과다하게 사용하는 것을 막을 수 있는 동시에 적자에 피해에서 안정적인 형태로 갈 수 있기 때문에 예산의 편성은 매우 중요한 부분이다.

6) 추진일정

대회의 준비에서부터 사후처리까지 일괄하여 볼 수 있도록 전체일정을 요약해 놓는다. 업무추진일정을 가능한 도표로 작성하여 제시하면 더욱 효과적이다.

7) 기대 효과

(1) 지역경제 발전에 기여
(2) 지역관광 발전에 기여
(3) 지역이미지에 제고에 기여
(4) 지역 주민 참여로 볼거리 제공
(5) 주최, 주관 단체의 이미지 제고
(6) 관련 종목의 홍보를 통한 활성화
(7) 각 지방으로 순회 유치함으로써 교통상의 접근하기 힘든 지방 선수들의 참여 유도
(8) 각 지방자치 단체와 함께 공동 주최 및 주관함으로써 상호 신뢰를 구축하고 지원금을 통한 예산 확보

(9) 여러 단체로 분리되어 제각각인 시합을 연맹의 오픈 대회를 통한 단체와 관계 없이 참여할 수 있는 공동의 합기도 대회장 마련

(10) 우수 엘리트 선수 양성 및 발굴

(11) 대회의 체계화 및 선진화 구축

등과 같은 식으로 대회를 개최함으로써, 대 내외적으로 그리고 각 부문별로 어떤 파급효과가 있는지 상세하게 기록한다.

8) 별첨(부가적 제안이나 첨부서류)

대회에 직접적인 연관이 없더라도 주최자나 관람자 또는 다른 관계자에게 도움이 될 수 있는 제안이나 대회와 연계를 지으면 크게 도움 될 사항을 부가해서 제안할 수 있다.

2. 기획서의 표현 기법

1) 문장기법

(1) 논리적 일 것

① 선결후론, 혹은 기승전결의 논리적 구조를 가질 것

② 장, 절 항의 구분과 수준이 적절할 것

③ 사실과 의견을 구분할 것

(2) 간결할 것

① 문장을 짧게 끊어서 쓸 것(단문화)

② 접속사, 부사. 형용사의 사용을 최소화할 것

③ 미사어구, 정서적 표현을 피할 것

④ 문체, 용어를 통일할 것. 전문용어에는 적절한 주석을 붙일 것

(3) 명확할 것

(4) 6W3H 에 입각할 것

기획과정에서 빠져서는 안되는 요소는 6W3H라 할 수 있다. 6W3H는 Why, Whom, What, Where, When, Who, / How, How long, How money 등의 첫머리를 딴 것이다.[27)]

① Why : 대회개최의 이유를 생각해 보는 것으로 무엇을 위해, 왜 대회를 고민하는 과정이다.

② Whom : 대상이 누구인가를 파악하는 것으로 명확하고 구체적인 대상선정이 필요하다, 다시 말해서 누구를 위하여 이런 대회가 이루어지는가를 분명하게 밝히는 내용이다.
③ What : 대회에서 어떤 내용의 경기와 행사가 이루어지는가를 분명히 밝히는 것이다.
④ Who : 제품을 구축하기 위한 팀과 자원, 전문가와 이들의 직무를 파악하는 요소이다.
⑤ Where : 지역적인 문제 및 장소 선정에 관련된 내용
⑥ When : 주최측의 사정, 관련분야의 상황(타 협회에서 하는 각종대회, 협회 일정이 바쁜 시기, 결산기)장소의 형편, 참석자의 변화 등을 반영하는 내용
⑦ How : 예정된 대회를 어떤 방식으로 치루어 낼 것인가를 알려주는 내용, 물적자원, 대회 구축을 위한 시스템, 인적 자원들의 업무분장들이 구체적으로 제시되어야 한다.
⑧ How long : 대회일정과 각 세부 업무별로 분장된 워크쉬트이자 타임 스케줄이다.
⑨ How money : 대회일정과 선수 인원이 정하여 지면 비용이 얼마나 소요되는지에 관한 내용

2) 문서 기술의 시각화 기술

(1) 시각화의 효과

① 독자의 주의집중과 관심을 유도할 수 있다.
② 문서 전체의 흐름이나 이미지가 한눈에 들어온다.
③ 부분과 전체의 관계가 명확하다.
④ 핵심사항, 요점중심으로 내용을 전달한다.
⑤ 의사소통의 효율성을 높인다.
⑥ 생각 및 사실을 구조화, 조직화하는데 도움이 된다.

(2) 시각자료의 작성법

① 먼저 시각적으로 표현하겠다는 의지를 가질 것
② 개념도, 그래프, 배열 및 배치, 강약표현의 방식을 생각할 것
③ 어떤 대상을 시각화하는 방법은 여러 가지 임을 인식할 것
④ 주석 등의 추가정보를 기입, 내용을 보완할 것
⑤ 기존의 시각자료를 많이 알아두어 활용을 연구할 것
⑥ 시각화에 사용되는 기기의 활용을 도모할 것
⑦ 시각화를 위한 시각화를 하지 말 것

(3) 시각화의 종류

문장과 병행하여 도표를 활용하라.

① 개념도(Box Writing)

② 도표

- 도표는 문자정보보다 특히 숫자 정보가 주요 대상이다.
- 행, 열을 적절히 나누고 표제를 붙인다.
- 각각의 표제를 재 구분할 것인지 결정하고, 소 항목의 표제를 붙인다.
- 기입 숫자의 명칭 및 단위를 결정한다. (%, 원, 대 등)
- 중요항목, 숫자를 부각시킨다.(크기, 순서, 기호, 색깔 등)
- 문장이나 그림으로 보완한다.

③ 그래프

- 참고사항이 아니라 핵심을 그래프로 그릴 것
- 전달하고자 하는 내용에 따라 최적의 그래프를 그릴 것

막대그래프 : 특정 항목의 수치화

원그래프 : 구성요소의 비율

꺽은 선 그래프 : 연속적인 변화경향

층 그래프 : 총량 및 내역의 추이 비교

방사선그래프 : 전체의 경향 및 관계

구성비율 그래프 : 복수의 구성요소의 비율

산포도 : 변수간의 상관관계

3) 좋은 기획서의 조건

제안 자료로서의 기획서이든 설명 자료로서의 기획서이든 다음 네 가지 조건이 구비되어 있지 않으면 좋은 기획서라 할 수 없을 것이다.

(1) 그 기획서를 받는 사람에게 그 사람을 위한 기획서라고 느끼게 할 것

기획서는 불특정 다수의 독자를 위해 만들어지는 것은 아니다. 참석하고 있는 대상자의 심금을 울리는 드라마는 알기 쉬운 용어나 표현으로 쓰지 않으면 안 된다.

(2) 기획내용이 생생하고도 선명하게 묘사되어 있을 것

기획서는 기획실시의 도해 연습이라는 견해도 있다. 일단 읽어 보고 실시 상황이 떠오르도록 묘사되지 않으면 안 된다. 필요하다면 실시의 이미지 일러스트레이션이나 모형을 첨부하는 것도 그런 이유에서이다.

(3) 과제 해결의 순서를 잘 알 수 있도록 할 것

기획서가 통과되기 위해서는 기획의 실시에 따른 효과를 평가할 수 있어야 할 것이다. 기획 그

자체는 유익하다고 평가되고 있는 반면 통과되지 않는 기획서는 과제해결의 순서를 그르치고 있기 때문일 것이다.

(4) 다음 행동에 결부시킬 수 있을 것

그 기획서를 본 담당자가 다음 행동을 일으켜 주지 않으면 기획서의 역할을 충분히 한 것이 아니다. 실천이 수반되지 않는 기획서는 해당 사항에 대한 발전을 기대할 수 없다. 각 부분의 내용이 충분하지 못하거나 각 부분의 상호 관련성이 별로 없는 경우에는 행동으로의 연결이 어려운 경우가 대부분이다.

4) 기획서의 외관 형식

기획서의 외관이나 형식은 주로 기획서를 받는 사람의 필요성이나 사용하는 방법에 따라 결정된다. 또한 기획자의 재량이나 해독 방법에 따라 결정되는 부분도 있다.

파일 형식으로 된 것으로는 A4판이나 B4판이 보통인데 A4판 쪽이 더 많은 것 같다. 표지의 색깔도 기업 상징 색으로 맞추거나 기획내용을 상징하는 색깔로 해보거나 하는 등 기획자는 나름대로 구상을 하기도 한다. 시리즈 형태로 제출하는 기획의 경우 색깔을 달리하여 구별하기 쉽도록 해야 할 것이다.

최근 워드프로세서로 기획서를 만드는 경우가 많아졌는데, 이러한 경우에도 표지를 컬러 인쇄한다든지 약간 두꺼울 경우에는 시판되는 뒷 표지용 크로스를 붙이거나 하여 외관를 정비하도록 한다.

5) 기획서 작성법

(1) 학술 기획서 구성(학술)

논리적으로 기획을 설명해 나간다면 아마도 이러한 순서도 될 것이다.

① 서론-문제(의식)를 기술하고 논증해 가는 방법을 제시한다.

② 본론-실험 결과, 자료 등을 활용하여 사고를 구축한다.

③ 결론-새로운 가설(학설)을 제시한다.

이 순서는 학술논문의 일반적인 구성이다.

(2) 일반적 기획서 구성

일반적인 기획서도 논리적으로 기획을 설명해 나간다면 아마도 이러한 순서도 될 것이다. 그러나 학술논문 식으로 쓰여진 기획서는 매력이 없을 수도 있다. 기획서를 작성하려면 대략적으로 다음과 같은 순서로 하는 것이 좋을 것이다.

① 서론-상황을 분석, 정리하고 과제를 확인하고 기획의 방향성을 제시한다.

② 본론-기획내용을 설명하고 제안한다.

③ 결론-그 기획의 당위성을 설명한다.

기획을 받아들이는 사람은 성급히 결론(기획내용)을 알고 싶어하는 경향이 있는 것 같다. 그렇기 때문에 기획서 작성법이 중요시된다. 원칙적으로 본론에서 누차 인용하면 설명해야 할 마케팅 데이터를 권말로 보내거나 별책으로 제작하거나 하는 것은 이런 이유 때문이다.

(3) 기획서 작성 단계

기획서를 만드는 단계에서는 과제 해결의 방향성도 집약되며 Key idea도 관계자 사이에서 이해할 수 있게 될 것이다. 기획의 골자는 정해져 있기 때문이다. 그래서 각자가 기획서를 써내는 것은 천재나 초보자 중의 하나만이 가능하다.

① 우선 기획서를 구성한다. 필요 항목을 추출하여 목차를 만들어 본다. 학술논문으로 하든지 기획서식으로 하든지 제출하는 상대에 따라 결정한다.

② 각 장마다 수록할 내용을 몇 가지 써본다.

기획을 진행함에 있어 검토된 모든 것을 수록할 수는 없다. 상세히 써넣어야 할 포인트, 생략해도 무방한 것 등으로 구분하면서 몇 가지로 적어 본다.

③ 균형있게 구성한다.

주체가 되는 기획내용이 생생하고 선명하게 나타나는 구성인가를 살핀다. 보충 설명이 너무 많을 때는 자료를 별책으로 하든가 하여 조정한다.

④ 전체의 분량을 정해 각 장에 할당한다.

이것으로 기획의 개요는 완성된다. 여기에 도중에 작성된 자료나 메모 등을 이러한 순서에 따라 정리한다

⑤ 기획의 프레임을 결정한다.

- 우선 표지를 만든다. 추후 제출처와 제목을 의식하면서 쓴다.
- 목차를 만든다. 기획의 개요가 만들어져 있다면 그대로 목차로 만들면 된다. 항목수를 안배하다 보면 전체의 구성을 예측할 수 있으므로 그 것을 의식하면서 써 나간다.
- 구상 부분을 쓴다. 기획의 중심인 구상 부분을 쓴다. 이것을 단숨에 쓸 수 없다면 구상이 덜된 상태인지도 모른다.
- 나머지 부분을 쓴다. 어디에서부터이든 쓰기 쉬운 부분부터 써 나간다. 각 장을 다 쓰고 나면 구상 부분과 대비하여 구상부분에의 가필이 필요한지 여부를 체크하고 나서 모든 것이

결정되면 집필에 들어간다.

⑥ 최종 재점검한다.

- 무엇을 제안하는지 명확한가?
- 기획 실시 전 후의 차이가 나타나 있는가?
- 포인트 및 핵심이 명료한가?
- 기획의 전체 상 및 개별 상이 명확히 인식되는가?
- 제안은 합리적이고 사실에 근거한 것인가?
- 모든 것이 결정 되었는가?
- 현황분석은 잘 되어 있는가?
- 과제 설정은 정확한가?
- 목적과 목표는 정확한가?
- 콘셉과 주제는 적절한가?
- 타이틀은 적절한가?
- 전체구성은 어떠한가?
- 아이디어/프로그램은 좋은가?
- 콘셉을 반영했는가?
- 현실성이 있는가?
- 목적과 목표를 달성할 수 있는가 ?
- 계획은 창의적인가?
- 운영계획은 빠진 것이 없나?
- 홍보/광고계획은 충분한가?
- 협찬계획은 적절한가?
- 예산계획과 자금조달은 적절한가?

3. 실행계획서

실행계획서는 대회의 기본기획서를 바탕으로 구체적으로 작성되어야 한다. 여기는 장소에 대한 계획, 경기계획, 고지 홍보 동원 계획, 예산계획, 운영계획 등이 구체적으로 기술되어야 한다.

실행계획서에 포함될 내용의 예는 <표 3>과 같다.

<표 3> 대회 실행계획서 내용(예)

개최 요령	∴명칭 ∴관객 및 선수예측 ∴협찬	∴기본컨셉 ∴주최 ∴협력	∴장소 ∴주관 ∴조직	∴시간 ∴후원 ∴기타
장소 계획	∴개요 ∴시설, 설비	∴전체구성	∴전체이미지	∴동선
경기 계획	∴개요 ∴비상시 대책	∴심판운영 ∴질서대책	∴진행요원운영 ∴용구 용품수급	∴경기운영 ∴ 심판, 운영 교육
고지, 홍보 동원 계획	∴개요, ∴캠페인	∴전략 ∴동원대책	∴우편광고 ∴교통수송책	∴인터넷광고
예산 계획	∴수입내용	∴지출내용	∴관리 Format	∴기타
운영 계획	∴정보, 명령, 지휘 조직도			

자료: 조달호(1994)[28)]

실행계획서에 포함된 몇 중요한 용어를 몇 개만 알아보도록 하자.

1) 주최: hosted by(Auspice) : 주최하는 조직으로 행사를 계획하고 시행하는 곳.

2) 주관: organized by(Manage) : 주최보다 아랫단계의 기관 organizer로서 어떤 주최자의 계획에 따라서 행사의 시작부터 끝까지 일정을 세우고 실질적으로 운영하고 진행하는 곳.

3) 협찬: sponsored by : 선물이나 현금으로 기업들이 협찬. 직접 그 행사를 진행하는데 필요한 것들을 지원해주는 것으로 이를 테면 공연장의 무대 및 의상, 소품등을 대여 또는 지원이다. 또한 주행사에 드는 비용이나 물품을 지원한다. 따라서 현금협찬, 현물협찬, 용역(기술, 제작) 등의 있다. 협찬은 대개 기업체, 단체 등에서 참여를 하게 되며 협찬사에서는 대개 반대급부를 요구하기도 한다.

4) 후원: supported by : 후원이란 어떤 행사주체가 행사의 공공성과 공익성, 신뢰성을 확보하기 위해 행사취지에 맞는 공공기관에 요청하여 지원 받는 내용으로 공공기관의 후원명칭사용, 공공기관장의 표창, 행정 또는 재정적 지원이 있을 수 있으며, 이 경우 지원기관에서는 관련법에 의한 조건을 부과할 수도 있다.

직접행사에 참여하지 않고 도움을 주는 것. 물질보다는 대체로 이름 후원일 경우가 많다. 이를 테면 TV광고도 일종의 프로그램 후원으로 볼 수 있다. 대회를 알릴 수 있는 공공기관이나 언론기관의 성격을 가진 기관이 후원 / 대중에게 전시행사를 노출시키는 기대효과가 있다.

후원과 협찬의 유사점은 어떤 행사에 제3자가 지원을 하는 것이고, 차이점은 참여 주체가 목적과 성격이 다르다.

제2절 제안 및 설득을 위한 프레젠테이션

1. 설득의 원리와 방법

1) 설득의 원리

(1) 상대에 따라 설득의 접근방식은 다르다.
(2) 우선 전체를 그리고 세부에 관해 설득을 전개한다.
(3) 상대의 반응을 예측하고 대비한다.
(4) 설득의 환경조건을 고려한다.
(5) 평소의 완벽한 업무태도로 신뢰를 확보한다.

2) 설득의 방법

(1) 정확하고 충분한 정보를 바탕으로 말한다.
(2) 논리적으로 설명한다.
(3) 실증(사례)를 토대로 설득한다.
(4) 문제에 대한 대안, 이견들을 여러 관점에 비추어 설명한다.
(5) 보다 상위의 목표에 비추어 설명한다.
(6) 상대방의 자존심을 충족시키는 행동을 보인다.
(7) 듣는 이에게 절실한 문제임을 인식시킨다.
(8) 영향력 있는 사람을 끌어 들인다.
(9) 보조수단을 활용한다.(비공식적 접촉)
(10) 냉각기를 갖거나 제3 자의 관여가 필요한지 생각한다.

3) 사전 조정

(1) 사전 조정 대상자를 선정한다.
(2) 조직 및 의사결정의 프로세스를 분석하여 누구와 사전 조정할 것인지를 결정한다.
(3) 사전조정의 타이밍을 고려한다.
사전 조정 대상자에 대해서 기획의 어느 단계에서 사전 조정할 것인가를 선택한다.

(4) 사전 조정의 방법을 연구하여 선택한다.
(5) 대상자의 이방 및 지위 등을 고려하여
① 의견을 듣는다.
② 일임한다.
③ 실행의 선두에 세운다 등의 여러 방법을 연구한다.

2. 프레젠테이션의 기본 개념

1) 프레젠테이션의 정의

프레젠테이션이란 특정의 그룹을 대상으로 적정장소에서 제한된 시간 내에 전달하고자 하는 메시지를 효과적으로 전달함으로써 자신이 원하는 바를 실행하도록 동기부여 하는 것이다.

2) 프레젠테이션의 통념

(1) 훌륭한 연사는 태어나는 것이다.
(2) 훌륭한 프레젠테이션을 위해서는 누군가를 모방해야 한다.
(3) 원고를 보면서 하는 것이 좋다.
(4) 내용은 외우는 것이 효과적이다.
(5) 프레젠테이션은 엄숙하고 점잖게 하는 것이 효과적이다.

3) 무대공포를 극복하려면

(1) 이를 인식하고 받아들여라.
(2) 준비하는데 시간을 들여라.
(3) 발표내용의 전문가: 절절한 준비와 연습
(4) 공격적으로 말하라.
(5) 메시지가 효과적으로 전달되고 있다고 믿어라.

3. 프레젠테이션의 전개

1) 효과적인 도입

(1) 청중의 마음을 주제와 화자에게 집중시킨다.
(2) 전달할 메시지를 개관한다.
① 크고 강렬하게 시작하라.
② 청중들이 얻게 되는 장점을 설명하라.
③ 신뢰감을 주어라.
④ 전달할 이야기를 개관하라.
⑤ 지나치게 겸손하지 마라.
⑥ 청중을 가치절하하지 마라.
⑦ 간결하며 역동적으로 하라.

2) 도입시의 주의 집중 기술

(1) 질문하기
(2) 인상적인 사실을 이야기하기
(3) 유모어를 사용하기
(4) 사례를 말하기
(5) 인용하기

3) 본론의 전개(본론전개시의 주의 집중 기술)

(1) 반복: 다른 용어와 말을 사용하여 핵심내용을 반복한다.
(2) 비유: 메시지와 관련한 이미 중이 알고 있는 비유를 사용한다.
(3) 참여: 많은 다양한 감각을 활용하여 청중을 참여시킨다.(시청각 자료, 활동)
(4) 사례: 적절한 사례는 메시지를 효과적이고 흥미있게 한다.
(5) 통계: 메시지의 신뢰성을 높인다.
(6) 비교: 청중이 빠르고 논리적으로 대안의 가치를 인정한다.
(7) 증언: 개인적이거나 인용될 메시지를 신뢰롭게 한다.

4) 효과적인 결론

(1) 요약하라.
(2) 핵심내용을 강조하라.
(3) 행동을 촉구하라.

(4) 강하고 강렬하며, 설득적으로 이야기하라.
(5) 도입과 연결시켜라.
(6) 다시 새로운 것을 이야기하지 마라.
(7) 갑자기 끝내지 마라.
(8) 사과하지 마라.

4. 프레젠터의 기술

1) 시각자료의 활용

(1) 청중의 주의집중과 관심을 유도한다.
(2) 핵심사항을 강조한다.
(3) 언어표현을 지지한다.
(4) 그릇된 이해를 최소화한다.
(5) 파지율을 높인다.
(6) 현실적이고 구체적으로 설명한다.
(7) 의사소통의 효율성을 높인다.
(8) 생각, 사실의 구조화, 조직화가 가능하다.

2) 프레젠터의 태도 주의요소

(1) 옷차림.
(2) 연단사용.
(3) 눈의 초점.
(4) 서투른 자세.
(5) 침튀기기.
(6) 산만한 손가락.
(7) 가식적인 행동.
(8) 지나치게 얼굴을 들이대기.
(9) 입안에 뭔가를 씹기.

3) 프레젠터의 말하기 주의요소

(1) 나는 완벽하다.
(2) 사과하기.
(3) 약어의 사용 .
(4) 자신 없는 말투.
(5) 애매한 단어.
(6) 단조로운 말투.
(7) 습관적인 말투.
(8) 읽기.
(9) 유모어를 위한 유모어.
(10) 고정관념.
(11) 연속성.

4) 예행연습

(1) 큰소리로 연습하라.
(2) 시간, 목소리, 흐름 등을 검토하라.
(3) 외우지 마라.
(4) 실제장소에서, 사람들 앞에서 하라.
(5) 4-5번 반복하라 .
(6) 시각화하라.

제3장 일반행정 실무

제 1 절 행정문서 작성의 실제

제1절 행정문서 작성의 실제

1. 기안문 작성의 실제

<표 4> 기안문 샘플

	한국대학합기도연맹	

수신	00대학교(①) - 2곳까지 가능	
(경유)		
제목	『비전자결재 시스템』 테스트	

1. 귀 대학(학교) 및 도장의 무궁한 발전을 기원합니다.

2.

붙 임 비전자결재 시스템 설명자료 1부. 끝.

	한국대학합기도연맹②	
수신자	③	

					전결 1/9④		
담당	홍길동	전무이사	박동팔	회장	손오공		
협조자							

시행	⑤-(2008.8.19)⑥	접수	(2008.8.20)⑦
우	336-708	충남 아산시 탕정면 갈산리100번지 선문대학교 국제무도경호학부 경찰경호무도전공 /	www.
전화	041-530-2298⑨ 전송 041-530-2883⑩ /	saok1@naver.com⑪	/ 공개

① 괄호 안 : 경유하는 부서 기록　　② 직인은 전자문서 유통 시 자동입력

③ 3곳 이상 일 경우 기록 (정확한 명칭표기 - 선문대학교, 경북전문대학 …)

④ 전결일 경우 표시하고 결재일 표시　　⑤ 처리과명 입력

⑥ ⑦사용자가 기록하지 않습니다(전자문서 유통시 자동입력)

⑧ 처리과명 입력 ⑨ 각 부서 연락처

⑩ 각 부서 팩스번호 ⑪ 기안자 E-mail주소

1) 항목구분의 일부 순서 변경

<표 5> 기존 항목구분

구 분	항 목 부 호
첫째 항목	1., 2., 3., 4., …
둘째 항목	가., 나., 다., 라., …
셋째 항목	(1), (2), (3). (4) …
넷째 항목	(가), (나), (다), (라), …
다섯째 항목	1), 2), 3), 4), …
여섯째 항목	가), 나), 다), 라) …
일곱째 항목	①, ②, ③, ④ …
여덟째 항목	㉮, ㉯ , ㉰, ㉱ …

<표 6> 개정 항목구분

구 분	항 목 부 호
첫째 항목	1., 2., 3., 4., …
둘째 항목	가., 나., 다., 라., …
셋째 항목	1), 2), 3), 4), …
넷째 항목	가), 나), 다), 라) …
다섯째 항목	(1), (2), (3). (4) …
여섯째 항목	(가), (나), (다), (라), …
일곱째 항목	①, ②, ③, ④ …
여덟째 항목	㉮, ㉯ , ㉰, ㉱ …

2) 문서의 구성요소 변경

(1) 기존

① 두문 : 발신기관명, 취급, 보고등 표시, 발신기관의 우편번호·주소·전화번호 및 모사전송번호, 처리과명, 과장 이하 직원의 직위 또는 직급 및 성명, 문서번호, 시행일자, 보존기간, 수신란 등으로 한다.

② 본문 : 제목·내용 및 첨부로 한다.

③ 결문 : 발신명의 및 수신처란으로 한다.

(2) 개정

① 두문 : 행정기관명 및 수신자로 한다.

② 본문 : 제목·내용 및 붙임으로 한다.

③ 결문 : 발신명의, 기안자·검토자·협조자·결재권자의 직위 또는 직급 및 서명, 생산등록번호와 시행일자, 접수등록번호와 접수일자, 행정기관의 우편번호· 주소·홈페이지주소·전화번호·모사전송번호, 담당자의 공식 전자우편주소 및 공개구분으로 한다.

3) 발송대상문서의 방법 변경

(1) 기존 : 기안문에 의하여 시행문을 별도로 작성하여 발송하여야 한다.

(2) 개정 : 종이문서는 이를 복사하여 발송하고, 전자문서는 전자문서 시스템상에서 발송하여야 한다.

* 기존에는 시행문을 별도로 작성하여 발송하였으나, 앞으로는 기안문과 시행문이 하나로 통합됨에 따라 시행문을 별도로 작성하지 않고, 기안문에 관인(전자이미지관인)을 찍어 그대로 발송하되, 종이문서와 전자문서의 발송방법을 달리한다.

- 종이문서 : 기안문을 복사한 후에 관인을 찍어 발송(기안문에 관인을 찍으면, 시행문이 된다.)

* 결재난 것이 기안문이고, 이를 복사한 후 문서과의 관인 관리자가 관인을 찍은 것이 시행문이다(굳이 구분한다면, 기안문은 원본이고, 시행문은 정본(원본과 같은 효력 있음)으로 이해하면 된다.

- 전자문서 : 기안문에 처리과의 문서수발업무담당자가 전자이미지관인을 찍은후에 전자문서시스템상에서 그대로 발송(기안문에 전자이미지관인을 찍으면, 시행문이 됨)한다.

4) 수신자 표시방법의 변경

(1) 기존 : 수신과 참조의 두 줄로 하고, 수신처가 1곳인 경우와 여러 곳인 경우에 표시방법이 달랐다.

(2) 개정 : 기존의 기안문과 시행문에서는 두문의 수신과 참조란이 두 줄로 되어 있었으나, 이를 한 줄로 하되, 수신자란에 수신자명 또는 수신자기호를 먼저 쓰고, 이어서 ( )안에는 처리할 자(보조기관 또는 보좌기관)의 직위가 분명한 경우에는 그 직위를 쓰되, 처리할 자의 직위가 분명하지 않는 경우에는 ○○업무담당과장 등으로 표시하도록 변경한다.

* 수신자가 너무 많이 문서의 주된 내용을 첫장에서 파악하기 곤란한 경우에 한하여 두문의 수신자란에 "수신자 참조"라고 쓰고, 결문의 수신자란에 수신자명 또는 수신자기호를 표시한다.
* 수신처를 수신자로 명칭을 변경하였다.
* 공문서수신처기호표 → 공문서수신자기호표로 명칭 변경하였다.

5) 주의사항

(1) 전자문서를 이용하여 공문 발송 시
- 한글97로만 사용가능(2002작업 후 97로 저장 안됨)
- 기안문 결재 후 파일은 핸디로 보내고 원본(결재받은 기안문)은 가지고 와서현행과 같이 발송인 찍고 문서번호 따야한다.

(2) 전자문서를 이용하지 않을 경우
- 기안문을 결재 받은 후 복사하여 현행과 같이 한다.(별도로 시행문 작성하지 않음)

6) 문서 작성의 기본 원칙

(1) 정확성 : 정확한 문법적 구성과 정확한 용어를 선택해야 한다.
(2) 간결성 : 전달하고자 하는 내용의 요지를 충분히 살리면서 알기 쉽게 간결하게 해야 한다.
(3) 경제성 : 신속하고 경제적인 처리가 가능해야 한다.

7) 기안문 작성시 고려사항

(1) 내용을 정확하게 전달할 수 있어야 하며, 문장은 짧게 끊어서 개조식으로 쓸 것
(2) 주어와 술어의 관계를 분명히 하고, 애매모호한 표현은 피할 것
(3) 신속성을 기하기 위해 결론을 먼저 내리고 설명을 해나가는 방식으로 할 것
(4) 서식은 통일하고 읽기 쉽고, 이해하기 쉽게 표현할 것
(5) 문서 용지의 규격이나 종이질은 표준화된 것을 사용할 것

7) 공문서의 작성형식

(1) 법규문서 : 조문 형식에 의해 작성. 누년 일련번호 사용
(2) 훈령・예규 : 조문 형식 또는 시행문 형식으로 작성, 누년 일련번호 사용

(3) 지시 : 조문 형식에 의해 작성, 연도표시 일련번호 사용

(4) 일일명령 : 시행문 형식 또는 회보 형식에 의해 작성, 연도별 일련번호 사용

(5) 고시·공고 : 공고문서는 일정한 형식 없이 내용과 목적, 방법에 적합한 형식으로 작성하고 일련번호 사용

(6) 일반문서, 민원문서 : 시행문 형식에 의하고 형식이 정해진 경우에는 서식에 의할 것. 관리번호는 기관번호+분류번호+등록번호에 의함(보고서는 기안문 형식으로 작성)

① 누년 일련번호
연도 구분 없이 누년 연속되는 번호 부여
법규문서, 훈령, 예규의 관리번호에 사용

② 연도표시 일련번호
연도표시와 연도별 일련번호를 붙임 표(-)로 연결해서 표시
지시문서와 공고문서에 사용

③ 연도별 일련번호
연도별로 구분해서 매년 새로 시작되는 연도표시가 없는 일련번호

2. 문서발송 및 수신대장 만들기

<표 7> 문서발송대장

번 호	문서번호	일 자	문서종류	내 용	수신처	발송자	화일번호	비 고

<표 8> 문서수신대장

번 호	문서번호	일 자	내 용	접수처	접수자	화일번호	비 고

3. 취임 승락서

<표 9> 취임 승락서

한국대학합기도연맹 임원(이사) 취임 승낙서

성 명	한 글		성 별	남·여	사 진 (3×4㎝ 반명함판)
	한 자		연 령	만 세	
	영 문				
생년월일	년 월 일				
자택주소	□□□ - □□□			자택전화	
				휴대전화	
	E-mail				
대학주소	학교명	(대학교)		직장전화	
	직 위		비 고	팩스번호	
	주 소	□□□ - □□□			
학 력	년 월 일	고등학교 졸업			
	년 월 일	학과 졸업(중퇴)			
	년 월 일	학과 졸업(수료)			
연맹 부여 직 위					

상기 본인은 200 년 ○○일 개최된 ( )총회에서 직에 선출된 바, 성실히 그 직책을 수행하기로 이에 취임승락서를 제출합니다.

200 년 월 일

위 본인 (인)

한 국 대 학 합 기 도 연 맹 회 장 귀하

4. 경력증명서

<표 11> 과 <표 12>에서 보는 바와 같은, 경력증명서는 연매에서 신청인의 경력을 증명하여 발급하는 문서로서 명확히 기재하는 것이 좋다.

연맹에서는 이사가 임기만료 및 직위해체라도 경력기간, 업무종류, 지위와 기타 필요한 사항에 관한 증명서를 청구한 때에는 사실대로 기입하여 즉시 교부하여야 할 의무가 있다.

경력증명서의 양식은 각 단체나 회사마다 다르며 대체적으로 연맹에서 활동을 하기 시작한 일과 임기만료일 그리고 맡은 바 업무에 대해 기재되어 있다.

경력증명서는 활동하던 연맹에 발급요청을 하면 해당 연맹에서 발부해 준다. 통상 경력증명서는 당해 이사의 재직기간 뿐만 아니라 맡은 바, 업무에 대해서도 증명을 하는 성격이 있으므로 위와 같은 대체 제출은 이를 인정하는 직장만 허용되므로 연맹의 사정에 따라 조절할 필요가 있다.

일반적으로 전 직장은 원칙적으로 퇴사자가 요청 시 경력증명을 비롯한 제 증명서 발급에 응할 의무가 있습니다. 근로기준법 제38조 및 동법시행령14조에는 '사용증명서' 발급이라는 내용이 규정되어 있는데, 1)사용기간 2)업무종류 3)지위와 임금 기타 필요한 사상에 관한 증명서를 30일 이상 근무한 직원에 대해 퇴직3년 이내에 요구하는 경우에는 발급하여 주도록 하고 있다. 전직 회사가 폐업 등으로 없어져 경력증명서 발급이 불가능 할 경우에는 연금 및 고용보험 가입증빙서류로 대신 할 수 있으므로 경력증명서 제출 회사(부서)에 대체 인정 여부를 확인 후 가까운 해당관청에서 서류를 발급 받으면 된다.

회사에 따라서는 경력을 인정하여 급여를 산정 하여야 할 경우 지난 회사에서 얼마를 받았는지 확인하고자 할 때 경력증명서와 더불어 원천징수영수증을 요청하는 경우도 있다. 급여조정을 위하여 특별히 정산할 (전문직, 간부직원 등)때를 제외하고는 일반적으로 원천징수영수증을 원치 않으므로 대체적으로 경력증명서만을 요구하는 경우도 많다.

1) 경력 증명서와 재직 증명서의 용도를 구분하여 사용하여야 한다.

재직증명서는 이직을 하고자 하는 본인이 회사에 현재 다니고 있는 사실을 증명하는 서류이고, 경력증명서는 본인이 그만 둔 회사에서 어떤 일을 얼마나 했는지를 증명하는 서류이다. 재직증명서는 현재 회사에 재직 중이나, 타 회사에의 이직을 위하여 경력직임을 확인하기 위해서나, 신용카드를 발급을 받을 때, 외국 비자를 받을 때, 금융기관에서 대출을 받을 때 제출하며, 경력증명서는 회사를 그만둔 후 다른 회사에 경력직으로 입사 할 때, 전문자격증 취득 할 때, 경력 사항을 확인할 때 등에 제출하는 서류이다.

재직증명서는 증명서를 제출하는 현재 시점에 회사에서 근무를 하고 있음을 증명하는 서류이며, 경력증명서는 퇴사 후 이전 회사에서의 근무경력을 증명하는 서류이다.

2) 팩스로 보낼 때는 전 직장의 날인이 필요하다.

사정상 경력증명서를 직접 발급 받지 못할 상황이라면 우편으로 수취하여 취업할 회사에 제출하여도 인정이 될 수 있으나, 팩스로 수취할 때에는 전 직장의 "원본대조필" 날인이 된 경력 증명을 수취해야 하며, 팩스본을 제출한 후 나중에 원본을 제출해야 한다.

3) 최대한 구체적으로 거짓 없이 기재하는 것이 좋다.

경력사항을 기재할 때는 구체적인 경험을 토대로 작성해야 한다. 과장되거나 거짓된 정보를 기재할 경우 나중에 그것이 밝혀질 경우 본인에게 불이익이 돌아올 수 있다.

요즘에는 경력직을 채용할 때 레퍼런스 체크(전 직장에서의 평판과 실제 경력 등을 조사하는 것)를 하기 때문에 솔직한 태도로 작성하는 것이 중요하다.

경력증명서는 <표 10>에서 보는 바와 같은, 경력증명서 교부신청서를 작성해서 연맹에 제출하면 연맹에서 활동한 심판의 경력과 임원의 경력 자료를 조회하여 신청한 날로부터 7일 이내에 신청자에게 발급한다.

경력증명서의 종류는 심판에 대한 경력증명서와 임원에 경력 증명서로 크게 분류된다.

<표 10> 경력증명서 교부신청서(이사, 심판)

<table>
<tr><td colspan="4">경력증명서 교부신청서(이사, 심판)</td></tr>
<tr><td>성 명(한글)</td><td colspan="3"></td></tr>
<tr><td>주민등록번호</td><td colspan="3"></td></tr>
<tr><td>주 소</td><td colspan="3"></td></tr>
<tr><td>연 락 처</td><td colspan="3"></td></tr>
<tr><td>이 메 일</td><td colspan="3"></td></tr>
<tr><td>소속부서</td><td colspan="3"></td></tr>
<tr><td>직 책</td><td colspan="3"></td></tr>
<tr><td>경력표기기간</td><td colspan="3">~</td></tr>
<tr><td>용 도</td><td colspan="3"></td></tr>
<tr><td>신청부수</td><td colspan="3">부</td></tr>
<tr><td colspan="4">상기 본인은 위와 같은 내용으로 경력증명서를 신청합니다.

200 . .

신청자: (인)</td></tr>
<tr><td>수수료</td><td>5,000원</td><td>교부기간</td><td>신청일로부터 7일이내</td></tr>
</table>

<표 11> 경력증명서(이사)

제08-이사경력-01호

<table>
<tr><td colspan="9">경력증명서(이사)-견본</td></tr>
<tr><td rowspan="3">인
적
사
항</td><td rowspan="2">성 명</td><td colspan="2">한 글</td><td colspan="2">금 일 수</td><td rowspan="2">주민등록
번 호</td><td colspan="2" rowspan="2">000000-1468815</td></tr>
<tr><td colspan="2">한 자</td><td colspan="2"></td></tr>
<tr><td>주 소</td><td colspan="7"></td></tr>
<tr><td rowspan="7">경
력
사
항</td><td colspan="5">기 간</td><td rowspan="2">직 위</td><td colspan="2" rowspan="2">소속부</td></tr>
<tr><td colspan="3">부터</td><td colspan="2">까지</td></tr>
<tr><td colspan="3">2004. 03. 01</td><td colspan="2">2008. 07. 01현재</td><td>총무이사</td><td colspan="2">총무부</td></tr>
<tr><td colspan="3"></td><td colspan="2"></td><td></td><td colspan="2"></td></tr>
<tr><td colspan="3"></td><td colspan="2"></td><td></td><td colspan="2"></td></tr>
<tr><td colspan="3"></td><td colspan="2"></td><td></td><td colspan="2"></td></tr>
<tr><td colspan="3"></td><td colspan="2"></td><td></td><td colspan="2"></td></tr>
<tr><td colspan="4">최종직위 또는 직급</td><td colspan="5"></td></tr>
<tr><td colspan="4">퇴직 사유</td><td colspan="5"></td></tr>
<tr><td rowspan="5">상
벌
사
항</td><td colspan="5">포상</td><td colspan="3">징계</td></tr>
<tr><td colspan="2">년 월 일</td><td colspan="2">종 류</td><td>시행청</td><td>년 월 일</td><td>종 류</td><td>시행청</td></tr>
<tr><td colspan="2"></td><td colspan="2"></td><td></td><td></td><td></td><td></td></tr>
<tr><td colspan="2"></td><td colspan="2"></td><td></td><td></td><td></td><td></td></tr>
<tr><td colspan="2"></td><td colspan="2"></td><td></td><td></td><td></td><td></td></tr>
<tr><td rowspan="4">직
위
해
제</td><td colspan="3">년 월 일</td><td colspan="5">사 유</td></tr>
<tr><td colspan="3"></td><td colspan="5"></td></tr>
<tr><td colspan="3"></td><td colspan="5"></td></tr>
<tr><td colspan="3"></td><td colspan="5"></td></tr>
<tr><td>용
도</td><td colspan="5"></td><td>유 효
기 간</td><td colspan="2">발행일로부터 3개월</td></tr>
<tr><td colspan="9">위와 같이 이사경력을 증명합니다.

200 년 월 일

한국대학합기도연맹 길 수 종 (인)</td></tr>
</table>

<표 12> 경력증명서(심판)

제08-심판경력-01호

<table>
<tr><td colspan="7">경력증명서(심판)-견본</td></tr>
<tr><td rowspan="3">인적사항</td><td rowspan="2">성 명</td><td>한 글</td><td colspan="2">홍 길 동</td><td rowspan="2">주민등록
번 호</td><td rowspan="2">000000-0000000</td></tr>
<tr><td>한 자</td><td colspan="2"></td></tr>
<tr><td>주 소</td><td colspan="5"></td></tr>
<tr><td rowspan="7">경력사항</td><td colspan="3">기 간</td><td rowspan="2">직 위</td><td colspan="2" rowspan="2">소속 위원회</td></tr>
<tr><td colspan="2">부터</td><td>까지</td></tr>
<tr><td colspan="2">2004. 03. 01</td><td>2008. 07. 01현재</td><td>심판</td><td colspan="2">심판위원회</td></tr>
<tr><td colspan="2"></td><td></td><td></td><td colspan="2"></td></tr>
<tr><td colspan="2"></td><td></td><td></td><td colspan="2"></td></tr>
<tr><td colspan="2"></td><td></td><td></td><td colspan="2"></td></tr>
<tr><td colspan="2"></td><td></td><td></td><td colspan="2"></td></tr>
<tr><td colspan="3">최종직위 또는 직급</td><td colspan="4"></td></tr>
<tr><td colspan="3">퇴직 사유</td><td colspan="4"></td></tr>
<tr><td rowspan="5">상벌사항</td><td colspan="3">포상</td><td colspan="3">징계</td></tr>
<tr><td>년 월 일</td><td>종 류</td><td>시행청</td><td>년 월 일</td><td>종 류</td><td>시행청</td></tr>
<tr><td></td><td></td><td></td><td></td><td></td><td></td></tr>
<tr><td></td><td></td><td></td><td></td><td></td><td></td></tr>
<tr><td></td><td></td><td></td><td></td><td></td><td></td></tr>
<tr><td rowspan="4">직위해제</td><td colspan="2">년 월 일</td><td colspan="4">사 유</td></tr>
<tr><td colspan="2"></td><td colspan="4"></td></tr>
<tr><td colspan="2"></td><td colspan="4"></td></tr>
<tr><td colspan="2"></td><td colspan="4"></td></tr>
<tr><td>용도</td><td colspan="3"></td><td>유 효
기 간</td><td colspan="2">발행일로부터 3개월</td></tr>
<tr><td colspan="7">위와 같이 심판경력을 증명합니다.

200 년 월 일

한국대학합기도연맹 길 수 종 (인)</td></tr>
</table>

5. 입상증명서

<표 13> 입상증명서 교부신청서

<table>
<tr><td colspan="4">선수입상증명서 교부신청서</td></tr>
<tr><td>성 명(한글)</td><td colspan="3"></td></tr>
<tr><td>주민등록번호</td><td colspan="3"></td></tr>
<tr><td>주 소</td><td colspan="3"></td></tr>
<tr><td>연 락 처</td><td colspan="3"></td></tr>
<tr><td>이 메 일</td><td colspan="3"></td></tr>
<tr><td>소속도장</td><td colspan="3"></td></tr>
<tr><td>학 교 명</td><td colspan="3">학교 학년 반</td></tr>
<tr><td>입상표기대회명(1)</td><td colspan="3">( )전국합기도대회( )부 대련/연무</td></tr>
<tr><td>입상표기대회명(2)</td><td colspan="3">( )전국합기도대회( )부 대련/연무</td></tr>
<tr><td>입상표기대회명(3)</td><td colspan="3">( )전국합기도대회( )부 대련/연무</td></tr>
<tr><td>입상표기대회명(3)</td><td colspan="3">( )전국합기도대회( )부 대련/연무</td></tr>
<tr><td>용 도</td><td colspan="3"></td></tr>
<tr><td>신청부수</td><td colspan="3">부</td></tr>
<tr><td colspan="4">상기 본인은 위와 같은 내용으로 입상증명서를 신청합니다.

200 . .

신청자: (인)</td></tr>
<tr><td>수수료</td><td>5,000원</td><td>교부기간</td><td>신청일로부터 7일이내</td></tr>
</table>

<표 14> 입상증명서

한 국 대 학 합 기 도 연 맹

THE KOREA UNIVERSITY HAPKIDO FEDERATION(KUHF)

우 336-708 충남 아산시 탕정면 갈산리100번지 선문대학교 국제무도경호학부 경찰경호무도전공 / 전화 041-530-2298 / Fax 041-530-2883

발급번호: 2007-01호

입상성적 증명서

성 명	: 홍 길 순
주민등록번호	: 000000-0000000
주 소	: 서울시 중랑구 망우동
소속고등학교	: 0000고등학교
소속 도장명	: 길동도장
대 회 명	: 0000 춘계대학연맹 전국합기도대회
대회 일시	: 200 년 월 일
입상 성적	: 여자고등부 대련/ 웰터급/ 1위
상장발급번호	: 제06164호

상기자는 한국대학합기도연맹에서는 주최·주관하는 0000 춘계대학연맹 전국합기도대회에서 위와 같은 성적을 거두었음을 증명합니다.

2007년 1월 30일

확인자: 김 수 철 (인)

한 국 대 학 합 기 도 연 맹

회 장 길 수 종

6. 공적조서

정부, 기관, 단체에서 특정한 사람에게 상을 주기 위해서 그 사람에 대한 것을 조사하는 서류양식이다. 공적조서는 대부분이 정부 훈·포장 양식에 준한 서식을 사용하고 있으며 민간단체의 공적조서는 그 단체에서 필요한 양식을 따로 만들기도 한다.

<표 15>. 공적조서(전면)

공 적 조 서

<앞면>

성 명	(한자 영문)		
주 민 등록번호			
생년월일		전화번호	
본 적			
주 소			

직 업	소 속
직 위	등 급 (직 급 · 계 급)

공 적 요 지 (50자 내외)

추천상격		추천순위	
조		사	자
소 속		직 위	
직 급		성 명	㊞

위의 기록이 틀림없음을 확인합니다.

○○○○년 ○○월 ○○일

추 천 인 직 위 : 성 명 : ㊞

<표 16> 공적조서(뒷면)

<뒷면>

<table>
<tr><th colspan="4">주 요 학 력 및 경 력</th></tr>
<tr><td>년 월 일</td><td>이 력</td><td>년 월 일</td><td>이 력</td></tr>
<tr><td></td><td></td><td></td><td></td></tr>
<tr><td></td><td></td><td></td><td></td></tr>
<tr><td></td><td></td><td></td><td></td></tr>
<tr><td></td><td></td><td></td><td></td></tr>
<tr><th colspan="4">과 거 포 상 기 록 (포상 · 표창별로 기록)</th></tr>
<tr><td>년 월 일</td><td>내 용</td><td>년 월 일</td><td>내 용</td></tr>
<tr><td></td><td></td><td></td><td></td></tr>
<tr><td></td><td></td><td></td><td></td></tr>
<tr><td></td><td></td><td></td><td></td></tr>
<tr><td></td><td></td><td></td><td></td></tr>
<tr><th colspan="4">공 적 사 항</th></tr>
<tr><td colspan="4">* 공적요지(육하원칙에 의거 간략히 기술하고 기타 증빙서류는 사본제출)</td></tr>
</table>

7. 각종 증명서 발급

<표 17> 경력(이사, 심판) 증명서 발급대장

발급 번호	성 명	주 민 등 록 번 호	수 량	용 도	비 고	경력(재직) 기간

<표 18> 성적증명서 발급대장

발급 번호	성 명	주 민 등 록 번 호	수 량	용 도	비 고	해당성적 대회명

8. 물품(비품)관리대장

비품은 사무용품(연필, 종이 등)과 같이 쓰는 대로 닳아 못쓰게 되는 소모품이 아니고, 1년 이상 갖추어 두고 이용(사용)하는 물품을 말한다.

<표 19> 물품(비품) 관리대장

물품(비품) 관리대장							
관리번호	품 명	규 격	인수일	인수자	인계일	인계자	수 량
※ 주기 :							

9. 지출결의서

지출결의서는 비용이 발생시 회사내부관리상 지출을 사전 승인 요청한다는 관리서류이다. 동시에 출금전표로 사용하는 회사도 있을 수 있는데, 지출결의서와 전표가 혼용된 지출결의서는 비용지출시 지출결의서 뒷면에 관련증빙을 첨부하게 된다. 또한 지출결의서는 내부통제용이고 경리부서에서만 작성하는 것이 아니고 경리지식이 없는 타부서 직원들도 작성할 수도 있기 때문에 작성요령을 숙지하고 있어야 한다.

<표 20> 지출결의서

결재	담당	전 무	회장

<table>
<tr><td colspan="6"><u>지출결의서</u>
일금 ______________ ₩ ______________</td></tr>
<tr><td>발의</td><td>년 월 일</td><td>정리인</td><td></td><td>처리사항</td><td></td></tr>
<tr><td>결재</td><td>년 월 일</td><td>인</td><td></td><td colspan="2">계 정 과 목</td></tr>
<tr><td>지출</td><td>년 월 일</td><td>인</td><td></td><td colspan="2"></td></tr>
<tr><td colspan="6">내 역</td></tr>
<tr><td colspan="2">적 요</td><td colspan="2">금 액</td><td colspan="2">비 고</td></tr>
<tr><td colspan="2"></td><td colspan="2"></td><td colspan="2"></td></tr>
<tr><td colspan="2"></td><td colspan="2"></td><td colspan="2"></td></tr>
<tr><td colspan="2"></td><td colspan="2"></td><td colspan="2"></td></tr>
<tr><td colspan="2"></td><td colspan="2"></td><td colspan="2"></td></tr>
<tr><td colspan="2"></td><td colspan="2"></td><td colspan="2"></td></tr>
<tr><td colspan="2">계</td><td colspan="2">0</td><td colspan="2"></td></tr>
<tr><td colspan="6">위 금액을 영수(청구)합니다.

2008년 11월 12일

영수자: ㊞</td></tr>
</table>

지출결의서에는 왜 이런 물품을 구매하는지, 어느 부서에서 필요한 물품인지, 언제 대금이 지출되어야 하는지, 결재조건은 무엇인지, 손님 접대시 어느 거래처 손님인지 등등 여부를 결제를 하는 윗상사나 대표자가 올바른 판단을 하기 위한 기초자료라고 보면 된다. 그러므로 지출결의서 작성은 올바른 회계처리를 하기 위한 기초자료임과 동시에 대표자나 경영진이 올바른 자금집행을 하기 위한 가장 중요한 자료인 것이다. 지출결의서와 전표가 혼용된 개량 지출결의서의 작성방법은 다음과 같다.

1) 발의부서

자금을 사용하는 부서 즉, 타부서에서 부서장의 승인을 받아 지출승인을 경리부에 요청할 때 작성하는 란으로 발의부서란을 보면 어느 부서에서 누가 어떤 용도로 자금을 요청하여 사용했는지 여부를 알 수 있다.

2) 발의부서

발의부서나 임. 직원이 자금지원을 요청을 하였을 때 이에 대한 자금이 적재적소에 지출이 될 것인지 여부를 판단하여 '지출승인을 확인하는 란'이라고 볼 수 있다. 즉, 자금집행의 최종결정자인 경리책임자 및 임원이나 대표자가 자금결재시 경리부서란에 경리책임자 '날인'이 되어있는 것을 보고 해당자금이 적재적소에 쓰여질 것이라는 객관적인 판단을 하는 것이다.

3) 입력확인

지출결의서를 타부서에서 작성하여 제출시 회계프로그램을 사용하여 전산으로 장부를 입력하는 회사에서는 해당 지출결의서의 '장부입력'여부를 확인하는 란으로서 현금출납부 및 외상매출금원장 등 기타 보조부 작성여부를 확인하는 것이다.

4) 출납확인

발의부서나 임. 직원이 지출결의서를 제출하고 정상적인 결제를 승인 받은 후 해당 자금을 경리부서로 요청시 해당자금이 현금이나 보통예금 등으로 인출여부를 확인하는 란 이다. 이 경우는 지출결의서를 다른부서로부터 수령하였다 하더라도 결제가 정상적으로 이루어지지 않은 전표와 구분을 할 수 있다. 즉 지출결의서상의 '출납확인'이 경리부서에서 날인한 경우는 자금이 지출되었다는 것을 말한다.

5) 회계일자

회계처리일자를 말하며 자금이 지출된 날짜나 세금계산서등을 수령하여 발생주의나 현금주의에 의하여 회계처리를 한 날짜를 기재한 란이다.

6) 지출예정일자

말 그대로 발의부서나 품의부서에서 자금지출을 요청시 언제 얼마를 지출을 해달라는 요청을 하는 란이다. 지출결의서를 만약 8월 20일날 타부서로부터 수령하였다하더라도 '지출예정일자'의 날짜가 8월 25일로 되어있다면 8월 25일자로 자금을 지출하면 되며 이 경우 회계처리일자는 8월 25일이 되는 것이다.

7) 내역

자금을 지출하려는 용도를 간단히 기술하는 곳이다. 예를 들어 경기분과위원회에서 경기활동을 위한 차량구입을 요청시 동 차량이 왜 필요하고 구입가는 얼마고 누가 운행하는지 여부를 기안하는 품의서나 기안서를 대신하여 자금지출 용도를 간략히 기술하는 것이다.

8) 첨부

'내역'란이 협소하여 일일히 다 적지 못하는 경우나 자금지출 용도에 따른 참조사항이 있는 경우, 예를 들어 차량구입시 차량종류 및 단가, 할부여부, 비교견적 등 '견적서'등을 지출결의서 이면에 '첨부'한다는 것을 기재하는 란이며 이 경우 '첨부'란에 '견적서'라고 기재가 되어있으면 경리부서 책임자나 대표자는 지출결의서 이면에 첨부된 '견적서'등을 참조하여 자금집행 여부를 결정하는 것이라고 생각하면 된다.

9) 지급처

해당 자금이 지출되는 거래상대방의 거래처명을 기재하는 란이다. 물론 상대처가 사업자가 아니고 임. 직원 개인이라면 임. 직원개인 이름을 기재하면 된다.

10) 비고

지출결의서의 내용에 대하여 참조할 사항이나 '특이사항'이 있는 경우 '비고'란에 기재함으로써 자금집행자가 올바른 판단을 할 수 있도록 특이사항을 기재하는 곳이다.

11) 적요

자금이 지출된 내역을 간단히 기술하는 것으로, 경리부서에서 지출결의서를 작성할때 금액 다음으로 가장 중요한 사항이 '적요'란 이라고 보면 된다. 이 경우 출금전표란에 작성하도록 되어있다.

10. 품의서

<표 21>에서 보는 바와 같이, 기안서는 회사에서 사용하는 대표적 서식들이지만 흔히들 구별을 하지 않고 사용하고 있다. 그러나 품의서 기안서는 엄연히 다른 의미를 가지고 있고 형식과 내용도 많은 차이가 있다. 먼저, 품의서는 주로 물품 구매와 같이 기존에 발생한 행위에 대해서상급자에게 동의를 구하는 역할을 한다. 물품 구매, 인력 채용, 업체 제휴 등 사안에 대해서 보고 및 결제를 구하는 양식이므로 수량, 단위, 금액 등의 정확한 수치를 필요로 한다.

기안서는 어떤 행위의 발생을 위한 발의 양식이다. 품의서와 같이 기 발생한 일에 대해서 동의

와 결제를 구하기도 하지만 보다 포괄적으로 발생 장소, 담당자, 내용, 소요 비용, 인력, 시기, 결과 예상까지 전체적 맥락을 구성하여 자세한 스토리를 담당자에서부터 상위 결재자에까지 보고되는 형식이다.

11. 업무분장

업무분장이란 어떤 조직체에서 그들이 수행할 업무를 효과적이고 능률적으로 하기 위해서 조직의 내에서 준비해 놓은 "업무분장규정"을 바탕으로 부서별로 업무를 분류하고 이를 담당할 실무자를 정하는 것을 말한다.

<표 23>에서 보는 바와 같은 업무분장표을 작성하기 위해서 우선 기본적으로 정립되어야할 사항에 다음과 같다.

1) 조직구성</STRONG>
[조직도 / 조직명칭 / 주요업무]

2) 세부내용
[조직별로 수행할 업무의 세부내용]

3) 직무구분
[조직별 직무구분 및 구성인원]

4) 실질업무
[인원수에 무관하게 실질적으로 수행해야할 업무]

5) 업무분담
[4)번 사항에 근거하여 업무분담/분장]

보통 이러한 절차를 통하여 업무분장을 운영하며 중요한 업무에 대해서는 대분류-중분류-소분류와 같은 형식으로 주요업무와 세부내용을 재정리하면 된다.

(1) 업무분장규정
(2) 부서별업무분장
(3) 각부서별업무담당분장내역

<표 21> 품의서

품 의 서

<table>
<tr><td colspan="8">※ 이 품의서는 기안자가 지정한 품의 최종 결재자에게 관련 부서장을 거쳐 필히 결재를 받아야 한다.</td></tr>
<tr><td>품의제목</td><td colspan="3"></td><td>품의 최종
결 재 자</td><td colspan="3">귀 하</td></tr>
<tr><td>결재번호</td><td colspan="3"></td><td>품의번호</td><td colspan="3"></td></tr>
<tr><td>결 재 일</td><td colspan="3">2008년 11월 12일</td><td>품 의 일</td><td colspan="3">2008년 11월 12일</td></tr>
<tr><td>인 가</td><td>조건부인가</td><td>보 류</td><td>부 결</td><td>기 안 자</td><td colspan="3">(인)</td></tr>
<tr><td></td><td></td><td></td><td></td><td></td><td></td><td></td><td></td></tr>
<tr><td></td><td></td><td></td><td></td><td></td><td></td><td></td><td></td></tr>
<tr><td colspan="8">결재자 부기사항 (해당 부서장 및 상무 · 전무)</td></tr>
<tr><td colspan="8">품의내용</td></tr>
<tr><td colspan="8">지시사항</td></tr>
</table>

<표 22> 표장 신청 품의서 샘플

품 의 서

(결제란 등 생략)

• 제　목 : 표창 품의에 관한 건.

이번 경기분과위원회로부터 신청이 있은 회장표창에 대하여 아래와 같이 실시하고자 품신합니다.

1. 신청 내용

(1) 표　제 : 2008 춘계대학연맹 전국합기도대회 경기운영에 헌신적인 활동

(2) 내　용

①

(상세한 것은 별첨 문서 참조)

(3) 피표창자 : ○○○, ○○○, ○○○, ○○○, ○○○

2. 표창 이유

-

3. 적용 규정

- 표창규정 제○조 제○항 제○호 적용

4. 표창 정도

- 표창장 수여

【주】 본건과 유사한 사례로서 20 년 월 일부로 〔2007 대학연맹회장배 전국합기도대회 경기운영 헌신적인 활동에 대한 회장표창과 기념품 증정이 있었다. 다만, 본건은 대회의 규모와 중요성이 이전 사례와는 다소 상황이 다르므로 표창 수여만으로 적절하다고 판단됨.

5. 표 창 장

- 별지(초안)와 같음.

【첨부서류】

1. 경기분과위원회로부터 표창 신청 문서··········

2. 표창장(초안)·········· ··········

(생 략)

<표 23> 부서별 업무분장표

업 무 분 장 표

부 서 명:				
직무단위	직무책임자	업무	과업	비고

※ 용어정의

1. 직무 : 각 부서에서 근무하는 개인을 중심으로 하는 하나 또는 둘이상의 부서업무 대분류 단위를 의미한다. 개인이 여러 개의 직무를 맡을 수는 있으나 직무보다 당자의 수가 더 많을 수는 없다. 직무단위는 각 부서의 명칭, 사무분장규정 중심내용을 참고하여 선정하여야 한다.
2. 업무: 직무와 관련된 중분류의 업무로 현행 사무분장규정에 표현된 업무를 의미한다. 사무분장규정에 나와 있지는 않으나 현재 수행하고 있는 동일수준의 업무를 말한다.
3. 과업: 업무를 달성하기 위해 수행되는 하나의 명확한 작업 활동 또는 단위업무를 의미하며, 업무와 관련된 구체적인 결과물을 도출하는 활동의 최소단위를 의미한다.

[주1]직원외, 부서계약직이 별도로 있는 경우 표 하단에 칸을 만들어 기입하여야 한다.

[주2]업무중 사무분장규정에는 나와 있지 않으나 현재 수행하는 업무라면 비고란에 "사무외"라는 표기를 하여야 한다.

12. 각종보고서 작성의 실제

1) 보고서의 정의

사전적 의미의 보고서(報告書)는 어떤 일에 대하여 연구했거나 조사한 내용 또는 업무에 대한 사항을 타인에게 보고하기 위하여 작성한 문서라 할 수 있다. 이와 같이 보고서는 특정한 일에 관한 현황이나 그 진행사항 또는 연구, 검토결과 등을 보고하거나 건의하고자 할 때 작성하는 문서다.

2) 보고서의 용도

보고서의 용도는 작성하는 문서의 목적에 따라 분류된다. 매일의 업무를 보고하는 일일업무보고서, 한 주간에 진행된 업무를 보고하는 주간업무보고서, 영업실적을 보고하는 영업보고서, 진행되었던 사안의 결과를 보고하는 결산보고서, 회사업무로 인해 외부에 다녀와서 보고하는 출장보고서, 회의의 결과를 정리하는 회의보고서 등 다양한 용도의 보고서를 작성할 수 있다.

보고서의 형태는 기관의 종류와 업무의 성격에 따라 형태에 따라 차이가 있는데, 이는 보고서의 종류별로 요구하는 사항과 해당 업무의 성격이 달라서 나타나는 현상이라 할 수 있다.

3) 보고서 작성방법

보고하고자 하는 내용에 대해 간결하고 핵심적 내용을 기재하도록 하여 문장이 불필요하게 길어지지 않게 할 필요가 있다. 특히 사회초년생의 경우에는 보고서 문장을 마치 작문을 하듯이 장황하게 작성하는 경우가 있는데, 이것은 읽는 사람으로 하여금 지루함과 보고문의 신뢰성을 저하시킬 수 있으므로 가급적 간결하고 핵심적 내용을 기재하도록 할 필요가 있다.

보고서의 내용이 간결하다면 더 좋겠지만 보고서의 경우 많은 내용을 담는 경우가 많다. 따라서 보고서에 필요한 요점 사항을 첫 페이지에 정리하고 그 이후에 체계적으로 기술하는 것 또한 좋은 보고서 작성이라고 할 수 있다. 즉 일반적으로 'Summary' 부분을 앞에 넣으며 보고서 전반적인 내용이 한 페이지로 정확하게 요약될 수 있도록 해야 한다.

보고서의 종류에는 여러 가지가 있다. 그러나 그 형태나 성격이 다를지라도 보고서는 일정한 틀을 요한다. 즉, 보고서마다 요구하는 사항이 있는데 그 요구하는 사항이 무엇인가를 확실히 파악하여 그 사실을 기록하고, 문제의식을 가지고 향후 대책을 제시하는 등의 보고서의 형태(틀)에 맞추어 객관적이고 정확하며, 체계적으로 기재하는 것은 모든 보고서의 공통된 사항이라 할 수 있다.

4) 보고서 작성 시 유의사항

보고서는 각 회사마다 정형화된 기본 틀을 유지하고 있는 경우가 많다. 그러므로 그 기본 틀을 토대로 하여 글자의 크기(point)를 설정하고, 보고내용의 요지를 간단하고 명료하게 기재하되 보고서를 읽는 사람이 작성자의 뜻을 충분히 이해할 수 있도록 기재하여야 한다.

그러기 위해서는 문장의 형태를 서술적으로 너무 길게 작성하지 말고 각 사안별로 나누어 일목요연하게 작성하되 한 문장의 길이를 짧게 하여 읽는 사람으로 하여금 이해하기 쉽도록 해야 한다.

특히 중요하거나 강조할 부분은 다른 문장보다 눈에 띄게 처리하는 방법도 좋으나 복잡한 형태는 피해야 하고, 특히 보고서에는 보고하고자 하는 내용의 누락이 없어야 한다.

(1) 요점을 명확하게 작성하여야 한다.

보고서는 특정 사안에 관한 현황이나 연구·검토 결과를 보고하거나 건의하는 문서다. 그러므로 특정 사안에 관한 현황이나 연구·검토 결과의 요점을 명확하게 작성하여 보고하고자 하는 내용이 무엇인지를 한 눈에 쉽게 알 수 있도록 작성하여야 하며 그러기 위해서는 각 사안별로 문장을 나누어 일목요연하고, 간단·명료하게 기재하되 이해하기 쉬운 문구를 사용하여 전하고자 하는 내용의 취지를 충분히 전달될 수 있도록 작성하여야 한다.

(2) 보고의 목적과 주된 내용의 누락이 없도록 해야 한다.

보고서는 그 보고하고자 하는 목적과 주 내용이 무엇인지를 명확하게 표현하되 누락이 없어야 한다. 만약 좋은 보고서를 작성하고도 상사로 하여금 그 주 내용이 무엇인지 말하고자 하는 건의하고자 하는 사항이 무엇인지 알 수 없다면 그것은 단지 무엇을 설명 할 때 쓰이는 설명문에 불과 하다고 볼 수 있다.

또한 주요 사항에 있어서 중요한 수치 또는 그 날 보고해야 하는 사항을 명확히 알리지 못했다면 좋은 보고서라 할 수 없을 것이다. 바람직한 보고서는 핵심 포인트를 잘 정리하여 보여 주어야 하며 보고자의 건의내용 또는 알리고자 하는 사항을 잘 정리하여야 정확성 있는 보고서가 될 수 있다.

(3) 문제점을 지적하고 적극적으로 제안할 수 있어야 한다.

특정사안에 관한 현황이나 연구·검토 결과 문제점이 있으면 이를 지적하고 대처방안을 모색하여 제안하여야 한다.

예를 들어 사회초년생의 경우 회사의 문제점 또는 각 사항에 대한 지적해야 할 부분들이 있다면 모든 것을 구두로 표현 할 수는 없다고 본다. 그래서 필요한 것이 보고서다. 체계적으로 문제점과 지적 사항들을 보고서를 통해 상사에게 알린다면 보다 체계적이고 완성도 높은 커뮤니케이션 수단이 될 수 있다.

5) 보고서 작성요령

(1) 보고서의 제목

최상단의 보고서 제목은 보고서의 종류에 따라 결정됩니다. 매일의 업무를 보고하는 일일업무보고서, 한 주간에 진행된 업무를 보고하는 주간업무보고서, 진행되었던 사안의 결과를 보고하는 결산보고서, 회사업무로 인해 외부에 다녀온 출장보고서, 회의의 결과를 정리하는 회의보고서 등으로 표시할 수 있다.

(2) 작성일자, 처리기한, 시행일자

날짜 기입에 경우 작성일자를 통해 작성된 날짜를, 처리기간을 통해 언제까지 처리 될 것인가를 알려주어야 하며, 시행일자를 통해 그 업무가 언제부터 정상적으로 시행될 것인가를 정확히 알려 주어야 한다.

(3) 주관부서

해당 업무를 주관하는 부서를 기입하여 표시해 준다.

(4) 업무 협력부서

업무상 상호 협조가 필요한 부서명을 기재하여 부서간에 원활한 업무 협조가 이루어 질 수 있도록 해야 한다.

(5) 기안책임자

기안책임자를 알려 주어 해당 사안이 누구의 총괄책임 하에 작업이 진행되고 있는지를 표시하여야 한다.

(6) 제목

보고서의 구체적 제목은 "연맹 인력관리 및 조직구성에 관한 건"처럼 간결하면서도 제목만을 통해 보고하고자 하는 내용을 한눈에 알 수 있도록 하여야 한다.

(7) 본문

본문의 내용에서는 현재까지의 업무진행 사항과 향후 어떻게 진행 될 것인지를 기술한다. 제목에서 나온 것처럼 조직구성은 어떻게 되며 조직의 팀장은 누가 될 것이며 어떤 인원으로 구성되는지를 알려 주어야 하며 사안이 지속될 경우 또 다른 추가 인원은 어떤 인물이 좋겠다는 의견을 제시하여 보고하는 것이 좋다.

(8) 문서번호

상기와 같이 업무보고서를 작성할 경우에는 문서의 체계적인 관리를 위하여 문서의 고유번호 내지는 문서의 코드를 정해 문서를 일관성 있도록 분류하여 관리해야 한다. 체계적인 문서관리 분류는 해당문서를 관리하거거나 다시금 찾을 때 보다 효율적인 업무 활용도를 나타낼 수 있다.

<표 24> 업무보고서

① 업 무 보 고 서

<table>
<tr><td>② 작 성 일</td><td>○○○○년 ○○월 ○○일</td><td>담 당</td><td>전무</td><td>회장</td></tr>
<tr><td>처 리 기 한</td><td>○○○○년 ○○월 ○○일</td><td rowspan="2"></td><td rowspan="2"></td><td rowspan="2"></td></tr>
<tr><td>시 행 일 자</td><td>○○○○년 ○○월 ○○일</td></tr>
<tr><td>③주 관 부 서</td><td>사무국</td><td colspan="3">④업무 협력부서 :</td></tr>
<tr><td>⑤기 안 자</td><td colspan="4">사무국장 홍 길 동</td></tr>
<tr><td>⑥제 목</td><td colspan="4">연맹 인력관리 및 조직구성에 관한 건</td></tr>
<tr><td colspan="5">⑦
◈ ○○○○년 ○○월 ○○일 현재 연맹 인력 구성 및 업무별 조직체계를 다음과 같이 보고합니다.

◈ 선수등록관리 : ○ ○ ○, ○ ○ ○, ○ ○ ○. 총 2명
- 추가 인원 1명이 필요함.
- 직원 ○ ○ ○ : 사무업무도 겸임하며 선수등록관리 관련 업무를 주관하며 각종 자료 및 서류를 정리 · 보고</td></tr>
</table>

한국대학합기도연맹

13. 회의록 작성법과 회의 진행법

1) 회의록의 정의

회의는 주관자가 기안한 의안을 차례로 관계자들에게 돌려 의견을 묻거나 동의를 구하는 일입니다. 어떤 단체에서 회의 참석자들이 공통된 과제에 대해 의견을 교환하거나 문제의 해결 방법을 모색하는 과정을 기록하여 보존하는 것이 바로 회의록이다.

회의에서 작성한 회의록은 상사나 간부에게 보고하는 것이 관례입니다. 따라서 회의록은 회의에서 토의된 중요한 내용과 결정된 사항들을 적절한 형식을 갖추어 정확하게 기록해야 하는 문서이다.

간단 명료하게 요약하면

첫째, 무엇이 결정이 되고 무엇이 결정이 되지 않았는가를 기록한다.

둘째, 어떠한 과정을 통하여 결정에 도달을 하였는가를 기록을 한다.

셋째, 회의에서 결정한 사항을 어떠한 방법으로 구체적으로 실행을 시킬 것인가를 기록한다.

2) 회의록의 중요성

회의록은 회의에서 협의 또는 제안된 안건에 대한 처리에 관한 사항을 기록하게 되므로 연맹에서 결정된 사항을 알리는 증거 서류가 된다. 그리고 회의록을 통해 회의록을 검토할 상사와 의논하여 회사의 진행 사항이나 예정 사항을 의논하면 한 주간 처리해야 할 작업이 수월해 질 것이다.

따라서 공식적인 회의 혹은 출장 등에서 보고, 듣고, 습득한 내용을 문서로 작성하여 참가하지 않는 사람들과 공유하는 것은 직장인의 의무라 볼 수 있다.

3) 회의록 기록자의 자세

첫째, 회의록의 작성시에는 항상 중립적인 자세로 자신의 주관적 판단에 따라 작성을 해서는 않되며, 중립자적 입장을 지켜야 한다.

둘째, 의미가 오용되지 않게 전문적인 용어나 통상적인 용어, 숫자 및 발언자의 이름 등을 정확하게 기록을 한다. 그리고 애매모호한 사항은 다시 한번 청취를 하여 정확히 기록을 한다.

셋째, 참가자의 습성이나 태도를 사전에 기억해 둔다.

상대방은 이야기의 초점이 없이 항상 반복적으로 이야기 한다든가하는 상대방의 습성을 파악하여 기록에 임하면 좀 더 정확하고 편안하게 기록을 할 수 있다.

넷째, 글자는 정자체를 사용한다.

<표 25> 회의록

회 의 록

일 시	2008년 11월 12일 pm수)	시 분부터 시 분까지	
장 소		소집 및 발안자	

● 안건

1.

2.

● 회의 내용

1.

2.

위 결의 사항의 명확성을 기하기 위하여 연서 · 날인함.

참 석 지:	(인)	참 석 자:	(인)
참 석 자:	(인)	참 석 자:	(인)
참 석 자:	(인)	참 석 자:	(인)
참 석 자:	(인)	참 석 자:	(인)
참 석 자:	(인)	참 석 자:	(인)

아무리 잘 기록한 회의록이라고 하여도 남이 이를 알아보지 못하면 소용이 없으므로 바른 정자체를 사용하여 제3자가 쉽게 알아볼 수 있도록 한다.

4) 일반적인 회의록의 구성요소

(1) 회의명, 날짜, 시간, 장소
(2) 참석자 명단
(3) 전 회의록 승인 내용
(4) 안건
주제에 대해 논의된 사항, 결론
(5) 회의내용
(6) 결론과 경과
결론이 난 사항과 그 결론이 도달하기까지의 경과를 기록을 한다.
(7) 특기사항
결론을 내야했으나 시간상 이유 등으로 결론이 나지 않은 사항이나, 다음의 추가회의 예정일시 및 장소 등을 기록해 둔다.
(8) 자료
회의 중 첨부자료가 있으면 그 자료의 명칭 등을 기록하여 둔다.
(9) 다음 회의 날짜와 시간

5) 회의록 작성시 주의사항

(1) 사전에 작성연월이 참석자 성명, 회의의 주제 등을 기록하여 둔다.

(2) 사전에 작성연월이 참석자 성명, 회의의 주제, 장소 등을 기록하여 둔다. 회의의 시작과 함께 기록을 하려고 하면 시간에 쫓기게 되므로 사전에 기록을 하여 두어 시간적 여유를 두도록 한다.

(3) 소수의 의견도 기록을 하여둔다.

일반적으로 회의의 결과는 다수의 의견을 존중을 하나 소수의 의견도 기록을 하여두는 것이 좋다. 이는 소수의 의견도 나중에 중요한 사항이 될 수 있기 때문이다.

6) 회의에 임하는 자세[29]

회의는 바쁜 업무 중에 귀중한 시간을 할애하여 참여하는 것이 보통이다. 그러므로 능률적인 회의가 되기 위해서는 몇 가지 규칙을 반드시 지켜야만 한다.

(1) 시간을 엄수한다.

어떤 회합도 그렇지만 언제나 늦게 오는 사람이 있다. 특히 회의는 시간의 제약 속에서 진행되므로 한 사람의 지각이 여러 사람에게 피해는 준다. 따라서 회의는 정시에 시작해 지각자가 다음부터 늦지 않도록 경각심을 줘야 한다.

(2) 회의의 리더를 존중한다.

리더의 진행을 따르지 않으면 필요이상의 시간이 소비될 뿐 아니라, 회의 질서가 무너질 수 있다. 그러므로 리더의 진행에 따라주는 것이 참석자의 의무이다.

(3) 자신의 의견, 반대의견을 청취하고 존중하는 자세가 필요하다.

다수의 의견이 꼭 옳은 것만은 아니다. 또한 다수의 의견대로만 하면 굳이 회의를 할 필요가 없을 것이다. 소수의 의견과 반대의견을 경청하고 존중하는 아량은 회의에서 절대적으로 필요하다.

(4) 질문을 부담스러워 하지 않는다.

질문은 회의에 관심이 있다는 표현으로 꼭 필요한 사항이다. 질문을 통해서 이해가 되지 않는 부분을 그 답을 얻고 이해를 높임으로써 요지를 정확히 알고 넘어갈 수 있다. 반면 반대를 위한 질문을 반복하는 것은 옳지 않다.

(5) 결론을 존중한다.

회의에서 얻어진 결론은 자기의 의사와 상반되더라도 이를 겸허히 받아들이고 존중하여야 한다. 결론을 따르지 않는다면 회의는 필요하지 않다.

7) 회의에서 지켜야 할 예절

회의는 혼자 하는 것이 아니므로 서로의 협조와 예절이 필요하다.

(1) 의사진행에 협력한다.

정해진 시간을 지키려면 주제에 벗어난 이야기는 삼가야 한다.

(2) 사전에 준비를 한다.

주관자뿐만 아니라 첨석자도 나름대로 준비를 한 후 참석해야 회의의 효율을 향상시킬 수 있다.

(3) 감정적이 되지 않는다.

감정은 당사자뿐만 아니라 타인에게도 부정적인 영향을 미치며, 토론의 질을 저하시킨다.

(4) 토론 참석자의 입장을 공평하게 한다.

회의장에서는 직위나 권한에 얽매이지 말고 자유로이 회의할 때 참신한 아이디어를 들어볼 수 있으며, 이를 계기로 더 좋은 목적을 달성한다.

그러나 회의 중 직위에 대한 예의는 지켜야 한다. 자유로움과 불손함은 의미가 다르기 때문이다.

8) 회의의 규칙

(1) 회의 공개의 원칙

국회는 물론, 지방의회, 또는 모든 회의는 공개함을 원칙으로 하고 있다. 의회민주주의란 국민이 직접 참여하는 제도이므로 국민의 감시하에 공공연하게 해야 하기 때문이다. 참정권을 가진 국민이 직접 회의하는 광경을 감시함으로써 일을 처리하는데 공정하게 기할 수 있기 때문이다.

(2) 정족수의 원칙

어떤 회의에 있어서 의안을 심의하고 그것을 의결하는데 있어서 일정한 수의 회의참석자를 가리켜 정족수라고 한다. 정족수는 재적의원수(실제 숫자)를 기본으로 산출하는 재적 정족수와 법으로써 일정한 숫자를 미리 규정해 놓은 법정 정족수 2가지가 있다. 재적수의 변경이 생길 때마다 정족수의 변경이 생기게 된다. 개회할 수 있는 정족수를 의사정족수, 표결할 수 있는 정족수를 표결정족수라고 한다. 가부동수일 때는 임원선출 등 중요안건을 제외하고는 의장으로 하여금 그 결정권을 행사하게 하는 경우가 많다. 가부동수이면 부결된 것으로 보는 경우도 있다.

(3) 일의제 원칙

의제를 하나씩 처리하는 것이 원칙으로 되어 있다. 만일 2개 이상의 의제를 한꺼번에 심의하게 되면 어떤 회원은 갑안(甲安)에 대하여 찬성하는가 하면 다른 회원은 을안(乙案)에 대해 반대하는 등 번잡해 도저히 결론을 얻을 수가 없다. 그러나 수정 동의는 그 성질상 원안(原案)을 떠나서 있을 수 없으므로 원안과 같이 회의하게 되고, 때로는 같은 종류, 관련이 있는 의안이거나 제안자가 같을 때는 몇 가지를 같이 심의할 수 있다.

(4) 발언자유의 원칙

언론의 자유는 헌법에 보장하는 기본적인 인권에 속한다. 따라서 모든 회의에 있어서 발언의 자유를 보장하는 것은 상식에 속하는 문제다. 그러나 이것을 악용, 또는 남용해서 의사의 진행을 방해하는 행위가 있어서는 안 된다.

(5) 토론자유의 원칙

회의에서는 누구나 비판, 토론, 반대의 자유가 보장된다. 따라서 이를 억제하려는 결정은 과반수 원칙이 아닌 3분의 2이상이 찬성을 요하며, 이를 제한할 때 의장의 발언권이나 재청 없이도 제의할 수 있고 이를 의제로 성립한다. 토론의 자유는 기본적인 요건의 하나로써 함부로 침해돼서는 안 될 뿐만 아니라 특히 국회의원에 대해서는 헌법에서 "국회의원은 국회에서 직무상 행한 발언과 표결에 관한 국회 외에서는 책임을 지지 아니 한다"라고 규정돼 있는데 어떤 회의에서든 토론의 자유가 존중되는 것은 당연한 일이다.

(6) 평등의 원칙

합법적인 절차에 의해 참석한 사람은 대등하며 차별을 두지 않는다는 것이 평등의 원칙이다. 헌법에 "모든 국민은 법률 앞에 평등하며, 성별, 신앙, 또는 사회적 신분에 의해 정치적, 경제적, 사회적 생활의 모든 영역에서 차별을 받지 아니 한다"고 규정하고 있다. 일반 국민의 지위의 평등을 규정하는데 의원의 모든 활동 분야에 있어서 평등의 원칙이란 너무나 당연하다. 그래서 의안을 제출하거나 발언을 요구하거나 표결에 있어서 경중이나 우열의 차를 두지 않는다.

(7) 과반수, 다수결의 원칙

민주적 회의의 기준이 되는 원칙으로서 어떤 회의에서 하나의 제안이 그 회의체의 조치나 선택으로 결정되기 위해서는 표결에 의해 문제의 가부를 결정하는 데는 과반수의 찬성이나 혹은 다수의 찬성으로 가결함이 원칙인데, 이것을 "과반수의 원칙, 다수결의 원칙"이라고 한다.

(8) 소수의견의 존중

다수결의 원칙은 소수의 의견을 존중한다는 정신이 선행돼야 비로소 힘을 발휘할 수 있다. 민주주의에서 다수결의 원칙이 사용됨은 그것이 비교적 소수의 의견이 존중되지 않는 다수결의는 일종의 폭력 지배가 된다. 소수파의 의견일지라도 아량을 갖고 받아들여주는 양식을 각 회원이 간직함으로써 민주주의식 토론을 원만히 진행시킬 수 있다.

(9) 일사부재의 원칙

일단 의결이 끝나면 같은 회기에서는 그 문제를 다시 토론할 수 없는 것이다. 만일 결정된 문제를 다시 토론하게 된다면 한 가지 문제 결정에 많은 시일을 보낼 뿐만 아니라 도저히 결말을 짓지 못할 것이므로 무익하고 번잡한 것을 피하기 위한 것이다. 단 번안등기로 다시 토의할 수 있지만 번안동의는 출석회의 3분의 2이상이 찬성이 있어야 하고, 동의를 제언하는 찬성한 다수측만 낼 수 있고, 반대를 주장한 소수측은 낼 수 없다.

(10) 회기불계속의 원칙

그 회기 중에 의결되지 않는 것은 다음 회기에는 하등 관련 없이 전부 소멸되고 만다. 이것은 "회기불게속의 원칙"을 취하기 때문이다. 이유는 의안의 가치는 시기적인 것으로써 그때 그때 처리해 할 문제가 의안으로 나오는 것인데 회기가 달라져 시일이 오래 경과되므로 애초에 의안에 제출할 때의 의의가 감소되고, 개중에는 필요 없게 되는 것이다.

(11) 의장은 공정해야 한다는 원칙

회의에서는 진행 책임자 일 뿐 편파적이어서는 안 된다. 회의 중 의장이 토론에 참여해야 하며 이러한 경우 그 의안의 심의가 끝날 때까지는 의장을 다시 맡을 수 없다.

(12) 폭력배제의 원칙

회의에서는 어떤 경우라도 폭력이 인정되지 않는다는 원칙이다.

9) 회의 기타 용어[30]

(1) 성원: 전체 회원 가운데 과반수가 참석했을 때 회의를 개최할 수 있도록 정해 놓았다면 정족수의 과반수 이상이 모인 것은 "성원 되었다"라 한다. 다시 말하면 회의가 성립되는 적정한 인원이 채워진 것을 성원이라고 한다.

(2) 동의: 어떤 안건에 대해 제안하는 것을 동의라고 하고, 여러 사람에 의해서 안 안건으로 채택된 것을 동의안이라고 한다.

(3) 재청: 어떤 안건이 발의될 때 그 안건에 대해 같은 의견임을 발표하는 것을 재청이라고 한다.

(4) 개의: 자신이 동의한 안건을 수정하거나 다른 의견을 말하는 것을 개의라고 한다.

(5) 이의: 어떤 안건을 확정시키기에 앞서 그 안건의 처리에 대해 부당성을 말하는 것을 이의라고 한다.

(6) 표결: 안건을 결정하기 위해 참석자들 의결을 묻는 것을 표결이라고 한다. 표결은 방법은 손을 들어 의사표시를 하는 거수, 제자리에서 일어서는 기립, 투표 용지에 가, 부를 적는 투표 등이 있다.

(7) 의제: 회의에서 의논할 내용을 의제 또는 의안이라고 한다.

(8) 제안: 의제를 회의에 내놓는 것을 제안이라고 한다.

(9) 수정안: 제안에 찬성을 하나 그 내용을 바꾸자는 의견을 수정안이라고 한다.

(10) 가결: 제안에 대한 반대 의견이나 다른 의견이 나왔을 때 찬성이냐, 반대냐를 표결에 붙여서 찬성이 많으면 가결되었다고 하고, 반대가 많으면 부결되었다고 한다.

(11) 만장일치: 회의에 참가한 모든 사람이 찬성하는 것을 만장일치라고 한다.

(12) 다수결: 표결에 붙여 많은 의견 쪽으로 결정한다는 것을 다수결로 하겠다고 함.

(13) 과반수: 표결에 참가한 사람 중에 반을 넘는 수를 과반수라고 한다.

(14) 개회: 회의의 시작

(15) 회기: 개호부터 폐회까지의 기간

(16) 폐회: 회의의 종료

(17) 산회: 회기중 개회부터 폐회전가지의 그날 그날 회의의 종료

(18) 휴회: 회기중 산회와 다음 개의 사이의 휴식

(19) 정회: 휴계하기 위한 회의의 일시 정지 상태

(20) 휴게: 회의 도중 잠깐 쉬는 것

(21) 유회: 회의가 공식적으로 성립하지 못한 상태

10) 회의 진행규칙을 배움으로써 얻는 장점

다음과 같이 현대적인 지도자가 갖추어야 될 필수요소에 대한 반복적 훈련이 된다.

(1) 다양한 정보와 지식

토론을 통해 폭넓은 정보와 지식을 얻게 된다.

(2) 효과적인 표현력

제한된 시간에 자기의 뜻을 효과적으로 이해시키고 설득시킬 수 있는 능력을 훈련하게 된다.

(3) 판단련

찬·반 토론과정 및 표결에서의 자기의 표결 참여 결과에 따라 보편적 판단력에 대한 다각적 훈련이 가능하다.

(4) 결단력

표결과정에서 재빠른 결정으로 찬·반 어느 쪽이든 참여해야 함으로써 결단력 훈련이 가능해진다.

(5) 추진력

다양한 의안의 심의를 통해 어떤 일을 추진할 때에 필요한 세부사업을 파악하게 되고, 이것은 곧 어떤 큰일을 꾸밀 때에 부수적인 세부 업무의 준비를 가능하게 해준다.

(6) 회의 진행훈련

여러 사람의 복잡다기한 의견을 빠른 시간 내에 가장 효율적인 방법으로 하나의 방향으로 결론짓는 기술을 익히게 된다.

11) 회의 종류

(1) 임시이사총회
(2) 정기이사총회
(3) 상임이사총회
(4) 위원회 별 회의(경기분과위원회, 심판분과위원회 등등)

12) 회의 진행방법

우선 회의를 진행하기 위해서는 회의에 참석할 대상자에게 아래와 같이 회의 안내장을 발송하여 일시, 장소, 회의목적, 기타사항의 내용을 간단하게 알려야 한다. 가능한 많은 대상이 참여할 수 있도록 유도한다.

임시이사총회 안내장

안 내 : 제○회 임이사총회 소집공고

우리연맹의 제○회 임시이사총회를 다음과 같이 개최코자 하오니 이사 여러분들은 바쁘시더라도 참석하여 주시기 바랍니다.

- 다 음 -

1. 일시: 20 년 월 일(○요일) 오전 00시
2. 장소: 호서대학교 홍길동교수 연구실
3. 회의목적
   1) 보고사항
   2) 토의사항
      제1호 의안: ○○○ 이사 해임의 건
      제2호 의안: 2007 춘계대학연맹 전국합기도대회 개최 건
4. 기타 :

한국대학합기도연맹 회장 홍 길 동 (인)

한국대학합기도연맹 제2차 임시이사총회 회의(시나리오)

일시: 2008. 09. 01. 12:00~. 장소: 선문대학교 국제관

(사회자: 총무 000, 간단한 인사)

그럼, 지금부터 2008년 제2차 임시이사총회, 회의를 시작하겠습니다.

(1) 개회선언-타종

먼저, 000 회장님께서 개회선언과 타종이 있겠습니다.

(회장) "지금부터, 한국대학합기도연맹 2008 제2차 임시이사총회, 개회를 선언합니다. (타종)

(2-1) 국민의례-국기에 대한 경례

다음은, 국민의례가 있겠습니다.
모두 일어나 전면의 국기를 향해 주시기 바랍니다.
"국기에 대하여 경례 ! (주악: 사전확인) 바로~~ !"

(2-2) 국민의례-애국가 제창

애국가 제창은 장소관계상 생략하겠습니다.

(2-3) 국민의례-묵념

이어서, 순국선열 및 작고 합기도인의, 명복을 비는 묵념이 있겠습니다.
"일동 묵념 ! (주악: 사전확인) 바로 ~~!"
모두 자리에 앉아 주시기 바랍니다.

(3) **성원보고]**

오늘 회의에 참석해야 할 이사 총원은 ○ ○명.
현재 참석하신 이사는 명. 전화통지로 회장님께 의결권을 위임하신 이사는 ○명. 그래서 모두 ○명으로. 정관에 따른 과반수이상 참석으로 성원되었습니다.

(위임자 명단:)

(4) **회장인사**

다음은, 회장님의 인사말씀이 있겠습니다.(회장인사말)
[전 회의록 낭독]
다음은, 전 회의록 낭독입니다.(총무가 낭독)
(별지 1. 전회의록)

(5) **총무보고**

다음은, 총무보고 드리겠습니다. 별지 2. 총무보고)

(6) **재무보고**

다음은, 재무보고가 있겠습니다.
보고는 재무이사 ○○○께서 하겠습니다.(별지 3. 재무보고)

(7) **공지사항**

다음은, 공지사항입니다.(총무가 발표: 안건 관련 공지사항)
발표는, 회장님께서 하겠습니다.(별지 4. 공지사항)

(8) 안건심의-토의사항

다음은, 안건심의와 토의사항입니다.
그럼 지금부터, 회장님께서 심의를 주관하겠습니다.

(별지 5. 안건심의와 토의)

(9) 자유토론

지금까지 빠진 사항이나, 새로운 의제 있으면 말씀해주십시오.
그러면, 토론할 사항은 더 이상 없는 것으로 하겠습니다.

(10) 폐회선언-타종

마지막으로, ○○○회장님의 폐회선언과 타종을 하겠습니다.
(회장) "이상으로, 한국대학합기도연맹 2008 제2차 임시이사총회를 모두 마치겠습니다.(타종)

(11) 안내사항-폐회 후 안내

긴 시간동안 수고하셨습니다. 끝.
[안내사항] [식사 후 안내]
안내말씀 드리겠습니다.

<별지내용>

별지 1 전 회의록 낭독

낭독자 : 총무 ○○○ (회장 ○○○)
→(인사)전 회의록을 낭독하겠습니다.

1. 회칙개정안 전 회의록
→먼저, 회칙개정안 전 회의록입니다.
→이상, 전 회의록이었습니다.(인사)

별지 2 총무보고

발표자 : 총무 ○○○

1. 00
→ 이상, 총무보고를 말씀드렸습니다.(인사)

별지 3 재무보고

발표자 : 재무 ○○○
→(인사)재무보고 드리겠습니다.

1. 00
→이하 세부내용은 배포해드린 자료를 참고해 주시기 바랍니다.
→증빙기록은, 사무국장에게 요구하면 즉시 열람하실 수 있습니다.
→이상, 재무보고를 말씀드렸습니다.(인사)

별지 4 공지사항

발표자 : 총무 (○○○회장)

→(인사)공지사항을 말씀드리겠습니다.

1. 000 한국대학합기도연맹 국회위원 출마선언
→○○○ 한국대학합기도연맹이사 국회위원 출마선언과 관련하여 ○월 ○일 지원책을 강구하기로 논의한 바 있습니다.
→ 이상, 공지사항을 말씀드렸습니다.(인사)

별지 5 안건심의와 토의사항

의장 : ○○○ 회장
→(인사)이사회 안건심의와 토의를 진행하겠습니다.
→오늘 안건심의 사항은.

제1호의 안, 회칙개정안 심의.
제2호의 안, ○○○이사 국회위원선거 출마 지원책.
기타사항으로서 속초 ○○○행사에 관한 참가여부 결정.
→이상 3가지입니다.

안건심의
제1호의 안: 회칙 개정안 심의
→먼저, 제1호의 안 회칙개정안 안건심의 입니다.
→○○ ...... 이를 결의한다.

제2호의 안: ○○○이사 국회위원선서 출마 지원책
→다음은, 제2호의 안 ○○○이사의 국회위원선거 출마에 관한
안건심의 입니다.
→○○ .... 이를 승인한다.

기타 토의사항
→다음은 기타사항입니다.
→이상, 안건심의와 토의를 모두 마치겠습니다.

제4장

대회행정 실무

제1절 업무의 흐름

<그림 1>에서 보는 바와 같이, 대회의 기본 기획서가 작성되면 대회조직위원회가 구성되면서 대회를 위해서 각 분과별로 업무분장을 하고 각 분과별로 세부계획서를 작성하여 대회에 차질이 없도록 세부적으로 작성한다. 이미 기획서 부분에 장소와 일시가 정해져 있지만 정확하게 장소에 대한 임차가 가능한지 알아보고 이를 확정한다. 장소와 일시가 확정되면 각 분과별로 실시할 업무를 타임스케줄을 제작하여 한 눈에 업무가 어떻게 진행되고 있는지 알아볼 수 있도록 하고 점검한다.

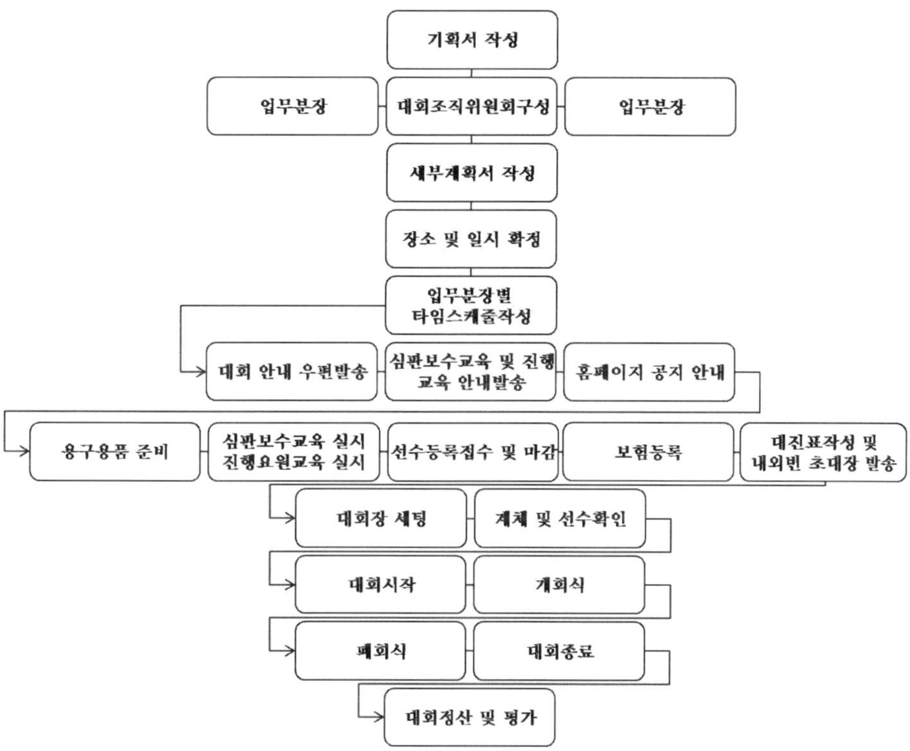

<그림 1> 업무흐름도

대회의 기본적인 계획이 완료되면 대회조직위원회(사무국)에서는 대회에 관한 전반전인 개요문, 선수등록신청서, 대회규정을 작성하여 이를 홈페이지에 공지하고 확보된 대학 및 도장에 우편을 발송한다. 우편 발송시에는 심판보수교육 및 진행요원 교육 안내문도 관련자에게 발송한다. 우편

발송은 대회가 시작되는 날로부터 최소 1개월의 기간의 기간을 두어 대학 및 도장의 지도자들이 대회개요를 정확하게 파악하여 선수를 모집하고 구성하는데 여유롭도록 하여야한다.

대회에 대한 내용을 공지하는 일이 끝나면 대회조직위원회에서는 대회에 필요한 용구 용품이 무엇인지를 파악하여 제작 및 임차하여야 한다. 대회를 앞두고 약 2주 전이나 1주전에는 심판의 보수교육을 통하여 심판의 감각을 살리고, 진행요원들이 해야 할 업무가 무엇인지 실습할 필요가 있다. 보통의 경우 심판의 교육에만 관심을 갖을 뿐 진행요원에 대한 교육을 대회가 있는 당일에 간결하게 하는 등의 세심한 교육을 하지 않고 있다. 그러나 진행요원은 대회를 원활하게 이끌어 가는 현장 실무자로써 심판교육 이상으로 중요하다는 것은 인식할 필요성이 있다. 진행요원은 심판보수교육과 함께 꼭 필요함을 강조한다.

대회요강 발소이후 선수등록은 선수등록신청서를 우편으로 직접 받아서 받는 즉시 선수등록대장에 기록하고 분류하는 작업을 한다. 선수등록 마감은 대회 전 1주~2주 내에 마감하여 기재사항의 이상 유무나 첨부서류에 빠진 것은 없는지 정확하게 파악하고 이상이 있을 경우 해당 지도자에게 연락하여 통보하여 이상이 없도록 하여야 한다. 선수등록 마감이후 1주~2주의 기간을 두는 것은 서류에 이상이 있는 것을 파악하는 것도 있지만, 대진표 작성의 시간으로 대진표 이상유무 또한 확인시킬 수 있는 기간이라고 봐도 된다. 또한 이 기간에는 초정할 내빈·외빈에 대한 초대장을 발송하여 참가 유무를 파악해 둔다. 이렇게 대회에 대한 초반 준비는 모두 종료되고, 대회 전날에 경기에 필요한 모든 시설을 설치하고 점검에 들어간다.

대회 당일 아침에 대련 선수의 계체를 실시하며, 계체가 종료되면 진행요원과 경기에 관련된 실무자들만이 소지하여야할 대진표를 경기분과위원장의 지시아래 수정작업에 들어가고, 이때 심판분과위원장은 심판들을 모두 소집하여 심판 회의를 간단하게 실시하여야 한다.

이후 경기분과위원장과 심판분과위원장은 각 지도자들에게 안내하여 할 내용과 이해를 돕고자 하는 부분을 위해서 대표자회의를 실시한다. 이렇게 대회에 대한 모든 준비가 완료되면 보통 개회식이 우선적으로 실시되고, 대회가 시작되어야 하는 것이 원칙이지만, 대회 일정상 대회가 9시에 시작되고, 개회식이 11시에 변경하여 실시하기도 한다. 대회가 진행요원, 심판, 임원, 선수, 지도자 등이 함께 긴밀한 협조체제에서 정해진 일정에 맞추어 끝나면 대회조직위원회에서는 각 분과위원회 별로 대회 평가서, 대회조직위원회의 결산보고서와 평가보고서를 작성하는 것으로 하나의 대회는 마무리 된다.

제2절 각 분과위원회 업무 및 역할

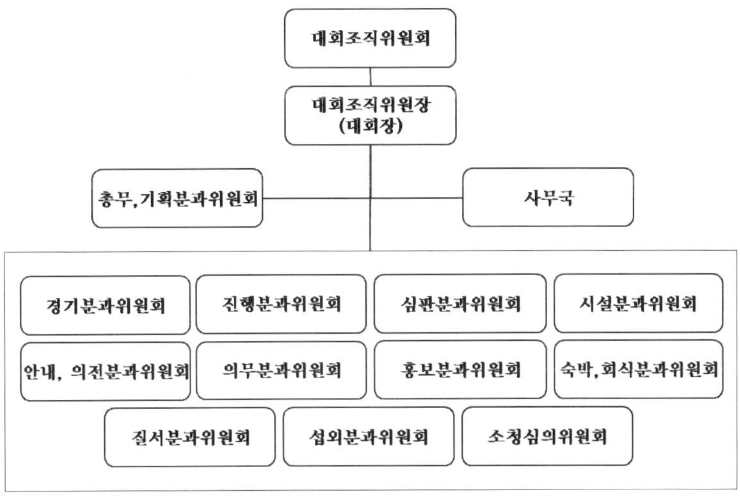

<그림 2> 대회조직위원회

<그림 2>는 일반적적으로 대회를 위해서 만들어진 대회조직위원회를 표로 나열한 것이다. 위 표와 달리 조직위원회의 목적과 목표에 따라서 하부 조직체계는 새로운 위원회가 생길 수도 있으며, 없을 수도 있다. 즉, 위 체제는 일반적인 것이므로 꼭 따를 필요 없이 행사의 성격에 맞게 언제나 조정이 가능하다.

1. 대 회 장(대회조직위원장) : 대회를 대표하며 대회 전반에 걸쳐 필요한 사항을 임원장에게 지시하여 대회를 통괄한다.

2. 부대회장(대회부조직위원장) : 대회장을 보좌하며 대회장의 유고 때 이를 대행한다.

3. 사무국 : 대회조직위원회 산하 각 분과에서 추진하는 업무를 긴밀한 관계속에서 협조하고 문서 작성 보관의 일을 책임진다.

1) 대회 선수등록 및 안내문 발송
2) 대회 기념품 및 상장, 메달, 공로패 제작
3) 대회 진행요원 복장 제작

4. 총무, 기획분과위원회(대회 준비위 추진에 관한 기획, 총무위의 기획)

대회준비위의 일반 기획 및 각 분과위의 기본 기획 수립을 협조하면, 각 분과위간의 조화 와 협조를 도모하고, 대회 전반에 걸쳐 총무에 관한 업무를 처리하며 특히 경기의 제반 상황을 자세히 기록한다.

1) 본 대회 예산서 작성
2) 대회 기금수립 및 재정운용 협조
3) 대회기금의 모금
4) 대회 및 준비기간 중의 제반 경비를 위한 모금 및 광고 찬조자 확보

5. 시설분과위원회 : 대회장의 경기 시설과 경기 중 시설을 담당한다.(대회장 및 각종 준비 장소, 시내 요소의 시설물, 대회 당일 대회장소의 데코레이션)

1) 대회장 장식, 각종 분과집회장소 장식
2) 시내요소에 현수막 혹은 아취 건설
3) 각종 안내표지판 제작(안내분과와 협조)
4) 관계당국과 접촉 협조의뢰
5) 개회식 장소의 데코레이션
6) 개회식장(무대위)의 장치 및 슬라이드 제작
7) 개회식장 자동무대 및 조명 활용 기획 및 실연
8) 대회장소의 데코레이션 계획

6. 진행분과위원회

1) 개회식 진행 준비완료 파악
2) 개회식 진행 추진
3) 개회식 프로그램분석 분담계획 수립(프로그램위원회와 협조)
4) 각종 분과토의시간 회의진행, 준비완료 점검

7. 안내·의전분과위원회(회의안내, 귀빈안내, 행사안내, 안내원육성)

1) 안내 및 안내센터 계획
2) 대외인사에게 대학연맹 홍보자료 확보
3) I.P 및 VIP국내요인 방문계획 수립 및 접견
4) 안내 및 의전요원 확보(통역분과위와 협조)
5) 대외 명단 파악 및 자리 배치
6) 대회일정 및 대회 관련 내용 모두 숙지 안내

8. 의무분과위원회

의무 부는 선수 및 임원들의 부상 치료를 담당한다. 심판 및 경기부와 합의하여 부상자의 출전 여부를 결정한다. 경기가 종료되면 부상을 입은 선수들의 명단과 치료 내용을 <표 26>과 같은 양식에 따라 대회조직위원회에 제출한다.(의무에 대한 일절)

1) 대회기간 중 의무실운영(약품 준비)

2) 당번 의사 배정

3) 시내 종합병원에 사전 협조

4) 비상구급계획 작성

<표 26> 부상 선수 치료 내용

성 명	
해 당 부	초등부, 중등부, 고등부, 대학일반부
종 목	
부상부위	
치료 내용	
년 월 일 치료자: (서명)	

9. 질서분과위원회(대회질서유지)

1) 대회기간 중 질서유지

2) 대회분위기 조성, 회의진행 협조

3) 질서요원 복장 준비 계획

4) 회의진행 협조계획 수립

10. 숙박회식분과위원회(회원 호텔배정, 회원 숙박편의 제공, (대회 당시의 회원 주식에 관한 모든 업무)

1) 선수등록회원 숙소배정계획수립, 배정된 내용 사전 통보
2) 숙박업소과 긴밀한 협조로 편의 제공
3) I.P등 VIP숙박편의 제공(계획) 및 임원, 심판, 진행요원, 선수 숙박 제공 계획
4) 런치 및 디너의 식당 예약 및 결정
5) 식사시간의 좌석배치 계획
6) 식사시간 엔터테이멘트의 진행

11. 경기분과위원회

대회전반에 걸친 경기 운영과 각종 경기방법에 대하여 계획하고 이를 시행한다. 아울러 경기분과 안에 경기에 전반에 대해 기록을 전담하는 기록분과 위원회를 둘 수 있다.

기록 분과위원회(대회준비 및 회의 상황 기록 정리)는-촬영기록, 녹화기록, 대회내용 기록(서기록), 대회상황 종합기록작성, 정리, 스크랩, 녹화 비데오부, 사진부, 기자부, 각종 기록물 배포부, 판매부, 각종 서기록 작성, 서기 파견.

12. 심판분과위원회

대회 이전에 심판보수교육을 실시하여 심판법에 정확하게 인지키시며, 대회 당일 심판원을 배정하며 심판원은 각 경기의 심판을 담당한다.

13. 섭외부분과위원회

대회 전반에 걸쳐 외부와 유대를 더욱 공고히 하며 대회에 따른 일정의 섭외를 담당한다.

14. 홍보분과위원회

1) 국내사전홍보를 위한 대회안내책자 및 포스터 제작(준비기간)
2) 대회기간 중 각종 매스컴 이용 홍보계획 수립
3) 대회를 위한 기자 접대 안내

15. 소청심의위원회

불합리한 판정에 대하여 소청할 때 이를 받아들이고 판정이 공정한지 불공한지 심의한다.

1) 판정번복
2) 판정인정

제3절 대회행정 실무

1. 대회공문과 안내문 발송

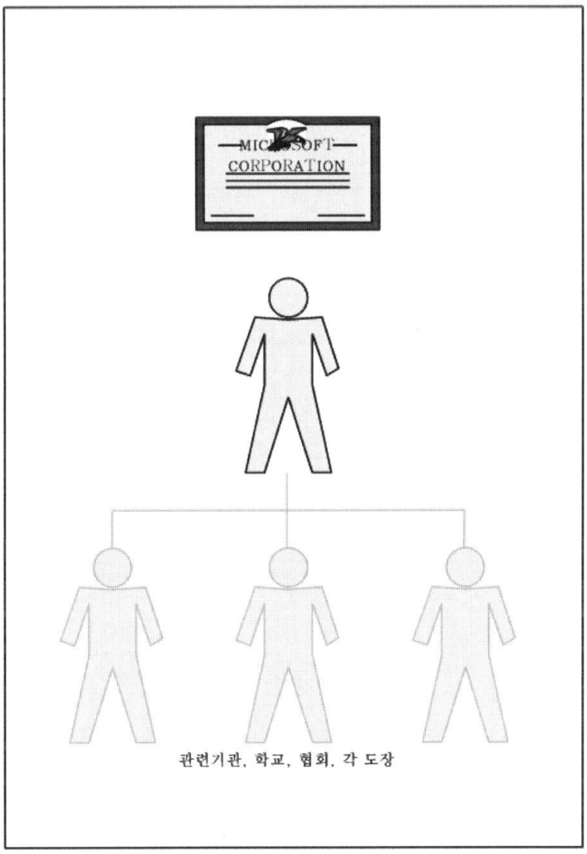

<그림 3> 우편발송

대회에 대한 내용이 구체적으로 결정되면 대량의 공문을 <그림 3>처럼 관련기관, 학교, 협회, 각도장에게 에게 이메일 및 우편으로 보내는 것이 대부분이다. 젊은 층의 지도자나 이메일을 사용하는 사람에게는 우편이 비용 낭비일 수 있으나, 아직까지 인터넷을 이용한 메일을 사용하지 않는 회원 및 인터넷 이메일처럼 읽기 잊기 쉬운 단점을 보완할 수 있는 것이 우편을 이용한 방법이라고 할 수 있다.

이때 소량의 우편물의 경우 우편발송자가 손으로 직접 받는 수신자의 주소와 우편번호 성명을 일일이 쓰는 것은 그다지 번거로운 일은 아니다. 하지만 대량으로 우편을 보낼 때에는 각 봉투에 내용물을 담고 봉투 외부에 일일이 수신자의 주소, 우편번호 성명을 기재하기란 시간적으로 상당히 비효율적이다. 수천통내지 수백 건의 우편물의 외부에 기재하는 수신자의 주소, 우편, 성명을 손쉽게 처리하는 방법이 있다. 시중에 판매하는 규격별 라벨지를 구입하여 보낼 사람의 주소, 우편번호, 성명을 일괄적으로 잘 정리해뒀다가 한꺼번에 라벨지에 인쇄 출력하여 우편봉투에 붙기만 하면 되는 방법이다.

<그림 4> 라벨지 샘플

라벨지를 프린터기로 뽑는 방법은 간단하다. 우선 <그림 4>와 같은 라벨지를 구매하였으면 구매한 제품의 사이트에서 무료 프로그램을 다운받아서 사용하면 된다.

보통 주소록이 엑셀파일로 되어 있는 경우 무료프로그램 이용하면 간단하게 바로 출력하실 수 있고 정리된 자료가 없다면 한글이나 워드 프로그램에서도 라벨을 출력할 수 있는 메뉴가 있는걸 보고 이용하여도 된다.

간단하게 한글에서 라벨 사용방법에 대해 설명하면 아래와 같다.

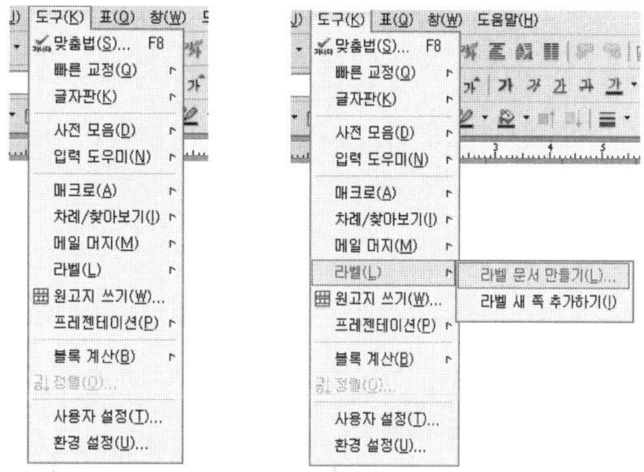

<그림 5> 한글에서 라벨지 만들기1

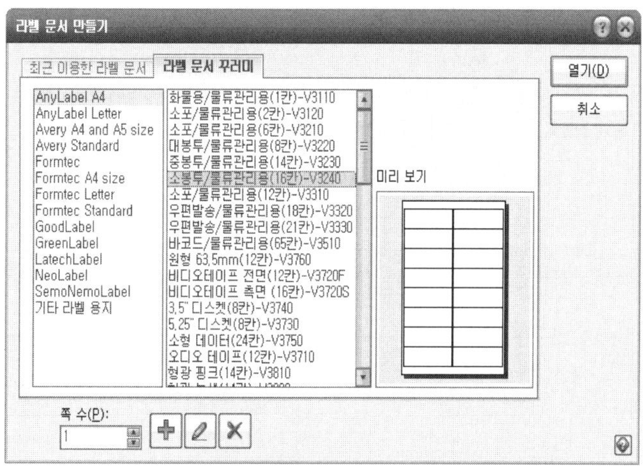

<그림 6> 한글에서 라벨지 만들기2

<그림 5>와 <그림 6>에서 보는 바와 같이, 우선 한글에서 사용하는 방법은 한글에서 -[도구]-[라벨문서만들기]-[라벨문서꾸러미]에서 조사와 제품번호를 선택하면 라벨 모양처럼 빨간 표가 표시 된다 . 하나의 칸이 라벨 크기임으로 그 안에 글자를 입력하고 출력하면 된다.

다음은 애니프로라벨은 프로그램 설치 후 용지를 선택하고 [데이터목록열기]를 하여 엑셀자료를 불러온다. 그런 다음 상단 버튼 중 메뉴에서 [전체선택]을 클릭하고 [자료보내기]를 하면라벨 한 칸에 주소가 넣어진 것을 확인 할 수 있다. 주소들을 원하는 위치에 이동시킨 후 [파일]-[미리보기]를 하면 전체 주소록이 라벨 칸별로 정리된 것을 확인할 수 있다. 그런 다음 인쇄를 눌러 출력하면 <그림 7>과 같은 라벨 작업이 끝이 난다.

완성된 출력 라벨지는 각 주소 및 대상 한 명 한 명 따로 떼어서 준비된 우편 봉투에 곧바로 부착할 수 있도록 되어 있다.

이렇게 사용하고 작업한 라벨지 폼은 다음 대회에서 그대로 사용할 수 있으므로, 한번 사용하고 삭제하지 않고 보관하고 있다가 수시로 주소지가 변경이나 기타 내용들이 변경될 경우, 안내문을 받을 자의 주소록 원본의 변경과 함께 라벨지 폼에 입력된 내용도 함께 변경하여 두면 우편물 반송의 일을 없앨 수 있다.

<table>
<tr><td>충북 청주시 흥덕구 분평동 현대대우A
관리사무실 지하
을지관 관장 신 용 욱 귀하
361-201</td><td>충북 청주시 상당구 금천동 96-17
청주화랑도장 관장 강 태 호 귀하
360-070</td></tr>
<tr><td>충북 제천시 장락동 669-3
을지관제천도장 관장 주 웅 서 귀하
390-080</td><td>충북 청주시 상당구 내덕1동 651-6
검무관 문화도장 관장 한 완 희 귀하
360-171</td></tr>
<tr><td>충북 청주시 흥덕구 봉명2동 467 유정상가2층
흑추관 관장 정 해 천 귀하
361-302</td><td>충북 청주시 흥덕구 수곡동 994
을지관 화룡도장 관장 장 순 모 귀하
361-150</td></tr>
<tr><td>충북 청주시 상당구 금천동 332 3층
튼튼도장 관장 이 동 희 귀하
360-803</td><td>충북 청주시 상당구 석교동 4-3
검무관 관장 김 진 호 귀하
360-060</td></tr>
<tr><td>충북 청주시 흥덕구 운천동 596-1
흑추관 무영도장 관장 전 기 홍 귀하
361-110</td><td>충북 제천시 하소동 64-1
을지관 관장 배 성 호 귀하
390-240</td></tr>
<tr><td>충북 흥덕구 사직2동 666-14
국무관 관장 신 권 식 귀하
361-100</td><td>충북 청주시 흥덕구 모충동 375-35 402호
을지관 관장 남 상 교 귀하
361-140</td></tr>
<tr><td>충북 청주시 흥덕구 가경동 태암수정A 상가 204
흑추관 관장 이 영 권 귀하
361-260</td><td>충북 청주시 흥덕구 복대2동 2397
튼튼도장 관장 황 한 구 귀하
361-272</td></tr>
<tr><td>충북 청주시 흥덕구 사직2동 13-15
중부사직도장 관장 정 해 중 귀하
361-101</td><td>충북 청주시 흥덕구 분평동 1352
흑추관 남부도장 관장 신 국 호 귀하
361-201</td></tr>
</table>

<그림 7> 출력된 라벨지

한국합기도 경기화의 선두주자!!

한국대학합기도연맹

THE KOREA UNIVERSITY HAPKIDO FEDERATION(KUHF)

수신 전국 대학 합기도 지도교수 및 합기도 도장 관장

(경유) 지도사범

제목 **『제1회 문경새재배 및 2008 추계대학연맹 전국합기도대회 협조의 건』**

---

1. 귀 학교 및 도장의 무궁한 발전을 기원합니다.

2. 우리 연맹과 문경시합기도연합에서는 다음과 같이 제1회 문경새재배 및 2008 추계대학연맹 전국합기도대회를 개최하오니 많은 협조바랍니다.

- 다 음 -

1. 대 회 명: 제1회 문경새재배 및 2008 추계대학연맹 전국합기도대회
2. 일 시: 2008년 9월 27일(토요일) ~ 28일(일요일) 2일간(예정)
3. 장 소: 문경읍 문화체육센터
4. 대 상: 합기도 유단자 및 유급자
5. 주 최: 문경시합기도연합회, 한국대학합기도연맹 공동주최
6. 주 관: 문경시합기도연합회, 문경읍개발위원회, 한국대학합기도연맹 공동주관

붙 임: 1. 대회개요 1부.

2. 선수등록신청서 각 1부. 끝.

한국대학합기도연맹

수신자

					전결 08/10
담당	방환복	전무이사	최종균	회장(대리)	진성우
협조자	문경시합기도연합회	사무국장	황일현	회장	황재용

시행 사무-경기 제7호(2008.08.10) 접수 ( )

우 750-712 충남 아산시 탕정면 갈산리 100번지 선문대학교 (內)국제무도경호학부 경찰경호무도 / www.cafe.daum.net/kuhf

전화 041-530-2298 전송 041-530-2883 / saok1@naver.com / 공개

붙임1. 제1회문경새재배 및 2008추계대학연맹 전국합기도대회 개요

1. 대 회 명 : 제1회 문경새재배 및 2008 추계대학연맹 전국합기도대회

2. 대회목적 : 합기도 저변확대와 국내 합기도 발전

3. 대회일시 : 2008년 9월 27일(토요일)~ 28일(일요일) 2일간

4. 대회장소 : 경북 문경시 문경읍 문화체육센터(경북 문경시 문경읍 상리 289-2번지)

5. 주　　최 : 문경시합기도연합회, 한국대학합기도연맹 공동주최

6. 주　　관 : 문경시합기도연합회, 문경읍개발위원회, 한국대학합기도연맹 공동주관

7. 후　　원 : 문경시, 문경시체육회

8. 참가인원 : 1,500명(선수:1,000명 경기요원:200명 임원 및 학부형:300명)

9. 참가자격 : 초등학생 재학생, 중학교 재학생, 고등학교 재학생 그리고 대학재학생 및 일반인으로 합기도 유단자 및 유급자

1) 유단자 출전 가능 종목 : 대련, 개인연무 1, 2, 3종목(남녀구분 없음), 단체연무1, 2종목 기록경기

2) 유급자 출전 가능 종목 : 개인연무 3종목, 기록경기 1, 2종목, 단체연무 1종목

3) 대회 첫날은 첫날 연무경기와 기록경기, 둘째 날 대련경기로 구분하여 실시되므로, 연무와 대련 중복 출전이 가능합니다.

■중복출전 가능종목: 대련, 개인연무 1개 , 단체연무, 기록경기 1개

■중복출전 불가종목: 개인연무 1종목과 2종목 3종목, 기록경기 1종목과 2종목

10. 대회구분

1) 대련경기(남녀 초등부 저학년, 남녀초등부 고학년, 중등부, 고등부, 대학일반부, 유단자)

2) 연무경기

(1) 개인연무경기 1종목(초등부, 중등부, 고등부, 대학일반부 해당, 유단자)

(2) 개인연무경기 2종목(고등부, 대학일반부 유단자)

(3) 개인연무경기 3종목(중등부, 고등부, 대학일반부 해당, 유급자 허용)

3) 단체연무경기1종목(일반 도장 소속 선수로 성별, 부별 구분 없이 통합팀으로 구성, 유급자허용), 단체연무경기 2종목(대학연맹에 소속된 대학선수들로 성별 구분 없이 통합팀 구성, 유단자)

4) 기록경기 1종목: 멀리낙법(초등부, 중등부, 고등부, 대학일반부 해당, 유급자 허용)

기록경기 2종목: 높이낙법(초등부, 중등부, 고등부, 대학일반부 해당, 유급자 허용)

11. 대회 진행 일정 안내

1) 9월 27일(토) - 대회 일정

◇ 07:00 ~ 08:30 - 선수 계체

◇ 08:30 ~ 08:50 - 대표자 회의

◇ 09:00 ~ 11:00 - 연무 및 기록 경연대회

◇ 11:30 ~ 12:30 - 개회식 및 식후 행사

◇ 12:30 ~ 13:30 - 중 식

◇ 14:00 ~ 16:00 - 연무 및 기록 경연대회

◇ 16:00 ~ 18:00 - 여자대학부 대련경기

◇ 19:00 ~ 21:00 - 대회장만찬

2) 9월 28일(일) - 대회 일정

◇ 09:00 ~ 12:00 - 개인 대련부 오전 경기

◇ 12:00 ~ 13:00 - 중 식

◇ 13:00 ~ 16:00 - 개인 대련부 오후 경기

◇ 16:30 ~ 17:30 - 시상 및 폐회식

12. 체급구분 : 오차는 인정하지 않으므로 체중관리에 만전을 기하여 주시기 바람. 체중 오버시 계체 시간 내 1회에 한하여 계체를 다시 할 수 있도록 한다.

구 분 / 체급(kg)	중등부(남)	중등부(여)		구 분 / 체급(kg)	초등 고학년부(남)	초등 고학년부(여)		구 분 / 체급(kg)	초등 저학년부(남)	초등 저학년부(여)	
핀 급	-45kg	-43kg	경량급	핀 급	-33kg	-35kg	경량급	핀 급	-28kg	-33kg	경량급
플라이급	-50kg			플라이급	-38kg			플라이급	-33kg		
페 더 급	-55kg	-53kg	중량급	페 더 급	-42kg	-45kg	중량급	페 더 급	-38kg	-43kg	중량급
라이트급	-60kg			라이트급	-48kg			라이트급	-43kg		
웰 터 급	-65kg	+53kg	헤비급	웰 터 급	-52kg	+45kg	헤비급	웰 터 급	-48kg	+43kg	헤비급
미 들 급	-70kg			미 들 급	-58kg			미 들 급	-53kg		
헤 비 급	+70kg			헤 비 급	+58kg			헤 비 급	+53kg		

※ 초등부 저학년(1,2,3학년) 초등부 고학년(4,5,6학년)으로 구분.

※ 초, 중 여자체급은 선수 수급 문제로 인하여 3개 체급으로 통합.

구 분 / 체급(kg)	고등부(남)	고등부(여)	구 분 / 체급(kg)	대학일반부(남)	대학일반부(여)
핀 급	-55kg	-48kg	핀 급	-55kg	-48kg
플라이급	-60kg	-53kg	플라이급	-60kg	-53kg
페 더 급	-65kg	-58kg	페 더 급	-65kg	-58kg
라이트급	-70kg	-63kg	라이트급	-70kg	-63kg
웰 터 급	-75kg	-68kg	웰 터 급	-75kg	-68kg
미 들 급	-80kg	+68kg	미 들 급	-80kg	+68kg
헤 비 급	+80kg	없음	헤 비 급	-85kg	없음
			s 헤비급	+85kg	없음

※ 대학일반부 슈퍼헤비급의 경우 선수 미달 시 헤비급으로 통합.

13. 연무 경기(개인연무, 단체연무)

1) 개인연무경기 1종목-손목술 + 의복술 + 방권술 + 방족술 + 단검막기-선수 1인당 각 부문기술 1수, 양선수 총 10수

(주의1) 남녀구분 없이 초등부 저학년, 고학년, 중등부, 고등부, 대학일반부로 분류

(주의2) 종목별 연무는 공격자(낙법자)와 기술발휘자 구분 없음. (2인 1조로 상호 기술 1개씩 번갈아가면서 실시하며, 각 기술부문별로 1인 1개 기술로 제한한다.)

2) 개인연무경기 2종목-연행술+포박술(띠)+단봉+단장-선수 1인당 각 부문기술 1수, 양선수 총 8수

(주의1) 남녀구분과 없이 연무를 구성하며, 고등부와 대학일반부로 구분.

(주의2) 종목별 연무는 공격자(낙법자)와 기술발휘자 구분 없음. (2인 1조로 상호 기술 1개씩 번갈아가면서 실시하며, 각 기술부문별로 1인 1개 기술로 제한한다.)

3) 개인연무 3종목: 발차기 (성별 구분하고, 중등부, 고등부, 대학일반부로 구분하며, 유급자허용)

(주의1) 중등부: 상중하 연속 뒤돌아차기 1회→(발바꿔) 뛰어들어가면서 뒤돌아차기 1회

(주의2) 고등부:상중하 연속 뒤돌아차기 1회→(발바꿔) 뛰어들어가면서 뒤돌아차기 1회→턴차기 1회 종료

(주의3) 대학일반부:상중하 연속 뒤돌아차기 1회→(자세유지) 제자리 쩜프 뒤돌아차기 1회→두발 벌려차기 1회→(뒤로돌아) 두발 모아차기 1회 종료

4) 단체연무(1종목: 일선도장, 2종목: 대학연맹 소속대학팀)

(1) 팀 당 6명 이상으로 하며 연령, 성별 제한 없음.

(2) 연무 시간은 5분을 초과 할 수 없다 . 5초 초과 시 마다 1점 감점.

(3) 발차기, 낙법, 격파, 술기 등 자유롭게 구성하여 시연한다.

(4) 일선 도장 출전 종목인 단체연무 1종목은 유급자도 출전 가능.

(5) 2종목은 대학연맹 소속 대학교만 출전가능하며, 유단자만 출전 가능.

14, 기록경기(1종목, 2종목)

1) 기록 경기 1종목 멀리낙법, 기록경기 2종목 높이낙법으로 구분한다.

2) 기록경기는 초, 중학교는 학년으로 구분하고 남녀 성별 구분 없이 선수구분

3) 기록경기는 고, 대학일반부는 신장으로 구분하고 남녀 성별 구분하여 선수구분

4) 개인선수등록신청서에 아래 표를 참고하시고 코드NO를 꼭 기재하시기 바랍니다.

초등부 구분 (학년기준)		중등부 구분 (학년기준)		고등부(남)-신장기준		고등부(여)-신장기준		대학일반부 (남)		대학일반부 (여)	
학년	코드 NO	학년	코드 NO	학년	코드 NO	학년	코드 NO	신장	코드 NO	신장	코드 NO
1	W311	1	W321	159 이하	W3311	159 이하	W3321	159 이하	W3411	159 이하	W3421
2	W312	2	W322	160-169	W3312	160-164	W3322	160-169	W3412	160-164	W3422
3	W313	3	W323	170-179	W3314	165-169	W3323	170-179	W3413	165-169	W3423
4	W314			180 이상	W3315	170 이상	W3324	180 이상	W3414	170 이상	W3424
5	W315										
6	W316										

<기록경기 1종목: 멀리낙법 구분표 및 코드NO>

초등부 구분 (학년기준)		중등부 구분 (학년기준)		고등부(남)- 신장기준		고등부(여)- 신장기준		대학일반부 (남)		대학일반부 (여)	
학년	코드 NO	학년	코드 NO	학년	코드 NO	학년	코드 NO	신장	코드 NO	신장	코드 NO
1	H311	1학년	H321	159 이하	H3311	159 이하	H3321	159 이하	H3411	159 이하	H3421
2	H312	2학년	H322	160-169	H3312	160-164	H3322	160-169	H3412	160-164	H3422
3	H313	3학년	H323	170-179	H3314	165-169	H3323	170-179	H3413	165-169	H3423
4	H314			180 이상	H3315	170 이상	H3324	180 이상	H3414	170 이상	H3424
5	H315										
6	H316										

<기록경기 2종목: 높이낙법 구분표 및 코드NO>

15. 시상 및 특전

1) 대련경기부문시상 : 초등부 저학년 및 고학년부, 중등부, 고등부, 대학일반부
1위 금메달, 상장 / 2위 은메달, 상장 / 3위 동메달, 상장

2) 연무경기부문시상

(1) 개인연무(1종목, 2종목)경기부분시상 : 초등부, 중등부, 고등부, 대학부, 일반부- 1위 금메달, 상장 / 2위 은메달, 상장 / 3위 동메달, 상장

(2) 개인연무(3종목)경기부분시상 : 초등부, 중등부, 고등부, 대학부, 일반부 -1위 상장 / 2위 상장 / 3위 상장

(3) 단체연무: 단체연무1종목, 단체연무 2종목-1위 트로피, 상장 / 2위 트로피, 상장 / 3위 트로피, 상장

3) 기록경기부문시상 : 1종목(멀리낙법) 2종목(높이낙법) 초등부, 중등부, 고등부, 대학부, 일반부: 1위 상장 / 2위 상장 / 3위 상장

4) 특 전 : 고등부 입상자 일부종목(대련, 개인연무 1종목, 2종목)에 한해서 한국대학합기도연맹 소속대학(교) 입학 시 가산점 부여됩니다.

16. 접 수 : 우편 및 방문 접수

1) 우편 접수: 336-708 충남 아산시 탕정면 갈산리 100번지 선문대학교 국제무도경호학부(경찰경호무도) 홍 길 동 조교 앞

2) 접수 기간: 2008년 9월 19일(금요일)까지 접수마감.(우체국소인 19일에 한함)

3) 신청인, 보호자, 소속지도자 도장 날인이나 자필 서명이 빠짐은 없는지 꼭 확인 바랍니다.

4) 선수등록비 : 대 련 부 문 : 1인당 ●●●●●원

개인연무부분(1종목, 2종목) : 1인당 ●●●●원

개인연무 3종목 : 1인당 ●●●●●원

단체연무부문: 1인당 1●●●●●원

기록경기 1종목: 1인당 ●●●●●원

계좌번호:(농협중앙회)184-01-023625 예금주:홍길명

5) 등록비 입금 : 반드시 도장 지도자 성함으로 입금하시어야 하며, 등록비는 선수등록기간 내에 제출하여야만 선수등록이 됩니다. 선수등록만 하시고 등록비를 입금하시지 않을 경우 등록되지 않습니다.(선수등록 기간에 등록된 선수의 등록비는 선수등록 기간 내에 취소하지 않을 경우 환불되지 않습니다.)

17. 계체 및 대표자회의

1) 계체일시 : 2008년 9월 27일 토요일 (07:00-08:30) 시간 엄수하시기 바라며, 시간 경과 시에 입장하는 선수는 실격으로 처리됨을 유념하여 주십시오. 아울러 계체는 오차범위가 인정되지 않습니다.

※계체 시에 여자의 복장은 아래 도복바지, 상의 발팔 티셔츠를 착용하여야 하며, 체중오버 시 착용한 도복바지와 티셔츠를 벗을 수 없다. 남자의 복장은 아래 도복바지, 상의는 탈의하는 것을 원칙으로 하며 체중오버 시 착용한 도복바지를 벗을 수 없다.

2) 대표자 회의 : 2008년 9월 27일 토요일(08:30-08:50)

3) 장　　소 : 문경읍 문화체육센터

18. 주의사항

1) 선수등록기간을 정확히 지켜주시기 바라며, 기간이 경과된 신청서는 받지 않습니다. 또한, 선수 등 록 신청서에 개인의 실수로 기재를 잘못하는 경우 정정이 불가하오며, 이로 인해서 발생되는 문제는 대회 측에서 책임지지 않습니다.

2) 체중은 안정적인 체급으로 선수 등록하여 주시기 바랍니다. 오차는 인정되지 않습니다.

3) 도복은 흰색과 검정색으로 착용 바라며, 상하 동일한 색으로 통일해야 합니다. 여타 다른 색의 도복 착용은 인정되지 않습니다. 아울러 도복 등판에 합기도가 아닌 기타 무도종목이 기재된 도복은 착용할 수 없습니다.

4) 모든 출전선수는 낭심보호대와 무릎보호대, 팔보호대는 개별적으로 준비하셔야 합니다.

5) 대련은 대학연맹 대회규정에 따라 진행됩니다. 선수 및 지도자님께서는 대회규정을 필독하

시기 바랍니다. 대회규정을 숙지하지 않으시고 오시는 분들로 인하여 항의하는 사례가 있습니다. 대회규정은 본 연맹 카페를 참고하시기 바라며, 대회 당일날 사정에 의해서 변경되는 사항에 대해서는 대표자 회의시 안내하여 드립니다. 대표자 회의에 꼭 참여하시기 바랍니다.

6) 선수등록신청서에 도장명은 최대한 간단하게 적어주시기 바라며, 단증 사본(해당종목만)과 재학증명서를 꼭 첨부하시기 바랍니다.
7) 대회 당일날 계체를 위해 선수들은 전원 단증원본(해당종목만)을 꼭 소지하시기 바랍니다. 단증 소지하지 않을 시 실격 처리됩니다.
8) 대회 경기장 내에는 진행요원, 심판, 대회임원 외에는 출입을 통제합니다.
9) 선수 등록기간 중에 함께 제출되는 등록비는 반환하지 않는 것을 원칙으로 합니다.
10) 자세한 대회규정과 대회에 관한 변경되는 내용은 카페를 통해서 공지되오니, 모든 선수 및 지도자님께서는 카페에 가입하여 주시기 바랍니다. 카페 가입을 하지 아니하여 변경되는 내용을 숙지하지 못하는 것에 대해서는 대회 측에서 책임지지 않습니다. (카페 회원등록 시 닉네임을 실명으로 기재하셔야 정회원으로 등록이 가능합니다.

http://cafe.daum.net/kuhf

19. 식사 안내
1) 대회 첫날 종목 출전자: 연무종목 전 선수, 기록경기 전 선수 중식 1식 제공
2) 대회 둘째 종목 출전자: 대련종목 전 선수 중식 1식 제공 (연무종목 이나 기록경기를 하고 대련종목까지 중복으로 출전하는 선수의 경우 2식 제공)

20. 대회장 오시는 길

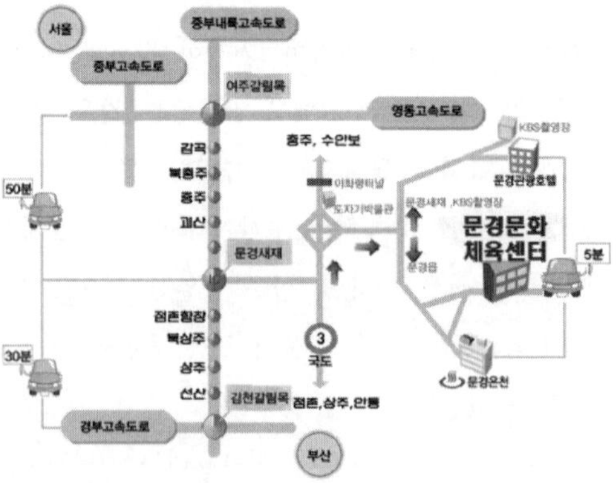

21. 숙박예약 담당자 : 홍 석 일 010-1234-1234
(사전에 미리 연락주시면 예약해드립니다)

<문경읍 숙박시설 안내>

숙박명	전화번호	숙박명	전화번호
문경관광호텔	054)571-8001	해바라기모텔	054)571-3600
관문모텔	054)571-7775	휠모텔	054)571-6007
동화장여관	054)571-1654	나이스모텔	054)571-2121
새재파크	054)571-6069	스카이모텔	054)571-5055
썬모텔	054)571-0235		
에이스모텔	054)572-3382		
M빌리지	054)572-2428		
킹모텔	054)571-5558		
프로포즈모텔	054)571-0737		

<선수등록신청서 양식1>-순수 대학연맹이 단독으로 경기를 주최, 주관하는 경우

붙임2 : 양식1. 대련 선수등록신청서

※단증사본 첨부 [단증소지자]만 허용)			사진부착
성 명		주민등록번호	-
성 별	남( )/ 여( )	연락처	HOME: 이동전화:
주 소			
학 교 명	학교 학년		
학교 주소			
소 속	1.협회명( ) 2. 도장명( )		
도장 주소			
지 도 자	■성 명: ■이 메 일: ☎도장전화: ☎이동전화:		
구 분	초저, 초고, 중등 고등, 대학일반	체 급	
신 장	Cm	현 단	

상기 본인은 제1회 문경새재배 및 2008 추계대학연맹 전국합기도대회 대련선수로 등록 신청하오며, 본 대회에 참가함에 있어 대회 주관 · 주최 기관에서 정하는 제반규정을 준수하며, 대회 중에 발하는 안전사고에 대하여 어떠한 민 · 형사상의 이의도 제기하지 않을 것을 아래의 연명으로 엄숙히 서약합니다.

2008년 월 일

신 청 인 (인 또는 서명)

보 호 자 (인 또는 서명)

지 도 자 (인 또는 서명)

한국대학합기도연맹 귀하

붙임2 : 양식2. 개인연무 1종목 선수등록신청서(선수A)

*개인연무 1종목은 초등부, 중등부, 고등부, 대학일반부만 해당됩니다.

*[단증소지자]만 허용, 단증사본 첨부)

<table>
<tr><td>성 명</td><td></td><td>주민등록번호</td><td>-</td><td>성 별</td><td></td></tr>
<tr><td>학 교 명</td><td></td><td>학년</td><td>학년</td><td>현 단</td><td></td></tr>
<tr><td>선수 주소</td><td colspan="5"></td></tr>
<tr><td>선수 연락처</td><td colspan="5">☎HOME: ☎이동전화:</td></tr>
<tr><td>소 속</td><td colspan="5">① 1.협회명( )2.도장명( )</td></tr>
<tr><td>지 도 자 명</td><td colspan="5">성 명: ☎도장전화: ☎이동전화:</td></tr>
<tr><td>지도자이메일</td><td colspan="5"></td></tr>
<tr><td>도장 주소</td><td colspan="5"></td></tr>
<tr><td>참고사항</td><td colspan="5">(손목수+의복수+방권술+방족술+단검막기)를 선수A와 B가 상호 번갈아 가면서 한수씩 해야 합니다. 선수 A와 B가 보여야 하는 호신술수는 10수입니다.</td></tr>
<tr><td colspan="6">상기 본인은 위와 같이 제1회 문경새재배 및 2008 춘계대학연맹 전국합기도대회 선수로 등록을 신청하오며, 본 대회 중에 발하는 안전사고에 대하여 대회 주관 · 주최 기관에 대해 어떠한 민·형사상의 이의도 제기하지 않을 것임을 서약합니다.

2008년 월 일</td></tr>
<tr><td colspan="5">신청인 : (인 또는 서명)
보호자 : (인 또는 서명)
지도자(학교담당 혹은 관장): (인 또는 서명)
한 국 대 학 합 기 도 연 맹 귀하</td><td>사진부착</td></tr>
</table>

개인연무 1종목 선수등록신청서(선수B)

*개인연무 1종목은 초등부, 중등부, 고등부, 대학일반부만 해당됩니다.

*[단증소지자]만 허용, 단증사본 첨부)

<table>
<tr><td>성 명</td><td></td><td>주민등록번호</td><td>-</td><td>성 별</td><td></td></tr>
<tr><td>학 교 명</td><td></td><td>학년</td><td>학년</td><td>현 단</td><td></td></tr>
<tr><td>선수 주소</td><td colspan="5"></td></tr>
<tr><td>선수 연락처</td><td colspan="5">☎HOME : ☎이동전화 :</td></tr>
<tr><td>소 속</td><td colspan="5">1.협회명( )2.도장명( )</td></tr>
<tr><td>지 도 자 명</td><td colspan="5">성 명 : ☎도장전화 : ☎이동전화 :</td></tr>
<tr><td>도장 주소</td><td colspan="5"></td></tr>
<tr><td>지도자이메일</td><td colspan="5"></td></tr>
<tr><td>도장 주소</td><td colspan="5"></td></tr>
<tr><td>신 청 종 목</td><td colspan="5">(손목수+의복수+방권술+방족술+단검막기)를 선수A와 B가 상호 번갈아 가면서 한수씩 해야 합니다. 선수 A와 B가 보여야 하는 호신술수는 10수입니다.</td></tr>
<tr><td colspan="6">상기 본인은 위와 같이 제1회 문경새재배 및 2008 춘계대학연맹 전국합기도대회 선수로 등록을 신청하오며, 본 대회 중에 발하는 안전사고에 대하여 대회 주관 · 주최 기관에 대해 어떠한 민·형사상의 이의도 제기하지 않을 것임을 서약합니다.

2008년 월 일</td></tr>
<tr><td colspan="5">신청인 : (인 또는 서명)
보호자 : (인 또는 서명)
지도자(학교담당 혹은 관장) : (인 또는 서명)
한 국 대 학 합 기 도 연 맹 귀하</td><td>사진
부착</td></tr>
</table>

붙임2 : 양식3. 개인연무 2종목 선수등록신청서(선수A)

*개인연무 2종목은 고등부, 대학일반부만 해당됩니다. [단증소지자만 허용, 단증사본 첨부]

성 명		주민등록번호	–	성 별	
학 교 명		학년	학년	현 단	
선수 주소					
선수 연락처	☎HOME :		☎이동전화 :		
소 속	② 1.협회명( )2.도장명( )				
지 도 자 명	성 명 :	☎도장전화 :	☎이동전화 :		
지도자이메일					
도장 주소					
참 고 사 항	2종목(연행술+포박술+단봉+단장)를 선수A와 B가 상호 번갈아 가면서 한수씩 해야 합니다. 선수A와 B가 보여야 하는 호신술수는 8수입니다.				

상기 본인은 위와 같이 제1회 문경새재배 및 2008 추계대학연맹 전국합기도대회 선수로 등록을 신청하오며, 본 대회 중에 발하는 안전사고에 대하여 대회 주관 · 주최 기관에 대해 어떠한 민 · 형사상의 이의도 제기하지 않을 것임을 서약합니다.

2008년 월 일

신청인: (인 또는 서명) 보호자: (인 또는 서명) 지도자(학교담당 혹은 관장): (인 또는 서명) 한 국 대 학 합 기 도 연 맹 귀하	사진부착

개인연무 2종목 선수등록신청서(선수B)

*개인연무 2종목은 고등부, 대학일반부만 해당됩니다. [단증소지자만 허용, 단증사본 첨부]

성 명		주민등록번호	–	성 별	
학 교 명		학년	학년	현 단	
선수 주소					
선수 연락처	☎HOME:		☎이동전화 :		
소 속	1.협회명( )2.도장명( )				
지 도 자 명	성 명:	☎도장전화:	☎이동전화 :		
도장 주소					
지도자이메일					
도장 주소					
참 고 사 항	(연행술+포박술+단봉+단장)를 선수A와 B가 상호 번갈아 가면서 한수씩 해야 합니다. 선수 A와 B가 보여야 하는 호신술수는 8수입니다.				

상기 본인은 위와 같이 제1회 문경새재배 및 2008 추계대학연맹 전국합기도대회 선수로 등록을 신청하오며, 본 대회 중에 발하는 안전사고에 대하여 대회 주관 · 주최 기관에 대해 어떠한 민 · 형사상의 이의도 제기하지 않을 것임을 서약합니다.

2008년 월 일

신청인: (인 또는 서명) 보호자: (인 또는 서명) 지도자(학교담당 혹은 관장): (인 또는 서명) 한 국 대 학 합 기 도 연 맹 귀하	사진부착

붙임2 : 양식4. 개인연무3종목선수등록신청서

<table>
<tr><td colspan="4">(개인연무3종목은 중, 고, 대학일반부만 출전 가능합니다)
[유급자허용]</td><td>사진부착</td></tr>
<tr><td>성 명</td><td></td><td>주민등록번호</td><td colspan="2">–</td></tr>
<tr><td>성 별</td><td>남( )/ 여( )</td><td>연락처</td><td colspan="2">HOME :
이동전화 :</td></tr>
<tr><td>주 소</td><td colspan="4"></td></tr>
<tr><td>학 교 명</td><td colspan="4">학교 학년</td></tr>
<tr><td>학교 주소</td><td colspan="4"></td></tr>
<tr><td>소 속</td><td colspan="4">1.협회명( ) 2. 도장명( )</td></tr>
<tr><td>도장 주소</td><td colspan="4"></td></tr>
<tr><td>지 도 자</td><td colspan="4">■성 명 : ■이 메 일 :
☎도장전화 : ☎이동전화 :</td></tr>
<tr><td>구 분</td><td>중등부
고등부, 대학일반부</td><td>현 단(급)</td><td colspan="2"></td></tr>
<tr><td colspan="5">상기 본인은 제1회 문경새재배 및 2008 추계대학연맹 전국합기도대회 대련선수로 등록신청하오며, 본 대회에 참가함에 있어 대회 주관·주최 기관에서 정하는 제반규정을 준수하며, 대회 중에 발하는 안전사고에 대하여 어떠한 민·형사상의 이의도 제기하지 않을 것을 아래의 연명으로 엄숙히 서약합니다.

2008년 월 일
신 청 인 (인 또는 서명)
보 호 자 (인 또는 서명)
지 도 자 (인 또는 서명)
한국대학합기도연맹 귀하</td></tr>
</table>

붙임2 : 양식5. 단체연무 1종목 선수등록신청서

※단체연무 1종목은 일반도장에 한해서만 참가할 수 있습니다.[유급자허용]

<table>
<tr><td>도 장 명</td><td></td><td>도자명</td><td></td><td rowspan="2">주 소</td><td rowspan="2"></td></tr>
<tr><td colspan="2">참가인원 : 명</td><td>연락처</td><td></td></tr>
</table>

순번	성 명	주민등록번호	학교(직장)	연락처	사진부착
1					
2					
3					
4					
5					
6					
7					
8					
9					
10					
11					
12					
13					
14					
15					

상기 지도자는 제1회 문경새재배 및 2008 추계대학연맹 전국합기도대회 선수등록을 신청하오며, 본 대회에 참가함에 있어 대회 주최·주관 기관에서 정하는 제반규정을 준수하며, 대회 중에 발하는 안전사고에 대하여 어떠한 민·형사상의 이의도 제기하지 않을 것을 아래의 연명으로 엄숙히 서약합니다.

2008 년 월 일

지 도 자 (인 또는 서명)

한국대학합기도연맹 귀하

붙임2: 양식6. 단체연무 2종목 선수등록신청서

※단체연무 2종목은 대학연맹에 소속된 대학에 한해서만 참가할 수 있습니다.

[유단자만 허용-단증사본첨부]

<table>
<tr><td>도 장 명</td><td></td><td>도자명</td><td></td><td rowspan="2">주 소</td><td rowspan="2"></td></tr>
<tr><td colspan="2">참가인원 : 명</td><td>연락처</td><td></td></tr>
</table>

순번	성 명	주민등록번호	학교(직장)	연락처	사진부착
1					
2					
3					
4					
5					
6					
7					
8					
9					
10					
11					
12					
13					
14					
15					

상기 지도자는 제1회 문경새재배 및 2008 추계대학연맹 전국합기도대회 선수등록을 신청하오며, 본 대회에 참가함에 있어 대회 주최·주관 기관에서 정하는 제반규정을 준수하며, 대회 중에 발하는 안전사고에 대하여 어떠한 민·형사상의 이의도 제기하지 않을 것을 아래의 연명으로 엄숙히 서약합니다.

2008 년 월 일

지 도 자 (인 또는 서명)

한국대학합기도연맹 귀하

붙임2: 양식7. 기록경기(높이낙법) 선수등록신청서

<table>
<tr><td colspan="4">(초, 중, 고, 대학일반부만 출전 가능합니다) [유급자허용]</td><td>사진부착</td></tr>
<tr><td>성　　명</td><td></td><td>주민등록번호</td><td colspan="2">-</td></tr>
<tr><td>성　　별</td><td>남(　)/ 여(　)</td><td>연락처</td><td colspan="2">HOME :
이동전화 :</td></tr>
<tr><td>주　　소</td><td colspan="4"></td></tr>
<tr><td>학 교 명</td><td colspan="4">학교　　　학년</td></tr>
<tr><td>학교 주소</td><td colspan="4"></td></tr>
<tr><td>소　　속</td><td colspan="4">1.협회명(　　　　　　) 2. 도장명(　　　　　　)</td></tr>
<tr><td>도장 주소</td><td colspan="4"></td></tr>
<tr><td>지 도 자</td><td colspan="4">■성　명 :　　　　■이 메 일 :
☎도장전화 :　　　　☎이동전화 :</td></tr>
<tr><td>구　　분</td><td colspan="2">초등부, 중등부
고등부, 대학일반부</td><td>신　장</td><td>Cm</td></tr>
<tr><td>종목 코드NO</td><td colspan="2"></td><td>현　단(급)</td><td></td></tr>
<tr><td colspan="5">상기 본인은 제1회 문경새재배 및 2008 추계대학연맹 전국합기도대회 대련선수로 등록 신청하오며, 본 대회에 참가함에 있어 대회 주관·주최 기관에서 정하는 제반규정을 준수하며, 대회 중에 발하는 안전사고에 대하여 어떠한 민·형사상의 이의도 제기하지 않을 것을 아래의 연명으로 엄숙히 서약합니다.

2008년　월　일

신 청 인　　　　(인 또는 서명)
보 호 자　　　　(인 또는 서명)
지 도 자　　　　(인 또는 서명)
한국대학합기도연맹 귀하</td></tr>
</table>

붙임2: 양식7. 기록경기(높이낙법) 선수등록신청서

<table>
<tr><td colspan="4">(초, 중, 고, 대학일반부만 출전 가능합니다)[유급자허용]</td><td>사진부착</td></tr>
<tr><td>성 명</td><td></td><td>주민등록번호</td><td colspan="2">-</td></tr>
<tr><td>성 별</td><td>남( )/ 여( )</td><td>연락처</td><td colspan="2">HOME :
이동전화 :</td></tr>
<tr><td>주 소</td><td colspan="4"></td></tr>
<tr><td>학 교 명</td><td colspan="4">학교 학년</td></tr>
<tr><td>학교 주소</td><td colspan="4"></td></tr>
<tr><td>소 속</td><td colspan="4">1.협회명( ) 2. 도장명( )</td></tr>
<tr><td>도장 주소</td><td colspan="4"></td></tr>
<tr><td>지 도 자</td><td colspan="4">■성 명 : ■이 메 일 :
☎도장전화 : ☎이동전화 :</td></tr>
<tr><td>구 분</td><td>초등부, 중등부
고등부, 대학일반부</td><td>신 장</td><td colspan="2">Cm</td></tr>
<tr><td>종목 코드NO</td><td></td><td>현 단(급)</td><td colspan="2"></td></tr>
</table>

상기 본인은 제1회 문경새재배 및 2008 추계대학연맹 전국합기도대회 대련선수로 등록신청하오며, 본 대회에 참가함에 있어 대회 주관·주최 기관에서 정하는 제반규정을 준수하며, 대회 중에 발하는 안전사고에 대하여 어떠한 민·형사상의 이의도 제기하지 않을 것을 아래의 연명으로 엄숙히 서약합니다.

2008년 월 일

신 청 인 (인 또는 서명)

보 호 자 (인 또는 서명)

지 도 자 (인 또는 서명)

한국대학합기도연맹 귀하

(선수등록신청서 양식2>-대학연맹과 타 단체 및 지방자치단체와 함께하는 주최 주관을 하는 경우

단체연무 선수등록신청서

NO.

※출전부별 □칸에 ∨표시하시오.

부 별	□ 1종목 일반팀 □ 2종목 대학부(대학연맹 소속팀)
팀 명	도 장 대학교 팀
지도자명	연락처 :

NO	성 명	학 교 명 (직 장 명)	학년-반 (학 과 명)
1			
2			
3			
4			
5			
6			
7			
8			
9			
10			
11			
12			
13			
14			
15			
16			
17			
18			
19			
20			

개인선수등록신청서

선수번호	

지도자명		도장명/학교명	
도장전화		휴대폰	
소속협회명		이메일	

⑬출전종목□칸에 ∨표시하시오.	
◉대련경기 □ 출전체급명 : 부 급	◉개인별연무경기 1종목 술 기 □ 2종목 술 기 □ 3종목 발 차 기 □
◉단체연무 1종목 (일반팀) □ 2종목 (대학연맹 소속대학팀) □	◉기록경기 1종목 길이낙법 □ 코드번호: 2종목 높이낙법 □ 코드번호:

상기 본인은 제1회 문경새재배 및 2008 추계대학연맹 전국합기도대회 대련선수로 등록신청하오며, 본 대회에 참가함에 있어 대회 주관·주최 기관에서 정하는 제반규정을 준수하며, 대회 중에 발생하는 안전사고에 대하여 어떠한 민·형사상의 이의도 제기하지 않을 것을 아래와 같이 연명으로 엄숙히 서약합니다.

2008 년 월 일

※첨부서류

단증사본1부(유단자 일 경우)

재학증명서1부

신 청 인 : (印)

보 호 자 : (印)

지도관장 : (印)

한국대학합기도연맹 귀중

개인연무 1종목 선수출전 명단

NO.

※출전종목 및 부별을 정확히 기재하시오.

종 목	1종목(손목술, 의복술, 방권술, 방족술, 단검막기)		
부 별	성별 구분 없이①초등부저학년 ②초등부고학년 ③중등부 ④고등부 ⑤대학일반부		
도장명	도 장		
NO	부 별	성 명 - 성 명	학교명 - 학교명
1			
2			
3			
4			
5			
6			
7			
8			
9			
10			
11			
12			
13			
14			
15			
16			
17			
18			
19			
20			

개인연무 2종목 선수출전 명단

NO.

※출전종목 및 부별을 정확히 기재하시오.

종 목	2종목(연행술, 포박술, 단봉술, 단장술)		
부 별	성별 구분 없이 ①고등부 ②대학일반부		
도장명	도 장		
NO	부 별	성 명 - 성 명	학교명 - 학교명
1			
2			
3			
4			
5			
6			
7			
8			
9			
10			
11			
12			
13			
14			
15			
16			
17			
18			
19			
20			

개인연무 3종목 선수출전 명단

NO.

※출전종목 및 부별을 정확히 기재하시오.

종 목	3종목(발차기)			
부 별	성별 구분하고 유급자도 가능함. ①중부등 ②고등부 ③대학일반부			
도장명	도 장			
NO	성 별	부 별	성 명	학교명
1				
2				
3				
4				
5				
6				
7				
8				
9				
10				
11				
12				
13				
14				
15				
16				
17				
18				
19				
20				

기록경기 선수출전 명단

NO.

※출전종목 및 부별을 정확히 기재하시오.

종 목	1종목 길이낙법 2종목 높이낙법
부 별	초,중등부 성별 구분없고 고등부이상 성별 구분하며 유급자 허용 ①초등부/ 중등부학년별 ②고등부 신장별 ③대학일반부 신장별
도장명	도 장

NO	종 목	성 별	부 별	학년별 신장별	성 명	학교명
1						
2						
3						
4						
5						
6						
7						
8						
9						
10						
11						
12						
13						
14						
15						
16						
17						
18						
19						
20						

대련경기 선수출전 명단

NO.

※출전종목 및 부별을 정확히 기재하시오.

종 목	대련				
부 별	성별 구분하고 유단자만 가능함. ①초등저학년부 ②초등고학년부 ③중등부 ④고등부 ⑤대학일반부				
도장명	도장				
NO	성별	부별	체급명	성 명	학교명
1					
2					
3					
4					
5					
6					
7					
8					
9					
10					
11					
12					
13					
14					
15					
16					
17					
18					
19					
20					

선수등록신청서 작성시 유의 사항

1. 모든 항목을 필히 기재하여야 한다.

2. 선수등록신청서를 작성하시고 단증(소단증이나 대단증)사본을 필히 첨부(해당종목:대련, 개인연무1, 2종목, 단체연무 2종목)하고 접수하여야 한다. 아울러 재학증명서도 함께 제출하여야 한다.

3. 대회 당일날 모든 선수(해당 종목는 단증을 소지하고 하여야 하며, 학생증이나 여타 신분증은 이용할 수 없다.

4. 소속 기재란에 도장명은 6글자로 요약해서 기재하고, 한 도장에서 일관성 있는 도장명을 사용할 수 있도록 지도자는 선수 등록신청 작성 후 확인하여야 한다.

5. 선수등록신청서에 체중과 체급을 명확하게 기재하여 주시고, 잘못된 기재로 인해 발생되는 문제점에 대해서는 선수 개인이 책임을 져야 한다.

6. 체중은 안정적인 체중으로 기재하여 주시기 바라며, 오차가 인정되지 않는다.

7. 체급을 기재할 적에는 체급표를 꼭 확인한다.

8. 선수등록기간 마감 전까지 취소하지 않는 경우 개인사정에 의해 등록된 선수는 참가비를 환불하지 않는 것을 원칙으로 한다.

9. 선수등록신청과 함께 관장명(지도자명)으로 입금을 2일 이내에 완료하여야 한다.

2. 신임심판교육 및 보수교육 안내 및 실시

한 국 대 학 합 기 도 연 맹

THE KOREA UNIVERSITY HAPKIDO FEDERATION(KUHF)

合氣道人
大統合

수신　각 대학교 및 체육관 지도자
(경유)
제목　2008 한국대학연맹 신임심판교육 및 보수교육 안내

한국대학합기도연맹에서는 2008 한국대학연맹 신임심판교육 및 보수교육을 아래와 같이 실시하오니 많은 참여와 협조바랍니다.

- 아　래 -

가. 신임심판교육일정: 2008년 5월 17일(토요일) 09시 00분부터~5월 18일(일요일) 17시00분까지 2일간

나. 심판보수교육일정: 2008년 5월 17일(토요일) 09시 00분부터~17시00분까지 1일간

다. 장 소: 호서대학교(아산캠퍼스) 실내체육관

라. 참가자격 및 신청서: 첨부물 및대학연맹 카페 공지사항 참고

마. 준비물: 하의 검정색 정장 바지, 상의 흰색 긴팔 와이셔츠, 필기도구

바. 접수기간: 2008년 4월 9일(월요일)~ 2007년 5월 4일(금요일)

사. 접수처: 우 336-708 충남 아산시 탕정면 갈산리100번지 선문대학교 국제무도경호학부 사무실

붙임. 1) <한국대학합기도연맹 심판 응시자격 요건 1부.

2) 합기도 (1급 · 2급 · 3급) 심판연수지원서 신임 및 보수교육자용 각각 1부.　끝.

한 국 대 학 합 기 도 연 맹

담 당 **방 환 복**　　전무이사 **최 종 균**　　회장 **(代) 진 성 우**

협조자

시 행　한대연 심판-01(2008.4.19)　　접 수

우　336-708　충남 아산군 탕정면 갈산리 선문대학교 국제무도경호학부 경찰경호무도　/　ww.cafe.daum.net/kuhf

전 화　041)530-2298　전송 041)530-2883　/　saok1@naver.com　/　공개

붙임1. 한국대학합기도연맹 심판 응시자격 요건

구 분	응시 자격	비 고
1급 (6단포함)	- 합기도 6단이상 사범자격증 소지자 - 2급 심판 자격증 소지자(소지후 6년이상 경과) (승단전후 대학연맹에서 인정하는 대회의 2급 심판활동 경력이 16회 이상인자	- 심판활동경력 횟수는 대회 기간 심판횟수 통산 1회로 인정 - 대학연맹 인정대회란 대학연맹에서 주최하는 춘계 및 추계와 기타 - 심판연수 수료 후 이론 및 실기 시험합격자, 자격증 발급
2급 (5단포함)	- 합기도 5단이상 사범자격증 소지자 - 3급 심판 자격증 소지자(소지후 3년이상 경과) (승단전후 대학연맹에서 인정하는 대회의 3급 심판활동 경력이 8회 이상인자	- 심판활동경력 횟수는 대회 기간 심판횟수 통산 1회로 인정 - 대학연맹 인정대회란 대학연맹에서 주최하는 춘계 및 추계와 기타 - 심판연수 수료 후 이론 및 실기 시험합격자, 자격증 발급
3급 (4단포함)	- 합기도 4단이상자 사범자격증 소지자 (관련학과에 재학중인 대학생은 위 요건을 충족하고 심판법을 B 학점 이상을 얻으면 실기교육과 이론교육을 면제받을 수 있으며, 이론시험은 응해야 한다) 아울러 각 대학교수는 심판법 이수자명단과 학점 등의 서류를 심판교육날짜의 1주일 이전에 통보한다: 합기도 관련학과 3급 심판에 관한 내용은 2005년 하반기부터 시행하는 것으로 한다.	- 심판연수 수료 후 이론 및 실기시험합격자, 자격증발급

※응시자격은 연맹 이사총회 결과에 따라 변경될 수 있음.

※제출서류

1) 지원서(소정양식) ------------------------------ 1통

2) 칼라사진(3 x 4cm)----------------------------- 3매

(※심판보수교육대상자는 1매)

3) 단증, 사범자격증, 심판자격증(해당자) 사본-----------------1부

(※심판보수교육대상자는 심판자격증 사본만 제출, 신임심판교육자는 심판자격증 해당 없음)

4) 주민등록증사본(앞면, 뒷면)-------------------------1부

5) 이력서--------------------------------------1부

6) 자기소개서------------------------------------1부

※참가 특전 1: 심판교육을 필한 신임 심판수료자는 심판자격증, 수료증, 심판규정 및 지도자 강습교재 및 참가기념사진 부여
보수교육대상자는 보수교육 수료증, 규정집 및 강습교재

※참가 특전 2: 본 교육 수료자는 한국대학합기도경기연맹에서 주관하는 전국규모대회의 심판 자격을 부여하게 됩니다.

붙임2. 합기도 (1급 · 2급 · 3급) 심판연수지원서(신임교육자)

※ 접수번호

<table>
<tr><td rowspan="12">신
청
인</td><td colspan="2">급 별</td><td colspan="2">1급 · 2급 · 3급</td><td>성 별</td><td colspan="2">남 . 여</td><td rowspan="5">사 진
3 cm × 4 cm
3 매</td></tr>
<tr><td rowspan="3">성
명</td><td>한 글</td><td colspan="2"></td><td>생년월일</td><td colspan="2">. .</td></tr>
<tr><td>한 자</td><td colspan="2"></td><td>연 령</td><td colspan="2">만 세</td></tr>
<tr><td>영 문</td><td colspan="5"></td></tr>
<tr><td colspan="2">주민등록번호</td><td colspan="5"></td></tr>
<tr><td rowspan="2">주
소</td><td>직 장</td><td colspan="6">(전 화 :)</td></tr>
<tr><td>자 택</td><td colspan="6">(전 화 :)
(이동전화 :)</td></tr>
<tr><td colspan="2">직 업</td><td colspan="6"></td></tr>
<tr><td colspan="2">현 단</td><td>단</td><td>단 번 호</td><td></td><td>승단
년월일</td><td colspan="2"></td></tr>
<tr><td colspan="2">사범자격</td><td>급</td><td>발급번호</td><td></td><td>발급
년월일</td><td colspan="2"></td></tr>
<tr><td colspan="2">심판자격</td><td>급</td><td>발급번호</td><td></td><td>발급
년월일</td><td colspan="2"></td></tr>
<tr><td colspan="8"></td></tr>
<tr><td rowspan="3">학
력</td><td colspan="4">. . ~ . .</td><td colspan="4"></td></tr>
<tr><td colspan="4">. . ~ . .</td><td colspan="4"></td></tr>
<tr><td colspan="4">. . ~ . .</td><td colspan="4"></td></tr>
<tr><td rowspan="5">경
력</td><td colspan="4">. . ~ . .</td><td colspan="4"></td></tr>
<tr><td colspan="4">. . ~ . .</td><td colspan="4"></td></tr>
<tr><td colspan="4">. . ~ . .</td><td colspan="4"></td></tr>
<tr><td colspan="4">. . ~ . .</td><td colspan="4"></td></tr>
<tr><td colspan="4">. . ~ . .</td><td colspan="4"></td></tr>
</table>

상기 본인은 년도 합기도 심판 연수과정을 이수하고자 소정의 서류를 갖추어 지원합니다.

년 월 일

지 원 자 (인)

한국대학합기도연맹 귀하

붙임2. 합기도 (　급) 심판보수교육지원서(보수교육자)

<table>
<tr><td colspan="8"></td><td>※ 접수번호</td></tr>
<tr><td rowspan="9">신
청
인</td><td colspan="2">급 별</td><td colspan="2">급(회차)</td><td>성 별</td><td colspan="2">남 . 여</td><td rowspan="5">사 진
3 cm × 4 cm
1 매</td></tr>
<tr><td rowspan="3">성
명</td><td>한 글</td><td colspan="2"></td><td>생년월일</td><td colspan="2">. .</td></tr>
<tr><td>한 자</td><td colspan="2"></td><td>연령</td><td colspan="2">만 세</td></tr>
<tr><td>영 문</td><td colspan="5"></td></tr>
<tr><td colspan="2">주민등록번호</td><td colspan="5"></td></tr>
<tr><td rowspan="2">주
소</td><td>직 장</td><td colspan="6">(전 화 :)</td></tr>
<tr><td>자 택</td><td colspan="6">(전 화 :)
(이동전화 :)</td></tr>
<tr><td colspan="2">직 업</td><td colspan="6"></td></tr>
<tr><td colspan="2">심판자격</td><td>급</td><td>발급번호</td><td></td><td>발급
년월일</td><td colspan="2"></td></tr>
<tr><td rowspan="8">보
수
경
력</td><td colspan="2">1회</td><td colspan="2">년 월 일</td><td rowspan="8">심
판
경
력</td><td>1회</td><td colspan="2">대회명 :</td></tr>
<tr><td colspan="2">2회</td><td colspan="2">년 월 일</td><td>2회</td><td colspan="2">대회명 :</td></tr>
<tr><td colspan="2">3회</td><td colspan="2">년 월 일</td><td>3회</td><td colspan="2">대회명 :</td></tr>
<tr><td colspan="2">4회</td><td colspan="2">년 월 일</td><td>4회</td><td colspan="2">대회명 :</td></tr>
<tr><td colspan="2">5회</td><td colspan="2">년 월 일</td><td>5회</td><td colspan="2">대회명 :</td></tr>
<tr><td colspan="2">6회</td><td colspan="2">년 월 일</td><td>6회</td><td colspan="2">대회명 :</td></tr>
<tr><td colspan="2">7회</td><td colspan="2">년 월 일</td><td>7회</td><td colspan="2">대회명 :</td></tr>
<tr><td colspan="2">8회</td><td colspan="2">년 월 일</td><td>8회</td><td colspan="2">대회명 :</td></tr>
</table>

상기 본인은 　　　년도 합기도 심판 보수교육과정을 이수하고자 소정의 서류를 갖추어 지원합니다.

년 　　월 　　일

지 원 자 　　　　　(인)

한국대학합기도연맹 귀하

1) 신임교육자가가 작성해야 하는 일반적인 서류

(1) 자기 소개서

자 기 소 개 서

성　　　명 :

주민등록번호 :

(경력자는 경력중심으로 기술)

(2) 이 력 서

기업들은 신입사원 채용을 위해 서류전형에서 출신학교보다 전공 과목과 성적 및 자기소개를 훨씬 중요시한다는 사실이 밝혀졌다.

한국경영자총협회 산하 노동경제연구원이 종업원 50인 이상의 2백76개 기업을 대상으로 모집·채용·선발제도에 관한 설문조사를 실시해 결과를 발표한 바 있다. 먼저 신입사원을 채용할 때 가장 중시하는 방법으로는 면접(63.8%), 서류전형(15.6%), 영어시험(4.7%), 적성검사(2.1%), 신원조회(1.8%) 순으로 나타났다.

또한 이번 조사업체 중 40.7%가 서류전형에서 가장 중시하는 항목은 입사지원자의 학교 시절 전공과목이라고 답했다. 그 다음으로는 20.4%가 학교성적을 들었으며 자기소개(20.0%),출신학교(11.3%), 학교추천 및 외국어 능력(각 3.6%), 자격증소지(0.4%)를 중시하는 것으로 드러났다. 따라서 서류전형의 중요성이 점차 높아져가고 있는 추세이며, 여기에 대한 철저한 준비와 노력이 선행되어야 할 것이다.

<표 27>과 같은, 이력서 작성은 상세하고 간단 명료한 것이 제일 중요한 요소이다. 자신의 모든 것을 최대한 알리는데 초점이 맞추어져야 한다. 글씨는 깨끗하게 쓰고 사진은 꼭 소정양식의 규격을 맞추는 성실함이 필요하다.

국문이력서는 자필로 쓰는 것이 무방하지만 영문이력서는 타이핑하는 것이 바람직하다. 이력서를 타이핑할 경우에도 서명은 반드시 자필로 해야 된다는 점을 잊어서는 안된다. 이력서 작성 요령을 살펴보면 아래와 같다.

① 상세하면서도 간단명료하게, 정자로

이력서를 읽는 사람이 짧은 시간 안에 작성자의 인적사항에 대하여 정확히 알 수 있도록 기재 내용을 간추려 분명하게 써야하며, 오자나 탈자가 없도록 주의한다.

② 솔직하게

내용상 거짓이 없어야 한다. 이력서에는 허위 또는 과장된 내용을 기록해서는 안된다. 있는 사실 그대로를 진솔하게 기술하여야 하며, 면접시 질문의 토대가 되기도 하므로 자신이 기재한 내용을 카피하여 두거나 꼭 기익해 두어야 한다.

③ 자격증이나 입상경력 등도 적는다.

자격증이나 면허증, 대외 입상경력 등을 밝혀 이력서에 적으면 취업에 긍정적인 작용을 할 것이다. 자격증의 취득 연월일을 밝히고 발행처 올바로 작성한다. 혹시 별 내용이 없다면 개근상이라도 기재한다면 어떨지, 성실성에 뜻하지 않은 점수를 얻을 수도 있을 것이다.

④ 사진은 최근의 것으로 규격에 맞는 것을 붙인다.

<표 27> 이력서

<table>
<tr><td colspan="6">이 력 서</td><td rowspan="4"></td></tr>
<tr><td>성 명</td><td>한 글</td><td>(인)</td><td>한 자</td><td colspan="2"></td></tr>
<tr><td>주민등록
번 호</td><td colspan="2">–</td><td>전 화
번 호</td><td colspan="2"></td></tr>
<tr><td>성 별</td><td>남 여</td><td>생년월일</td><td colspan="3">년 월 일생 (세)</td></tr>
<tr><td>본적</td><td colspan="4"></td><td rowspan="2">호주</td><td rowspan="2">본인</td></tr>
<tr><td>주소</td><td colspan="4"></td></tr>
</table>

년	월	일	학 력 경 력 및 상 벌 사 항	발 령 청

<table>
<tr><td>년</td><td>월</td><td>일</td><td>학 력 경 력 및 상 벌 사 항</td><td>발 령 청</td></tr>
<tr><td colspan="5"><연구경력></td></tr>
<tr><td colspan="5"></td></tr>
<tr><td colspan="5">위 사실이 틀림 없음.

200 년 월 일

작성자 (인)</td></tr>
</table>

두발과 복장은 단정히 하고 되도록 최근 3개월 이내의 것이어야 하며 현재의 모습과 큰 차이가 없어야 한다. 가능하다면 여러 사진관에서 사진을 찍어놓고 가장 마음에 드는 사진을 선택하자. 작은 투자로 좋은 결과를 얻을 수도 있을 것이다.

⑤ 연락처를 반드시 명기한다.

기업들이 합격여부의 통보를 비롯한 모든 연락사항을 전보나 전화를 통해 하고 있기 때문이다. 특히 이력서상의 주소와 현재의 거주지가 일치하지 않는 경우라면 반드시 직접 연락이 가능한 주소나 전화번호 등 긴급연락처를 밝혀 두어야 한다.

⑥ 이력서 자성을 워드프로세서로 작성할 경우 서명은 꼭 자필로 해야 하며, 서명 옆에 도장찍는 것과, 이력서 상단의 성명 옆에 도장찍는 것을 잊은 학생들이 자주 있는데 꼭 신경을 쓰도록 하자.

⑦ 호주와의 관계란은 호주(양친 또는 형제)쪽에서 본 관계를 적는다. 예를 들어 호주가 양친이면 “長女”이고, 오빠가 호주이면 “妹”가 된다.

⑧ 학력 및 경력사항

입학과 졸업날짜를 정확히 기재하나 고졸인 경우에 첫칸에 초등학교 졸업부터 써도 무방하다.

⑨ 특기사항

특기사항에는 자격증 획득이나 상 등의 특기사항을 기입하되, 이때 반드시 그 발령청을 기입해야 한다는 사실을 잊어서는 안된다. 그밖에는 학생회 임원, 교지, 영어회화써클, 봉사단체 활동 등 내보일 수 있는 좋은 경험이 있으면 적는다. 이력서에서 겸손의 미덕은 접어버리자.

⑩ 이상의 내용을 다 마친 후 “위와 상위(相違) 없음” “상기의 내용은 사실과 같음” 또는 “위와 같이 틀림 없음”이라고 쓰고 한글 아래에 년, 월, 일을 적은 다음 맨 위의 성명란과 같이 날짜 아래자필로 서명 후 도장찍는 것을 잊지 말자.

2) 신임심판 및 보수교육자 접수대장

매년 신임심판교육은 4월~5월에 있으며, 신임심판 교육시 기존 심판들의 보수교육까지 함께 이루어진다. 신임심판의 경우 2일간의 소정의 교육을 이수하고 정해진 실기과목과 이론과목 시험에 응시하여 60점 이상의 점수를 받아야 합격할 수 있다.

4월~5월에 보수교육은 춘계대회 대비 및 해당년 심판의 자격을 유지하기 위해 의무적으로 받는 보수교육으로 이때 교육을 이수하지 않을 경우 심판의 자격은 상실된다. 따라서 신임심판과 보수교육자는 일정한 서류를 제출하고 사무국에서는 아래와 같은 <표 28>과 <표 29>와 같은 양식으로 분리하여 접수대장에 기록하여 둔다.

<표 28> 2008 신임심판교육자 접수대장

접수번호	성 명	주민등록번호	주소	연락처
1	최정문			
2	김명애			
3	고재영			
4	박외성			
5	나정현			
6	최용진			
7	이지훈			
8	전장록			
9	이동희			
10	홍주영			

<표 29> 2008 심판보수교육자 접수대장

접수번호	성 명	주민등록번호	주소	연락처
1	최정문			
2	김명애			
3	고재영			
4	박외성			
5	나정현			
6	최용진			
7	이지훈			
8	전장록			
9	이동희			
10	홍수영			

3) 신임심판 및 보수교육자 평가표

신임심판 및 보수교육자는 2일간의 이론과 실기를 이수하고 2일 오후부터 이론시험을 필하고, 이후 실기 심판법을 시험에 응하고 60점 이상을 득하게 되면 합격하게 된다. 이때 필요한 것이 <표 30>과 같은 평가표이다. 반면 보수교육자는 일정한 특별한 시험이 없이 변경된 규정에 대해서 심판분과위원장으로부터 안내받고, 변경된 규정을 연습하는 과정으로 심판법에 대한 자기 점검의 시간으로 보면 될 것이다. 아울러 현장 경험에서 발생했던 경기시에 다양한 상황을 심판으로부터 사례를 듣고 이에 대한 문제점과 해결방안을 함께 연구하는 교육시간이다. 따라서 이때 기존의 경기에 녹화된 경기자료를 토대로 애매모호한 판정에 대해서 심도 있게 연구할 수 있는 계기가 된다.

<표 30> 2008 신임심판평가표

접수번호	성 명	실기	이론	총점	합격/불합격
1	최정문				
2	김명애				
3	고재영				
4	박외성				
5	나정현				
6	최용진				
7	이지훈				
8	전장록				
9	이동희				
10	홍주영				

4) 신임심판 및 보수교육자 수료증 및 자격증 관리대장

<표 31>과 <표 32>는 자격증 및 수료증 발급의 자료를 남기기 위한 관리대장이다.

<표 31> 2008 신임심판 수료증 및 자격증 관리대장

발급번호	성명	수료증번호	자격증번호
1	최정문	심임 제08-01-0001호	제 08-02-0001호
2	김명애	심임 제08-01-0002호	제 08-02-0002호
3	고재영	심임 제08-01-0003호	제 08-02-0003호
4	박외성	심임 제08-01-0004호	제 08-02-0004호
5	나정현	심임 제08-01-0005호	제 08-02-0005호
6	최용진	심임 제08-01-0006호	제 08-02-0006호
7	이지훈	심임 제08-01-0007호	제 08-02-0007호
8	전장록	심임 제08-01-0008호	제 08-02-0008호
9	이동희	심임 제08-01-0009호	제 08-02-0009호
10	홍주영	심임 제08-01-0010호	제 08-02-0010호

<표 32> 2008 보수교육 수료증 및 관리대장

발급번호	성명	수료증번호	
1	최정문	심임 제08-01-0001호	
2	김명애	심임 제08-01-0002호	
3	고재영	심임 제08-01-0003호	
4	박외성	심임 제08-01-0004호	
5	나정현	심임 제08-01-0005호	
6	최용진	심임 제08-01-0006호	
7	이지훈	심임 제08-01-0007호	
8	전장록	심임 제08-01-0008호	
9	이동희	심임 제08-01-0009호	
10	홍주영	심임 제08-01-0010호	

5) 신임심판 및 보수교육자 수료증 및 자격증

보수 제08-03-0026호

수 료 증

성 명: 김 명 환

구 분: 3급

귀하는 2008 춘계대학연맹 전국합기도대회
심판보수 교육과정을 수료하였기에 이 증서를 드립니다.

2008년 5월 17일

韓國大學合氣道聯盟

<그림 8> 합기도 (1급 · 2급 · 3급) 심판수료증 샘플

제 08-02-0010호

심판자격증

성 명: 홍 주 영
구 분: 3급

귀하는 본 연맹에서 주최· 주관하는
2008 합기도심판 자격시험에서 합격하였기에 이 증서를 드립니다.

2008년 5월 18일
韓國大學合氣道聯盟

<그림 9> 합기도 (1급 · 2급 · 3급) 심판자격증 샘플

6) 심판 용품

(1) 심판 수신호기

한국대학합기도연맹에서는 주심 1명, 부심 2명으로 심판구성이 이루어지는데 이중에서 선수의 득점과 득점무효를 표현하기 위한 도구로 주심을 제외한 부심에게는 2명에게는 <그림 10>과 같은 수신호기가 주어진다. 수신호기의 크기는 A4 용지 크기(높이 210mm*너비 297mm)와 동일하며 기를 지탱하고 있는 봉은 스테인레스 재질로 선택하여 크기(길이 420mm)로 상단반은 기를 달고, 하단 반은 손잡이로 사용할 수 있도록 제작한다. 경기가 시작되는 각 코트에서는 사전에 배심석에 심판(부심2명)들이 사용하게 되는 수신호기가 2Set 가 준비되어 있어야 한다. 준비된 수신호기는 경기가 시작되자마자 배심이 각각의 부심에게 수신호기를 전달한다. 각각의 부심의 왼손에는 청색 수신호기를, 오른손에는 홍색 수신호기를 들고 있으며, 경기장에 진입시 부심은 두개의 수신호기를 손잡이(봉)에 말아서 왼손에 쥐고 들어간다. 경기가 모든 심판이 배심석에 인사를 끝내고 각 위치에 서게 되면 부심 2명을 말았던 기를 풀고 지정된 손에 각각의 수신호기를 펼쳐 사용한다.

<그림 10> 심판(부심) 수신호기(청·홍)

(2) 손목 아대

부심이 득점과 득점무효를 표현하는데 사용하는 수신호기와 달리 주심은 경기가 이루어지는 코트 내부에서 선수간의 이동에 따라 자주 이동하고, 필요에 의해서는 선수를 갈리게 하는 등의 움직임이 많고 동시에 득점과 득점무효도 표현을 해야 하므로 수신호기를 손에 쥐고 2가지 일을 하기에는 무리가 있다. 따라서 주심은 <그림 11> 과 같은 손목 왼쪽에 청색, 오른쪽에 홍색 아대를 착용하여야 한다. 크기는 시중에서 사용하는 아대와 동일하며, 경기 시작 전에 배심석에 위치하게 하고 주심으로 선정된 자에게 배심이 전달하고 코트 진입 전에 착용하게 한다.

<그림 11> 심판(주심) 손목 아대(청·홍)

(3) 심판복

연맹의 대회에서는 각 경기 코트에 배치되는 심판의 복장은 <그림 12>와 <그림 13>과 같이 특정 색상의 지정된 복장을 착용하여야 한다. 넥타이는 연맹에서 붉은색으로 연맹의 로고가 삽입되어 있는 것을 착용하고, 상의는 긴팔 흰색 와이셔츠를 착용하여야 하며, 반드시 카라가 있은 것으로 하여야 하며, 밖에는 갈색 정장을 착용한다. 와이셔츠는 무늬가 없는 흰색, 흰색 및 투명 단추가 부착된 것으로 하여야 한다.

하의 바지는 검정색으로 무늬가 없는 것으로 선택하고, 양말의 경우 무늬가 없는 검정색 양말로 착용하여야 한다. 심판은 경기가 진행되는 각 코트에서 선수의 움직임에 따라서 함께 움직이므로 쉽게 발이 쉽게 뒤틀리거나 피로해지고 땀에 차게 된다. 여분의 양말 1개를 추가적으로 준비하는 것도 뒤틀림 방지나 위생관리 차원에서 좋다.

<그림 12> 심판복장

<그림 13> 심판복 상의

7) 한국대학합기도연맹 규정집

제 1 장 경기 규정

제1조(총칙)

본 규칙은 한국대학 합기도 연맹 경기규칙이라 칭한다.

제2조(목적)

본 규칙은 한국대학 합기도 연맹이 주최. 주관하는 모든 경기를 통일된 규칙 아래 원활하고 공정하게 운영하는데 그 목적이 있다.

제3조(적용범위)

본 규칙은 한국대학 합기도 연맹이 주최. 주관하는 모든 경기에 구속력을 지닌다.

제4조(경기)

1. 경기는 서로 평등한 조건으로 시합하여 승패를 결정한다.
2. 모든 운영진 및 임원, 선수는 질서 정연한 대회가 되도록 하여야 한다.
3. 본 한국대학 합기도 연맹의 사전승인이 없는 대회는 인정할 수 없으며 본 한국대학 합기도 연맹의 품위를 손상하였을 때 관계자를 모두 징계처분 한다.

제5조(경기장)

경기장은 매트로 설치함을 원칙으로 하고, 정방형으로 장애물이 없는 수평이어야 한다.

제6조(경기장의 구분)

1. 경기장은 10m×10m이어야 하고 매트 또는 이와 유사한 재질이 사용 되어야 한다.
2. 경기장은 2개의 지역으로 구분된다. 이 두 지역 사이의 경계를 위험지대 라고 칭하고 일반적으로 붉은색으로 표시되는데 경기장 사방에 1m폭으로 평행하게 설치한다.
3. 위험지대를 포함한 그 안쪽을 “장내” 라고 하며 그 넓이는 8m×8m이어야 한다. 위험지대 밖의 구역을 “안전지대” 라고 하며 그 폭은 2m이상 확보 하여야 한다.
4. 경기개시와 종료 시 선수의 위치를 알려주기 위해서 폭 10cm와 길이 50cm의 청색과 홍색 테이프를 경기장내 중앙에서 각각1m씩의 거리를 띄어서 주심의 왼쪽에는 청색, 오른쪽에는 홍색으로 표시한다.
5. 배심석은 위험지대 밖으로 3m떨어진 중앙에 앉는다.

6. 기록 및 계시 석은 위험지대 밖으로부터 3m떨어진 배심원 양옆으로 2m 벌려 앉는다.

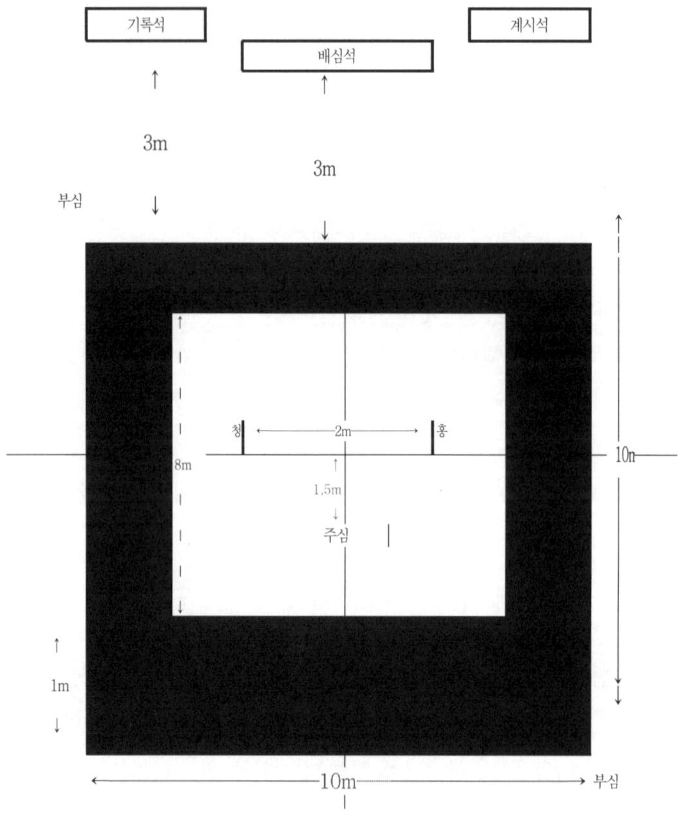

제7조(도복)

1. 본 한국대학 합기도 연맹이 주관하는 모든 경기는 지정된 도복만을 착용 할 수 있다.
2. 도복은 흑색과 백색도복으로만 착용할 수 있으며, 상하 동일한 색으로 통일한다.

제8조(보호 장비)

본 한국대학 합기도 연맹이 지정하는 보호 장비만을 착용한다. (팔다리 보호대, 낭심 보호대, 가슴 보호대)

제9조(선수의 자격)

1. 해당 대회 지정된 선수등록기간에 한국대학 합기도 연맹에 선수등록을 필 한자.
2. 합기도 유단자(단증 소지자).-이전 경찰청에서 인정하는 단체에서 한해 선수 자격이 주어졌으나, 2006년 이후 모든 합기도 단체 유단자로 폭을 넓혀 적용시킴.

위의 1, 2 의 해당자로서 부별 요건은 다음과 같다.

1) 초등부 : 초등학교 재학중인 자.
2) 중등부 : 중학교 재학중인 자.
3) 고등부 : 고등학교 재학중인 자.
4) 대학 일반부 : 대학교 재학중인 자 와 만18세 이상인 일반인으로 한다

제10조(지도자의 자격)

1. 코치 및 감독은 그해 3월말까지 본 한국대학 합기도 연맹에 등록을 필하여야 한다.
2. 코치 및 감독은 당해년도 본 한국대학 합기도 연맹이 주관하는 지도자 및 심판 강습회에 2회 참가하여야 한다.

제11조(대련부분 체급구분)

1. 대련부분 체급구분은 아래 표와 같다(한국대학일반 및 고등부 체급구분표/ 중등부 및 초등부 체급구분표 참고), 단 체급은 대회 사정에 따라서 체급이 조정될 수 있다.
2. 선수는 초, 중, 고, 대학 부, 일반 부, 남·녀로 구분한다.
3. 추가개인전은 각 체급에서 출전인원이 3인 미만일 경우 없는 경기가 없는 것으로 하며, 선수 미달로 인하여 경기가 없는 경우 출전 선수 지도자에게 이를 통지한다.

(대학일반 및 고등부 체급구분표)

구 분 / 체 급(kg)	대 · 일반 (남)	대 · 일반 (여)	고등부 (남)	고등부 (여)
핀 급	−55kg	−48kg	−55kg	−48kg
플라이급	−60kg	−53kg	−60kg	−53kg
페 더 급	−65kg	−58kg	−65kg	−58kg
라이트급	−70kg	−63kg	−70kg	−63kg
웰 터 급	−75kg	−68kg	−75kg	−68kg
미 들 급	−80kg	+68kg	−80kg	+68kg
헤 비 급	−85kg		+80kg	
수퍼헤비	+85kg			

(중등부 및 초등부 체급구분표)

<table>
<tr><th>구 분 / 체급(kg)</th><th>중등부(남)</th><th colspan="2">중등부(여)</th><th>구 분 / 체급(kg)</th><th>초등 고학년부(남)</th><th colspan="2">초등 고학년부(여)</th><th>구 분 / 체급(kg)</th><th>초등 저학년부(남)</th><th colspan="2">초등 저학년부(여)</th></tr>
<tr><td>핀 급</td><td>-45kg</td><td rowspan="2">-43kg</td><td rowspan="2">경량급</td><td>핀 급</td><td>-33kg</td><td rowspan="2">-35kg</td><td rowspan="2">경량급</td><td>핀 급</td><td>-28kg</td><td rowspan="2">-33kg</td><td rowspan="2">경량급</td></tr>
<tr><td>플라이급</td><td>-50kg</td><td>플라이급</td><td>-38kg</td><td>플라이급</td><td>-33kg</td></tr>
<tr><td>페 더 급</td><td>-55kg</td><td rowspan="2">-53kg</td><td rowspan="2">중량급</td><td>페 더 급</td><td>-42kg</td><td rowspan="2">-45kg</td><td rowspan="2">중량급</td><td>페 더 급</td><td>-38kg</td><td rowspan="2">-43kg</td><td rowspan="2">중량급</td></tr>
<tr><td>라이트급</td><td>-60kg</td><td>라이트급</td><td>-48kg</td><td>라이트급</td><td>-43kg</td></tr>
<tr><td>웰 터 급</td><td>-65kg</td><td rowspan="2">+53kg</td><td rowspan="2">헤비급</td><td>웰 터 급</td><td>-52kg</td><td rowspan="2">+45kg</td><td rowspan="2">헤비급</td><td>웰 터 급</td><td>-48kg</td><td rowspan="2">+43kg</td><td rowspan="2">헤비급</td></tr>
<tr><td>미 들 급</td><td>-70kg</td><td>미 들 급</td><td>-58kg</td><td>미 들 급</td><td>-53kg</td></tr>
<tr><td>헤 비 급</td><td>+70kg</td><td colspan="2"></td><td>헤 비 급</td><td>+58kg</td><td></td><td></td><td>헤 비 급</td><td>+53kg</td><td colspan="2"></td></tr>
</table>

▶초등 고학년부는 4, 5, 6학년생/ 저학년부는 1, 2, 3학년생임

선수 미달로 인하여 경기가 없는 경우 출전 선수 지도자에게 이를 통지한다

제12조(계체)

1. 시합 선수는 경기시작 1시간 전 까지 계체를 받아야 한다.
2. 계체는 1회로하며 미달 또는 초과 시 계체 시간 내에 1회의 계체를 더 할 수 있다.
3. 계체 시 남자는 하의 도복바지 착용 상의는 탈의, 여자는 하의 도복바지 착용 상의 흰 반팔 티셔츠로 한다. 아울러 계체시 체중 감량을 위해서 착용하고 있던 도복이나 티셔츠를 벗을 수 없으며, 정해진 규정대로 계체에 임해야 한다.
4. 계체는 오차를 인정하지 않으며 정확하게 한다.

제13조(선수 구분 및 복장)

1. 선수의 구분은 청, 홍으로 구분하고, 심판의 좌측이 청, 우측이 홍으로 구분한다.
2. 선수의 도복은 흰색과 검정색으로 하며 상하 동일한 색으로 통일한다.
3. 경기에 임하는 남, 여 선수는 가슴보호대, 낭심 보호대, 팔목보호대, 무릎보호대를 착용하여야 하며 모든 안전장비는 선수 개인이 지참하도록 한다.

제14조(선수 의무사항)

1. 금지하는 약물을 복용하여서는 안 된다.
2. 본 한국대학 합기도 연맹은 필요에 따라 약물 복용 여부를 검사하며, 검사에 불응하거나 금지하는 약물을 복용한 사실이 판명되면 입상자격이 박탈되고, 1년의 선수자격을 제안한다.
3. 공인된 경기용구 이외의 물체는 지녀서는 안 된다.

4. 심판의 허가 없이 선수는 경기장을 이탈해서는 안 된다.
5. 경기 순서를 확인하여 대기하고 호명 할 때에는 경기 용구를 착용하고 시합 준비를 하여야 한다.
6. 경기 중 발생한 상해 및 사망에 대하여 상대 선수 또는 한국대학 합기도 연맹 및 경기 주최. 주관 단체에 책임을 묻지 못한다. (단, 고의적인 행동에 의하여 발생한 사고에 대해서는 과실을 범한 선수 측에서 그 책임을 져야 한다.)
7. 경기에 출전 할 때 보험에 가입한 영수증을 첨부한다.

第15条(지도자 및 감독의 복장)

지도자 및 감독의 복장은 경기장 내에서 주의를 끄는 색상이거나 심판원의 복장과 동일해서는 안 된다.

第16条(지도자 및 감독 의무사항)

1. 지도자는 경기 규칙을 잘 알고 지켜야 한다.
2. 지도자는 선수를 보호하고 경기 진행에 협조하여야 한다.
3. 경기장에서 소속팀 외의 다른 선수의 코치를 할 수 없다.
4. 주심의 허락 없이 경기장내에 출입할 수 없다.

第17条(개인전)

개인전은 체급별 개인간의 경기를 말한다.

第18条(단체전)

단체전의 정 선수는 5명으로 구성하며, 후보는 2명에 한한다.

第19条(경기 임원)

대회의 경기 임원은 다음과 같이 둔다.

1. 대 회 장 : 대회를 대표하며 대회 전반에 걸쳐 필요한 사항을 임원장에게 지시하여 대회를 통괄한다.
2. 부대회장 : 대회장을 보좌하며 대회장의 유고 때 이를 대행한다.
3. 임원장 : 대회를 지휘하며 임원들에게 규칙을 이행하게 하여 그들의 임무를 지휘 · 감독한다.
4. 총무분과위원회 : 대회 전반에 걸쳐 총무에 관한 업무를 처리하며 특히 경기의 제반 상황을 자세히 기록한다.
5. 경기분과위원회 : 대회전반에 걸친 경기 운영과 각종 경기방법에 대하여 임원장에게 의견을

제출하고 이를 시행한다.

6. 심판분과위원회 : 심판원을 배정하며 심판원은 각 경기의 심판을 담당한다.
7. 재무분과위원회 : 대회 전반의 재무에 대한 사항을 처리하며 금전 출납은 별도 본 협회의 규정사항에 의한다.
8. 섭외분과위원회 : 대회 전반에 걸쳐 외부와 유대를 더욱 공고히 하며 대회에 따른 일정의 섭외를 담당한다.
9. 시설분과위원회 : 대회장의 경기 시설과 경기 중 시설을 담당한다.
10. 경비분과위원회 : 대회장 전반에 걸친 경비와 정리를 담당한다.
11. 의무부분과위원회 : 의무 부는 선수 및 임원들의 부상 치료를 담당한다. 심판 및 경기부와 합의하여 부상자의 출전 여부를 결정한다.

이상과 같은 임원은 약간 명으로 하되 대회 효율화 방안을 위하여 대회장의 권한으로 조정될 수 있다.

제20조(경기 방식)

단체 및 개인전은 개인 토너먼트 및 리그전으로 한다.

제21조(경기 시작)

1. 경기 시작은 심판의 지시에 따라야 하며 양 선수는 경기장에 존거예 한 후(도장의 예와 동일한 의미를 갖는다.) 경기장 중앙에서 선수간의 예 한 후 경기 자세를 취하고 주심의 신호에 따라 시작한다.
2. 경기 도중 부상선수가 발생하였을 때는 2분의 치료시간으로 제한한다.

제22조(경기 시간-대련부문)

<예선전 경기시간표>

구분 / 시간	대학일반부	고등부	중등부	초등부
경기시간	3분	3분	2분	2분

1. 대련부문 예선전 경기시간은 위 표와 같이, 대학일반부 3분, 고등부 3분, 중등부 2분, 초등부 2분 1회전으로 한다.

<4강 경기시간표>

구분 / 시간	대학일반부	고등부	중등부	초등부
경기시간	4분	4분	3분	3분

2. 대련부문 4강 경기시간은 위 표와 같이, 대학일반부 4분, 고등부 4분, 중등부 3분, 초등부 3분 1회전으로 한다.
3. 경기시간은 대회규모에 따라 조정될 수 있다.

제23조(승부 결정)

1. 승부의 결정은 경기규정에 의거하여 경기시간 내에 7점 차이가 나면 다득점 한자가 승자가 된다.
2. 양 선수가 서로 득점이 없거나 동일할 경우 주의나 경고를 받은 선수가 패한다.
3. 주의 경고가 없고 득점이 같을 때 주심은 판정을 선언하며 주심과 양 부심은 동시에 우세승을 선언하여 승부를 결정한다.
4. 경기부에서 2회 이상 호명하여도 출전하지 않는 선수는 기권으로 선언한다.
5. 경기 중 한 선수가 상대편 선수의 공격에 의해 경기를 지속할 수 없는 정도의 부상을 입었을 경우 주심은 계시석에 중지를 (time) 요청하고 양 부심을 불러 모아 상의 하고, 상의한 결과 공격자가 고의성이 없었을 경우 공격자에게 승을 인정한다.

제24조(추첨)

경기 개시일 이전에 본 협회 임원과 참가팀 대표의 참석 하에 집행하며, 추첨에 불참한 참가팀에 대해서는 대회진행 본부위원회에서 처리한다.

제25조(심판원)

1. 경기는 심판 위원회의 감독 하에 주심 한 사람과 부심 두 사람이 주관한다.
2. 주심과 부심은 기록원과 계시원의 보조를 받는다.

제26조(기타 규정)

본 한국대학 합기도 연맹 규칙에 명시되지 않은 사태가 발생하였을 경우 다음과 같이 처리한다.

1. 경기에 관한 사태는 해당경기 심판원이 합의하여 처리한다.
2. 경기이외에 관한 사태는 집행위원회가 처리 한다.

제27조(제정)

본 규정은 제정일로부터 그 효력이 발생한다.

2003년 3월 18일 제정

2004년 10월 22일 개정

2005년 3월 18일 개정

2005년 7월 6일 개정

2005년 10월 29일 개정

제2장 심판 규정

제1조(총칙)

본 규정은 한국대학 합기도 연맹 심판규정이라 칭한다.

제2조(심판의 자격)

1. 본 한국대학 합기도 연맹에서 실시한 심판 연수과정을 이수하고 각급 심판 자격을 취득한 자.
2. 1, 2 ,3급 심판 자격을 취득한 자.
3. 심판은 본 협회의 당일 경기에 출전하는 선수나 팀의 코치를 겸 할 수 없다.

제3조(심판의 구성)

1. 심판은 주심 1명, 부심2명으로 하는 것을 원칙으로 한다.
2. 심판위원회는 매 경기마다 심판 명단을 작성하여 대회본부에 제출하고 승인을 받는다.

제4조(배심원 및 심판의 의무)

1. 배심원은 주, 부심의 오판이 있다고 인정될 때 즉시 심판위원회를 소집하여 주, 부심을 교체한다.
2. 기록원은 주심으로부터 수화로 전달되는 득, 감점을 채점표에 기록한다.
3. 배심원은 경기 중 주, 부심에 사고가 있을 때 다른 주, 부심으로 교체하고 경기를 계속 하게 한다.
4. 주심은 경기 종료 후 배심원에게 채점결과를 묻고 판정을 내린다. 단, 배심원이 없는 경기는 주심이 결정한다.
5. 주심 및 부심은 배심원이 득, 감점에 대한 이견을 물었을 때 사실대로 진술하여야 한다.
6. 선수가 주심으로부터 경고나 주의 받으면 즉시 기록원은 채점표에 기재하고 경기 종료 후 점수를 집게 하여 배심원에게 제출한다.
7. 채점표에 한번기록하면 절대로 변경할 수 없다.
8. 부심은 양 경기자가 가장 잘 보이는 경기장 라인 제일 가까운 곳에 적당이 위치하고 경기자나 다른 부심과 언어소통을 할 수 없다. 필요하다면 휴식 중에 주심에게 진언 할 수 있다.

제5조(주심의 권한)

1. 주심의 결정은 절대적이며 항의는 불허하다.
2. 주심은 경기장에서 경기의 진행 및 승패의 판정을 내리며 경기 복장을 점검한다.

3. 양 경기자의 기술이 현저한 차이가 있어 심한 타격을 받을 위험이 있을 때는 선수나 코치의 의견을 들어 본 후 주심의 판단으로 경기를 중지시키고 승패의 판정을 할 수 있다.
4. 부상이나 기타 의 이유로 경기 속행이 불가능하다고 인정될 때는 경기를 중지시키고 승자를 결정한다. 이 결정은 주심에 있으나 의사와 상의했을 때에는 그 의견에 따른다.
5. 복장이 파손되었을 경우 주심은 경기를 중지 시킬 수 있다.
6. 주심은 경기용구를 착용하지 않았거나 복장이 단정하지 않을 경우에는 경기를 시키지 않는다.
7. 선수의 모든 위반을 수신호와 동시에 짧은 구두로 지적한다.
8. 반칙으로 실격시키든지 경기를 중지시켰을 때에는 그 이유와 어느 쪽 선수를 중지시켰는지 부심 또는 배심원에게 알린다.
9. 선수가 서로 붙잡고 3초 이상 경과하면 양 선수 사이에 들어가 "갈려" 를 시킨다.
10. 확인할 수 없는 반칙행위는 부심과 상의 할 수 있다.

第6조(심판과 임원)
1. 경기는 배심원의 감독 하에 주심 한사람과 부심 두 사람이 주관한다. 주심과 부심은 기록원과 계시원의 보조를 받는다. 조직위원회는 경기진행 전에 미리 확인해야 한다.
2. 심판원 배정은 대전표 작성 후에 한다.
3. 대전선수와 동일한 팀 소속 자는 배정할 수 없다. 단, 경우에 따라 심판이 부족한 경우 부심은 예외로 한다.

第7조(심판복장)
1. 심판의 복장은 검은색 또는 곤색 바지에 흰 와이셔츠, 붉은색 넥타이를 착용한다.
2. 주심의 팔 부분은 청, 홍을 구분할 수 있는 장구를 착용한다.
3. 부심은 청, 홍 깃발로 장구를 대신한다.

第8조(배심원의 의무)
주심의 경고, 감점 선언을 확인하는 한편, 주, 부심의 채점을 확인하고 승패를 결정한다. 주심 또는 부심이 오판했다고 인정되면 그 판정을 조정하고 해당 주심 또는 부심의 교체를 요청하고, 주, 부심을 관리하며 연속해서 경기에 주심을 볼 수 없도록 한다.

第9조(주심의 의무)
주심은 경기장내에 경기의 모든 진행과 판정을 심판위원장의 지시아래 주관 집행한다.

1. 주심은 경기장내에서 다음과 같은 권한을 행사 할 수 있다.

1) 경기전반에 걸쳐 주도권을 갖는다.
2) 경기의 “시작”, “그만”, “갈려”, “계속”, 승패의 선언, 감점선언, 경고선언, 퇴장선언 등 여러 가지 득, 감점과 부정행위 등의 선언을 한다.
3) 규정에 따라 판정 권을 독자적으로 행사할 수 있다.
4) 득, 감점의 채점은 하지 않는다.
5) 경기결과가 동점이거나 무득점일 경우 우세기준에 의해 승패를 결정한다.

2. 위험한 상태

1) 공격이나 방어의 의사 없이 비틀거리고 있을 때.
2) 강한 타격으로 인하여 대전할 수 없는 상태.
3) 의식을 잃어 경기를 속행할 수 없는 상태.

3. 위험한 상태에 대한 조치

1) 유효부위에 정당한 가격으로 인하여 위험한 상태를 보일 때 주심은 다음의 조치를 취한다.
   (1) “갈려” 로 가격선수를 먼 거리에 위치토록 한다.
   (2) 주심은 위험한 상태에 처한 선수에게 큰소리로 "하나", "둘"··"열"까지를 1초 간격으로 세며 이를 수신호로 알린다.
   (3) 주심은 계수하는 도중 위험한 상태에 처한 선수가 일어나 재대전 의사를 표시하더라도 여덟을 셀 때까지 선수를 쉬게하며 선수의 회복을 확인한 후 경기를 계속 한다.
   (4) 주심이 “열(10)” 을 셀 때까지 위험에 처한 선수가 재대전의 의사를 취하지 못하면 이를 패자(KO)로 한다.
   (5) 주심이 계수하는 도중 시간이 종료되어도 계수는 계속된다.
   (6) 양 선수가 동시에 위험한 상태에 처해 "열"을 셀 때까지 회복되지 않았을 경우 위험한 상태에 처하기까지의 점수로 승패를 결정한다.
   (7) 주심은 선수가 위험한 상태에 이르렀다고 판단되면 계수 없이 또는 계수도중이라도 승패를 결정할 수 있다.

4. 주심위치

경기장 중심점으로부터 후방으로 1,5m 이상 떨어진 곳에 정한다.

제10조(부심의 임무)

1. 부심은 주심을 보조한다.
2. 부심은 주심이 선언한 어떤 득점이나 처벌에 대해서 그와 다른 판단일 때에는 반드시 자기의 판단을 수신호로 표시해야 한다.
3. 주심과 부심은 서로 상의 할 수 있다.
4. 양 부심은 득점판의 기록상황이 주심의 선언대로 정확히 기록표기 되고 있는지 살펴야 한다.
5. 선수가 주심의 허락을 얻어 잠시 경기장을 떠나야 할 때에는 부심 한사람이 반드시 의무적으로 그 선수와 함께 가서 아무런 반칙행위가 없도록 살펴야 한다.
6. 부심은 경기장의 위험지대 밖의 안전지대 모퉁이에 대각선으로 서로 마주보고 서 있는다.

제11조(기록원의 임무)

1. 기록원은 시합에서의 득점 및 반칙에 관한 모든 사항을 기록한다.
2. 기록원 위치는 경기장 주위에 가까운 곳에서 배심원과 함께 자리한다.
3. 기록원은 경기종료 후 점수를 집게 하여 배심원에게 제출한다.

제12조(계시원의 임무)

1. 계시원은 경기개시 시간부터 경기 종료시간까지 주심의 신호에 따라 경기시간을 계시한다.
2. 계시원의 위치는 기록석의 위치로부터 좌측 3m 지점에 정한다.
3. 경기장이 2개 이상일 경우 기록원석과 계시원석을 함께 할 수 있다.

제13조(주심의 명령어)

1. 시작 : 경기를 시작할 때 명령한다.
2. 갈려 : 잡고 또는 안고 있는 경기자를 떼어놓을 때 명령한다.
3. 주의 : 주의는 해당 선수를 지적하고 벌칙을 준다.
4. 경고 : 경고는 해당 선수를 지적하고 경고에 해당하는 벌칙을 준다.
5. 계속 : 경기를 중지시켰다가 다시 시작시킬 때 명령한다.
6. 그만 : 경기를 종료시킬 때 명령한다.
7. 중지 : 시합진행 중 부상이나 착오로 인하여 시합을 속행할 수 없는 경우 "중지" 를 명령한다.
8. 판정 : 서로 득점이 없을 때 두 손을 어깨 높이로 들어 판정하고 선언한다.
9. 퇴장 : 퇴장은 선수를 벌칙을 주고 명령한다.

제14조(경기진행)

1. 선수의 호출 : 경기시간 30분전부터 10분 간격으로 2회 호출한다. 경기개시 예정시간 1분경과

후에도 출전하지 않는 선수는 대전포기로 간주한다.

2. 신체 및 복장 점검 : 호출된 선수는 지정된 검사대에서 협회가 지명한 검사원에 의해 신체 및 복장, 용구검사를 받아야 하며, 상대방에게 혐오를 주는 용모나 위해를 끼칠 수 있는 물건을 지녀서는 안 된다.
3. 선수입장 : 검사를 마친 선수는 지정된 대기석에 입장한다.
4. 경기의 시작과 종료 : 주심의 "시작" 선언으로 개시되며, "그만" 선언으로 종료된다.
5. 경기 진행의 절차
   1) 선수는 주심이 청, 홍을 부르면 빨간색 안전지대 밖에서 시합장을 향하여 예의를 갖춘 후 경기장 중앙에 지정된 위치로 위치한 후 주심이 "차렷" "경례"를 외치면 그 자리에서 서서 목례로 인사를 한다.
   2) "바로"와 함께 일어서면 주심의 "준비", "시작"이라는 구령과 함께 경기를 개시한다.
   3) 선수는 경기가 끝나면 경기장 중앙에 지정된 자리에서서 다시 "차렷" "경례"를 한 후 그 자리에서 주심은 판정을 내린다.
   4) 승자 선언은 주심 자신의 손을 청, 홍 방향 쪽을 들어 올려 선언한다.
   5) 선수 퇴장

제15조(주심의 명령 및 동작)

1. 주심은 경기 시작 전에 양 선수를 중앙에 불러 모은 후 복장에 대한 결격 유무를 확인한 다음, 상호간에 예의를 표하고 시작한다.
2. 선수를 불러 모을 때 : 팔을 쭉 뻗어 2지 손가락을 선수위치 표시에 가리켜 경기장 안으로 들어와 서게 한다.
3. 선수 상호간의 예의 경기장 중앙에서 서서 목례로 인사를 한다.
4. 경기를 시작할 때 양 선수가 인사를 끝내면 선수들 사이에 왼발 1보 앞, 오른손을 쭉 폈다 당기면서 "시작" 이라는 구령과 함께 경기를 개시한다.
5. 경기도중 부심 2명이 점수의 손이 올라갈 때는 주심이 득점 선언을 청, 홍 어느 한쪽 손을 올려 점수를 표시해 준다.

제16조(득점 부위)

1. 치기부위는 몸통만을 허용한다. (얼굴과 목, 하체는 허용하지 않는다.)
2. 차기부위는 머리와 목을 제외한 몸통 및 하단 전체 허용(낭심 제외)
3. 메치기부위는 3초 이내 몸 전체 메치기.
4. 서서 꺾기부위는 팔 주관절 꺾기만 허용.

5. 하단 찍어차기는 상대방의 중심이 무너졌을 경우에 한해 득점인정.

제17조(득점 인정)

1. 득점은 주심과 부심이 선언한다.
2. 득점에 관한 판정은 3심제로 하고, 2:1이상의 판정일 경우 득점으로 인정한다.
3. 득점 취소할 때 (인정했던 손을 머리위로) 들었던 손을 올린 상태에서 좌, 우로 흔든다.
4. 공격자가 경기장내에서 기술을 걸어 경기장 밖으로 떨어 졌을 때 공격자의 신체부위가 경기장 내에 일부분이 닿아 있는 경우 득점으로 인정한다.
5. 메치기 기술은 3초 이내 기술을 걸어 탄력이 있게 메쳤을 때 득점 2점으로 한다.
6. 허리 아래 부위는 발로차서 상대선수가 중심을 잃었을 때 득점 1점으로 한다.
7. 발차기로 가격했을 때 타격이 정확하다고 인정되면 득점1점으로 인정된다.
8. 하단부위를 찍어차기, 앉아 돌려차기로 차서 상대의 양쪽 발이 중심을 완전하게 이탈 시키면 "한판승" 을 선언한다. 단 완벽한 기술일 경우에 이에 해당한다.

제18조(득점 무효)

1. 정확한 자세로 단일 공격이 아닐 때.
2. 양 선수의 신체 부위가 경기장 밖으로 완전히 나가서 공격을 했을 때.
3. 서로 잡고 주먹 또는 발차기를 공격했을 때.
4. 하단차기 시 상대방이 중심이 무너지지 않았을 때.
5. 특정한 기술 없이 상대방을 무리하게 넘겼을 때.

제19조(점수 및 채점)

1. 득점은 1점과 2점, 그리고 한판승(제압승) 으로 나눈다.
2. 주의 2회는 경고 1회로 한다.
3. 경고 2회는 퇴장으로 한다.

제20조 득점분류

합기도 경기는 차등점수를 적용한다.

1. 득점<1점>
   1) 발차기로 정확하게 몸통을 가격했을 때
   2) 앉아 돌아 차기로 상대선수의 중심을 무너뜨렸을 때
   3) 하단 찍어 차기로 상대선수의 중심을 무너뜨렸을 때

4) 타격부위를 차서 다운이 되어 카운터가 들어갔을 때
5) 주먹으로 득점부위를 가격해서 상대의 중심이 밀리거나 무너졌을 때

2. 득점<2점>
1) 방족술로 정확하게 상대선수를 던졌을 때
2) 옷깃을 잡아 메치기 기술로 상대를 3초 이내에 정확하게 던졌을 때

3. <제압승 또는 한판승>
1) 상대선수를 앉아 돌려차기로 양발이 지면으로부터 완벽하게 이탈하여 중심을 무너뜨렸을
2) 상대선수의 하단을 찍어차기로 후려 지면으로부터 완벽하게 이탈하여 중심을 무너뜨렸을 때
3) 방족술 및 메치기기술로 2점을 선 득점 한 연장선에서 상대를 제압하여 5초간 상대를 완벽하게 굳혔을 때
4) 상대의 팔(주관절부위)을 완벽하게 꺾어 제압하였을 때(서있는 상태에서 꺾기)

제20조(주의)
주의는 반드시 경기를 갈려 선언 후 위반사항을 반칙 자에게 수신호로 벌칙을 주며, 반칙자의 정면에서 명확하게 전달한다.

1. 시간을 끌기 위해 경기장 주의를 도는 행위.
(예; 잡고만 있는 행위, 차고 도망다니는 행위, 안으려는 행위, 위장공격)
위장공격의 예: 앉아 하단돌려차기를 연속으로 하며 시간지연, 방족술에 걸렸다고 판단되어 미리 돌아 전방낙법치기, 차면서 일부로 넘어지는 행위
2. 엄살 행위.
3. 장외로 나가는 행위.
4. 주심의 허가 없이 복장이나 띠를 고쳐 매는 행위.
5. 경기 중에 예의에 어긋나는 도발적인 언동 행위.
6. 갈려를 선언 받고도 즉시 후퇴하지 않는 행위.
7. 경기를 하지 않고 있는 행위.
8. 잡고 차거나 때리는 행위.

제21조(경고)
경고는 반드시 경기를 갈려 선언 후 위반사항을 반칙 자에게 수신호로 벌칙을 준다.

1. 경고 2회는 퇴장시킨다.
2. 손(손바닥, 손등, 손날)으로 목과 얼굴을 고의로 치는 행위 및 목을 감는 행위.
3. 발로 낭심을 차는 행위.
4. 머리, 팔꿈치, 무릎 등으로 공격하는 행위.
5. 넘어진 상대를 치거나 차는 행위.
6. 경기 중 코치나 지도자가 무단으로 경기장(코트)안을 침범하거나 경기장 주변을 배회하는 행위를 하였을 경우 코치 관련된 선수에게 경고를 준다.
7. 고의로 머리를 숙여 얼굴을 차도록 유도하는 행위
8. 위장공격으로 판단되어 주의를 받은 다음 똑같은 행위는 경고를 준다

제22조(퇴장)

퇴장은 반드시 경기를 갈려 선언 후 위반사항을 반칙 자에게 수신호로 벌칙을 주고 퇴장을 선언한다.

1. 경기장 내에서 선수 또는 지도자의 바람직하지 못한 행위.
2. 지도자가 경기규칙을 위반했을 때 그 선수도 퇴장시킬 수 있다.
3. 선수가 고의로 반칙 (또는 득점 없는 부위를 공격) 하는 행위.
4. 잡고 들어 메칠 때 고의로 머리가 먼저 바닥에 닫게 하는 행위.
5. 한 경기에서 2회 경고를 받으면 자연 퇴장이 된다.
6. 꺾기나 조르기 했을 경우 주심이 갈려 후 계속 공격하는 행위.
7. 심한 엄살로 주심의 명령을 불복하는 행위.
8. 고의적으로 규칙을 부정하거나 심판의 지시를 따르지 않는 행위.
9. 메치기 금지기술을 하는 행위(예; 무릎대고 업어치기, 가위치기, 배대뒤치기, 태클)
10. 머리 부위를 뒤차기, 뒤 돌려차기, 턴 차기로 찼을 경우 퇴장시킬수 있다.
11. 관중석에서 임원, 심판, 선수, 진행요원에게 욕설, 폭언, 비하 발언을 할 경우 주심은 경기를 중단시키고 욕설, 폭언, 비하발언자와 관련된 선수를 바로 퇴장시킨다.

제23조(판정)

1. 경기 종료 후 심판위원의 판정으로 승자를 결정한다.
2. 선수가 동시에 부상하여 경기가 계속 할 수 없을 때는 그때까지의 득점으로 결정한다.
3. 점수가 동점일 때 주 · 부심은 동시에 판정을 내린다.
4. 4강전 경기부터 판정을 하지 않고 서든데스(1점 또는 2점 선득점)로 한다.

제24조(수신호)

1. 주심은 경기시작을 위해 양손가락 2지를 펴서 선수위치 하는 곳을 가르켜 청, 홍선수를 불러 경기장에 세운다.
2. 경고나 주위를 줄 때 주심은 청, 홍으로 구분한다.
3. 주의는 어깨높이의 수평으로 집게손가락으로 바닥을 향해 원을 그리고 수신호하며, 주의를 선언한다(20조 참고).
4. 경고 수신호는 집게손가락으로 상대의 선수를 가리킨 후 양팔로 엑스(X) 자를 만들어 선수에게 보이고, 경고를 선언한다(21조 참고).
5. 퇴장 수신호는 선수를 지적하고 경기장 밖을 가리키며 퇴장을 선언한다(22조 참고).

1) 주 심

(1) 주의: 주의는 어깨높이의 수평으로 집게손가락으로 바닥을 향해 원을 그리고 주의를 선언한다.

(2) 경고: 경고 수신호는 집게손가락으로 상대의 선수를 가리킨 후 양팔로 엑스(X) 자를 만들어 선수에게 보이고, 경고를 선언한다.

(3) 퇴장: 퇴장 수신호는 선수를 지적하고 경기장 밖을 가리키며 퇴장을 선언한다.

(4) 판정: 서로 득점이 없을 때 주심과 부심은 배심원을 향해 나란히 서서 청, 홍 양팔을 앞으로 나란히 어깨높이로 뻗은 상태에서 주심의 "판정" 구령에 맞춰 각자 의 심중에 있는 승자의 깃발을 올려 2:1, 또는 3:0을 얻은 자가 승자로 결정된다.

2) 부 심

부심은 득점 시와 안전지대를 벗어나는 장외 시에만 깃발을 사용하여 신호를 한다.

(1) 1득점일 경우 부심은 득점한 선수 색깔의 깃발을 가슴 높이로 수평하게 옆으로 깃발과 팔을 쭉 펴서 신호 한다.

(2) 2득점일 경우 부심은 득점한 선수 색깔의 깃발을 머리 위 수직으로 팔을 쭉 펴서 신호 한다.

(3) 장외 일 경우는 선수들이 벗어난 안전지대 라인에서 가장 가까운 부심이 라인이 벗어남과 동시에 두개의 깃발을 안전지대 라인을 따라 하단 대각선으로 깃발과 팔을 쭉 펴서 신호 한다.

제25조(판정의 종류)

1. 케이오승

1) 상대의 손과 발로 타격을 입고 주심이 카운트 열을 셀 동안 경기에 임하지 못할 때, 기타 기술로 타격을 받아 경기에 임하지 못할 때 케이오승을 선언한다.

2) 경기진행 중 꺾기나 타격으로 인해서 그로기 상태에 놓여 있을 때 케이오승을 선언한다.

2. 주심 기권승

주심의 판단으로 한 선수가 경기를 더 이상 속행할 수 없다고 판단했을 때.

3. 판정승

경기 내용이 양 선수가 득점이 없을 때 우세자에게 선언하는 판정.

4. 반칙 승

1) 상대선수가 감점이 되거나 제22조의 1항에서 9 항을 위반하였을 때.

2) 경고 2회(퇴장)

5. 기권승

상대방이 경기포기로 인하여 얻는 승리

1) 한 선수가 부상 또는 기타 이유로 혹은 자의로 경기를 포기하였을 때.

2) 경기도중 지도자가 선수의 상태를 보고 타올을 던져 기권할 때.

3) 경기 전 선수의 사정으로 인해 기권하였을 때.

4) 경기를 위하여 2회 선수를 호출하여 출전하지 않을 때.

6. 제압승 또는 한판승

20조 3항에 해당되는 사항에서 제압승(한판승)을 선언한다.

제26조(이의 제기)

모든 이의는 대표자가 대회기간 중 신청하여야 하며 선수자격 및 심판판정에 관한 이의는 소청을 통하여 제기할 수 있다.

제27조(대회본부)

집행위원회 경기규칙의 범위 내에서 경기방법, 경기일정 등 제반대회 운영사항을 결정한다.

제28조(소청 의의)

소청심사제도란 자신의 해당선수가 경기에서 득점 및 감점을 당했을 때, 이러한 처분이 자신의 선수의 의사에 반하는 불이익처분이라고 생각되었을 경우, 이에 불복하여 해당선수의 지도자가 이의를 제기하고 심사를 청구하여 구제를 받기 위한 절차를 의미한다.

제29조(소청 대상)
불합리하게 득점 및 감점 그리고 기타 의사에 반하는 불리한 처분, 부작위』 등이 있고, 구체적으로 어떠한 것이 포함되는지 여부는 사안의 성격과 내용에 따라 결정될 수 있다.

1) 불합리한 주의, 경고, 퇴장
2) 불합리한 득점

제30조(소청심의 위원회 구성과 소청심의 절차)

1. 소청심의 위원회는 대회 개최 전에 다음 과 같이 구성한다.
1) 자격: 소청위원은 기술 심의회 임원 또는 합기도의 풍부 한 경험이 있는 인사로 구성한다.
2) 구성: 위원장1인과 6인 이내의 위원으로 구성한다.
3) 소청위원장은 회장이 임명하며 각 위원은 소청위원장이 추천하여 회장이 임명한다.

2. 소청심의 절차
1) 판정에 이의가 있을 때에는 해당코치 및 감독은 소청신청서를 경기 종료 후 제한된 시간 내에 소청위원회에 소청신청서와 소청료 20만원을 함께 소청 심의 위원장에게 제출한다.
2) "제한된 시간"이라함은 대진표 상에 소청한 경기의 상대 선수가 다음경기가 시작되기 전까지를 의미한다.
(단, 모든 결승의 경우 경기가 끝난 후 5분 이내를 의미한다.
단, 고등부의 경우 준결승(4강전)에서 소청은 3위 4위를 가리는 경기가 시작되기 이전이며, 3위 4위를 가리는 경기가 끝나고 그 경기에 대하여 소청할 경우는 결승 경기의 소청과 동일하게 5분 이내를 의미한다.)

결승을 제외한 경기에서의 소청은 소청한 경기의 상대 선수가 이미 경기를 시작하였을 때에는 소청서를 제출하여도 소청심의 위원회에서는 이를 받아들이지 않는 것을 원칙으로 한다. 단서조항이 있는 결승이나, 고등부 3위 4위전에서도 5분을 초과한 상태에서 소청한 것은 받아들이지 않는 것을 원칙으로 한다
3) 소청신청서를 제출하였을 때에는 해당경기장의 경기를 즉시 중단시킨다.
4)소청위원회의 심의결과는 재적위원의 2/3이상으로 한다.
5) 소청위원은 필요에 따라 해당경기에 관련된 심판원을 소환 진상을 문의 할 수 있다.
6) 소청위원회는 영상기록물을 참고자료로 할 수 있다.
7) 소청위원회 의결은 어느 누구도 이의를 제기 할 수 없다.

8) 소청료는 판정상의 문제가 없을 경우, 반환하지 않으며 판정상의 문제가 있었을 경우 전액 환불한다.

9) 소청료 제출은 소청으로 인하여 제대로 된 판정을 인정을 하지 못하고 경기 운영의 흐름을 깨뜨림으로써 발생하는 경기지연에 대한 부담금이다. 판정상의 문제가 없을 경우의 소청료는 대회조직위원회에 귀속된다

第31조(제정)

본 규정은 제정일로부터 그 효력이 발생한다.

2003년 3월 18일 제정

2004년 10월 22일 개정

2005년 3월 18일 개정

2005년 10월 29일 개정

2006년 1월 30일 개정

2008년 5월 17일 개정

2008년 8월 13일 개정

제 3 장 연무대회 규정

제1조(총칙)

본 규정은 한국대학합기도경기연맹 연무 대회규정 이라고 칭한다.

제2조(목적)

연무 대회는 합기도 기술의 난이도를 올바르게 표현하는데 그 목적이 있다.

제3조(참가대상)

한국대학연맹에서 주관 및 주체하는 대회의 선수로 등록된 자.

제4조(종목의 구분)

개인종목별 연무와 단체연무로 한다.

1. 개인 1종목 연무–손목술+의복술+방권술+ 방족술(선수 1인당 각 부문기술 1수로하며 양선수 총 10수 2분이내)
2. 개인 2종목 연무–연행술+포박술+단봉술+ 단장술(선수 1인당 각 부문기술 1수로하며 양선수 총 8수 2분이내)
3. 단체연무 1종목, 단체연무 2종목

제5조(시간 및 기술 제한)

1. 개인종목별 연무 – 1종목과 2종목은 총 2분으로 기술은 총 10수, 8수로 제한한다.
   개인종목별 연무(1종목, 2종목,)는 총 2분 안에 실시하며, 각 기술부문 당 선수1인 1 수로 한다. 각 기술을 발휘함에 있어서, 선수는 일방적인 기술발휘가 아니라 상호 1수씩 교환하면서 한다. (예시: 1종목의 경우 **손목술**: a선수가 첫 번째 수를 기술발휘 > b선수가 첫 번째 기술발휘 > **의복술**: a선수가 첫 번째 수를 기술발휘 > b선수가 첫 번째 기술발휘 >다음은 **방권술**: a선수가 첫 번째 기술발휘 > b선수가 첫 번째 수를 기술발휘> 다음은 **방족술로** a선수가 첫 번째 기술발휘 > b선수가 첫 번째 수를 기술발휘 것으로 연무는 종료된다. 종료까지 걸리는 시간은 2분 이내이며 2분 초과가 되면 감점이 들어간다.) (1–20초 이하 초과 1점, 40초 이상 초과 2점)
2. 단체연무 – 총 4분 안에 실시한다.

제6조(선수의 구성)

1. 개인종목별 연무는 1대1을 원칙으로 한다.

2. 단체연무는 6명 이내로 한다.
3. 개인연무 종목의 참가선수는 초저학년, 고학년. 중. 고. 대학일반부 구분하여 실시하되, 남녀 구분 없이 한다. 단체 연무1종목의 경우 남녀구분 없으며, 부 구분 없이 혼성으로 실시가능, 단체연무2종목의 경우 남녀구분 없으며, 대학연맹에서 소속된 대학부만 가능함.

제7조(경기방식)

1. 기술을 1수씩 해도 되고 연결해서 해도 된다.
   개인종목별 경기 방식은 1:1을 원칙으로 기술을 발휘함에 있어서, 상호 번갈아 가면서 기술 1개를 보이고, 각 부문기술 당 선수1인이 1개 이상을 넘지 않는다. 연속으로 실시한 기술은 하나로 본다.
2. 개인종목별 연무는 토너먼트가 아닌 점수제에 의하여 순위를 가린다.

제8조(심판규정)

1. 심판인원 및 방식
   1) 심판인원은 5심제로 한다.
   2) 5명의 심판이 채점한 점수의 총점으로 등위를 가린다.
2. 심판기준
   1)기술의 난이도 - 10점 만점
   2)기술의 정확성 - 10점 만점(18수 이상 확인)
   3)기술의 실용성 - 10점 만점
   4)팀의 예절 - 10점 만점(4분 시간초과 확인)
   5)팀의 무도정신(패기와 박력 등) - 10점 만점

제9조(채점)

1. 5명의 심판이 각자 한 분야의 심사기준을 채점한다.
2. 채점기준
   1) 많이 부족하다 - 6점에서 6,9점 까지
   2) 부족하다 - 7점에서 7.9점 까지
   3) 보통이다 - 8점에서 8.9점 까지
   4) 잘했다 - 9점에서 9.9점 까지
   5) 매우 잘했다 - 10점
3. 개인연무의 경우 공격자와 방어자가 따로 구분하지 않고 상호 교환하면서 기술 발휘하는 것을 채점하고 두 선수의 점수를 합산한다.

제10조(감점)

1. 시간 초과 시 단계별로 감점 1점씩 부여한다(1-20초 이하 초과 1점, 40초 이상 초과 2점)
2. 종목별 연무 시 지정된 기술 수를 채우지 못할 경우 감점 1점을 부여한다
3. 단체연무 시 체조, 발차기, 격파 동작을 할 경우 감점 5점을 부여한다.

제11조 선수의 복장

개인, 단체 연무 선수의 복장은 대련부분의 선수와 동일한 복장인 흰색과 검은색 도복으로 하며, 상하 동일한 색으로 통일한다.

제12조(기타규정)

본 규정에 명시되지 않은 사태 발생 시 해당경기 심사위원과 관계자가 합의하여 처리한다.

제13조(제정)

본 규정은 제정일로부터 그 효력이 발생한다.

2003년 3월 18일 제정

2004년 10월 22일 개정

2005년 3월 18일 개정

2005년 7월 6일 개정

2005년 10월 29일 개정

2008년 8월 15일 개정

제 4 장 상벌위원회 규정

제1조(총칙)
본 규정은 한국대학 합기도 경기연맹 상벌규정이라 칭한다.

제2조(목적)
한국대학 합기도 경기연맹 규약에 의하여 합기도 발전에 공적이 있는 단체 및 개인을 표창하고, 비위가 있는 단체 및 개인을 징계하여 건전한 무도의 풍토를 조성하기 위하여 본 위원회를 설치한다.

제3조(설치 근거)
상벌위원회(이상 "본 위원회" 라 칭한다)는 한국대학 합기도 경기연맹 규약에 근거 설치한다.

제4조(적용 범위)
본 규정은 본 연맹 산하지부 및 관계자와 임원 · 선수에게 적용한다.

제5조(직능)
본 위원회는 다음 각 호의 사항을 검토심의 한다.
1. 표창에 관한 사항
2. 징계에 관한 사항
3. 체육회 추천에 관한 사항
4. 본회 우수선수 및 단체 표창 자 심의에 관한 사항

제6조(위원회 구성)
위원장 1인과 위원 4인 이내로 하고, 위원장은 이사 중에서 회장이 지명하며, 위원은 회장이 위촉한다.

제7조(회의)
1. 위원장은 필요에 따라 수시로 회의를 소집하고 그 의장이 된다.
2. 회의는 재적 위원과반수 참석으로 개최하고, 참석위원 과반수로 의안을 처리한다.
3. 위원이라 할지라도 계류중인 포상 또는 징계의 심의대상자가 되거나 직접관련이 있는 위원은 심의 또는 의결에 참여할 수 없다.

제8조(표창 종류)
본회의 표창 종류는 다음과 같다.
1. 공로 상
2. 연구 상
3. 지도 상
4. 경기 상(감투 · 인기 · 수훈 · 기능)

제9조(절차)
1. 한국대학 합기도 경기연맹의 추천에 의하여 심의한다.
2. 본회 임직원의 경우에는 본 위원회가 직접 심의할 수 있다.
3. 특별한 경우에는 본 위원회가 정하는 절차에 따라 심의 결정할 수 있다.

제10조(표창 시기)
1. 표창의 시기는 정기표창과 수시 표창으로 나눈다.
2. 정기표창은 다음의 경우에 한한다. 대회 우수선수 및 단체표창 연 1회.
3. 수시 표창은 합기도 발전에 공이 있는 자, 국내 경기대회 등에서 특별히 공을 세운 자.

제11조(구비 서류)
표창을 추천할 때에는 별 지 서식의 추천자명단과 공적 조사서를 제출하여야한다.

제12조(징계 종류)
1. 징계는 비위의 정도에 따라 ① 경고, ② 근신, ③ 자격정지, ④ 제명으로 한다.
2. 1항의 징계 이외에 특별한 사유가 발생하여 본 연맹 및 각 산하지부 이사회가 필요하다고 인정할 때는 별도의 제재를 할 수 있다.
3. 대회 중 발생하는 경기장질서문란행위
4. 개회식에 불참하는 팀은 차기대회 1회에 한하여 출전할 수 없다.

제13조(유형별 징계기준)
1. 심판 및 임원
 1) 심판 판정 불공정행위 : 자격정지 1년 이상
 2) 과실 및 경기진행미수 : 자격정지 1년 이하
 3) 불공정한 심판행위 : 무기한 자격정지(고의적 부정행위)

2. 선수
1) 심판 판정 불복, 폭언 : 출전정지 1년 이상
2) 심판에 대한 폭행 : 출전정지 2년 이상
3) 부정출전 선수 : 출전정지 2년 이하
4) 선수상호간 폭행 – 주동자 : 출전정지 2년 이상, 가담 자 출전정지 2년 이하

3. 지도자
1) 심판판정 불복(경기지연), 폭언 : 자격정지 2 년 이상
2) 심판 및 선수 등에 대한 폭행 : 자격정지 2년 이상
3) 부정선수를 출전시킨 자 : 자격정지 2년 이상
4) 선수 지도 감독 소홀에 의한 물의를 야기한 자(교사):자격정지 1년 이상

4. 단체(팀)
1) 심판불복 경기방해 : 출전정지 2년 이하
2) 경기장 폭행난동 : 출전정지 3년 이상

5. 상기 징계사유가 경합되거나 사안이 중대하다고 판단 될 경우에는 제명할 수 있다.

제14조(징계 절차)
1. 모든 징계업무를 처리하기 위하여 본 연맹 및 산하지부에 상벌위원회를 설치 운영한다.
2. 본 연맹 및 각 산하지부에 상벌위원회가 심의 결정한 징계사항은 해당 이사회가 확정함으로써 효력이 발생한다.
3. 징계가 확정되면 본 연맹 및 각 산하지부는 즉시 본인 및 소속단체에 징계내용을 문서로 통보하여야 한다.
4. 확정된 징계의 해 재 또는 경감은 제12조 제2항의 절차에 따른다.
5. 징계가 확정되면 각 산하지부는 즉시 본 연맹에 문서로 보고하여야 한다.

제15조(의견 진술)
상벌위원회는 징계대상자에게 의견을 진술할 수 있는 기회를 반드시 주어야 한다. 징계대상자가 이를 거부하는 경우에는 예외로 한다.

제16조(재심 청구)
1. 징계처분에 이의가 있는 자는 통보서 접수 일로부터 15일 이내에 징계처분단체에 재심은 청구할 수 있다.

2. 제1항의 재심결과에 이의가 있을 때에는 재심결과통보서 접수 일로부터 20일 이내에 본 연맹에 직접 재심을 청구할 수 있다.
3. 본 위원회는 재심청구를 심의 결정하여 본인 및 소속단체와 징계단체에 통보한다.
4. 재심청구에 대한 결정은 최종결정이며, 그 효력은 결정한 날로부터 발생한다.

제17조(조치 사항)

본 연맹 산하 지부는 본 규정에 준하여 상벌규정을 제정, 시행하여야 한다.

제18조(제정)

본 규정은 제정일로부터 그 효력이 발생한다.

2003년 3월 18일 제정

2004년 10월 22일 개정

2005년 3월 18일 개정

제 5 장 술기 겨루기 규정

제1조(총칙)

본 규정은 한국대학 합기도 경기연맹 술기 겨루기 규정이라 칭한다.

제2조(목적)

술기 겨루기 규정은 합기도의 대표적인 기술인 술기를 겨루기와 함께 경기화하여 합기도 특유의 시합을 하는데 목적이 있다.

제3조(참가대상)

한국대학연맹에서 주관 및 주체하는 대회의 선수로 등록된 자.

제4조(종목의 구분)

부 / 회전	초등부	중등부	고등부	대 · 일반부	비고
1회전	손목 2수	손목 2수	손목 2수	손목 2수	
2회전	손목 2수	의복 2수	의복 2수	의복 2수	
3회전	손목 2수	의복 2수	방족 2수	방권 2수	
4회전	의복 2수	방권 2수	방권 2수	방족 2수	
5회전	의복 2수	방족 2수	방투 2수	무기 2수	
5회전 이상	5회전 이상에서는 상황에 맞춰 주최 측에서 결정한다.				

제5조(선수의 구성)

1. 술기겨루기의 선수는 술기자와 낙법자로 술기자는 반드시 겨루기 선수가 되어야 한다.
2. 낙법자는 술기자가 선정하여 출전한다.
3. 낙법자는 시상에서 제외한다.

제6조(경기방식)

1. 술기 겨루기는 대련 겨루기에 앞서 실시한다.
2. 술기 겨루기는 각 회전에 따라 4조 종목의 구분에 맞게 실시한다.
3. 술기 겨루기의 승자는 2점 선 득점 후 대련 겨루기를 실시한다.

제7조(심판규정)

1. 심판인원 및 방식

1)심판인원은 3심제로 한다.

2)3명의 심판이 판정을 통해서 깃발을 들어 표시한다.

2. 심판기준

1)상대의 힘 이용 - 상대의 중심을 빼앗거나 상대의 힘을 제대로 이용하였는지를 판단

2)자신의 중심이동 - 기술이 이루어질 때 술기자의 중심이동이 제대로 이루어 졌는가 판단

3)정확성 - 기술이 정확하게 이루어졌는지 판단

4)신속성 - 연습이 얼마나 되었는가를 판단

5)실전성 - 술기기술이 실전에서 제대로 사용할 수 있는 기술인가 판단

제8조(주의사항)

1. 술기겨루기는 보여주는 것이 아니라 실전적인 술기를 겨루는 것이다.

2. 술기겨루기를 실시할 때 2회 이상의 연결기술은 할 수 없다.

3. 연무대회에서 하는 화려함과 큰 동작을 중요시 하는 것이 아니다.

제9조(제정)

본 규정은 제정일로부터 그 효력이 발생한다.

2007년 4월 30일 제정

2008년 5월 17일 제정

8) 심판 평가[31)]

(1) 심판평가의 목적

① 상벌사항에 관한 기초적 자료 활용

② 양질적 심판의 육성 기초적 자료 활용

③ 개인지도 발달 교육적 자료

④ 심판임무 지속 수행 능력 판단 여부

⑤ 올바른 경기문화 정착유지

(2) 심판평가 내용

① 심판의 체력, 위치, 움직임은 양호한가?

② 연맹이 지정한 복장의 청결성, 두발상태 및 용모와 품위 상태가 양호한가?

③ 심판 직무수행시 지연, 학연, 혈연에 치우침 없이 운영하는가?

④ 주심으로 경기운영 능력이 원활하여 우세판정 기준이 공정하게 수행하고 있는가?

⑤ 부심의 역할 중에 득점기준이 정확성과 일관성 있게 즉시 채점하고 있는가?

⑥ 득점 판단기준 및 위반사항을 엄격하게 적용하고 있는가?

⑦ 경기규칙을 제대로 이해하고 있는가?

⑧ 심판 주심, 부심, 배심과는 상호협력이 되는가?

⑨ 경기 판정의 질적 향상을 위해 평소에 노력하며 연구하는 자세는 지니고 있는가?

⑩ 연맹이 행하는 심판에 관련된 업무에 적극적으로 협조하는가?

(3) 심판평가 점수

① 총점 100점 만점

② 능력평가 항목당 10점 만점

③ 매우 그렇다(10점), 그렇다 (8점), 그저 그렇다(6점), 그렇지 않다(4점), 매우그렇지 않다(2점) 등으로 평가한다.

(4) 심판평가서

심판명: ____________

현 급: ____________

<표 33> 심판평가서

항 목 번 호	평가 내용	점수
1	심판의 체력, 위치, 움직임은 양호한가?	
2	연맹이 지정한 복장의 청결성, 두발상태 및 용모와 품위 상태가 양호한가?	
3	심판 직무수행시 지연, 학연, 혈연에 치우침 없이 운영하는가?	
4	주심으로 경기운영 능력이 원활하여 우세판정 기준이 공정하게 수행하고 있는가?	
5	부심의 역할 중에 득점기준이 정확성과 일관성 있게 즉시 채점하고 있는가?	
6	채점 판단기준 및 위반사항을 엄격하게 적용하고 있는가?	
7	경기규칙을 제대로 이해하고 있는가	
8	심판 주심, 부심, 배심과는 상호협력이 되는가?	
9	경기 판정의 질적 향상을 위해 평소에 노력하며 연구하는 자세는 지니고 있는가?	
10	연맹이 행하는 심판에 관련된 업무에 적극적으로 협조하는가?	
	총 점	

대 회 명:

대회년월일: 　　년　월　일

지　　위:

평 가 자:

9) 심판 평가심판의 준비사항

(1) 시합전

① 심판은 항상 좋은 컨디션을 유지하고 장시간 심판으로서 활동하기 위해 지속적으로 체력

을 유지 및 단련하여야 한다.

② 심판의 건강 상태가 나쁜 경우 심판배정을 취소하도록 한다.

③ 충분한 휴식을 취하고 시합전일에는 과도한 운동이나 음주를 피한다.

④ 심판용구를 점검한다.

④ 내일의 시합에 대해서 경기규정을 다시 한 번 살펴보고 숙지한다.

⑥ 경기 규정에 따라서 수신호를 연습한다.

(2) 시합당일

① 용구를 체크하고 시합개시 1시간 전에 경기장에 도착한다.

② 경기장 도착시 도착을 알린다.

③ 심판분과위원장이 주관하는 심판회의에 참석하여 주의사항, 일정, 공지사항을 안내받는다.

④ 자신이 배정된 경기장(코트)를 확인하고, 함께 구성된 심판을 확인한다.
경기장을 점검한다.

⑤ 주부심 협의 사항을 의논한다.

⑥ 충분한 위밍업을 한다.

(3) 시합당일시합 개시직전

① 복장을 정리한다.

② 시합개시 5분 전에 배심석 앞에 일렬로 정렬한다.

③ 배심에게 심판의 이름을 알리고 채점표에 서명을 한다.

3. 대회 관련 용품 준비: 시상품, 설치물, 경기장내 설치물, 홍보물

1) 메달

메달(Medal)은 대회를 기념하거나 기념의 표시로 금, 은, 동 칼라로 순위를 정해 대회의 이미지에 알맞은 디자자인을 새겨 넣어 만든 패이다.

시상용품 중에 제일 기본은 메달이다. 메달은 디자인을 바탕으로 금형틀을 제작하여 그 안큰 원형 메달에서 각진 작은 메달에 이르기까지 크기와 모양이 다양하며, 재료로는 금·은·청동·납이 있고 고급품에는 귀금속까지 쓰인다. 밀랍·목재·석재 등을 원형으로 한 다양한 주조기법으로 생산되는데, 오목하게 새겨진 틀로 찍어내고 도안은 압축해 메달에 새긴다. 또는 르포제(안쪽 판을 쳐서 겉면을 두드러지게 하는 법) 기법으로 제작할 수도 있는데, 이 방법은 분리·제작된 사이에 주조할 내용물을 넣고 맞붙여 누르는 것이다. 양각 펀치(positive punch : 형대로 따내는 기구)나 허브는 단단한 금속을 깎은 다음 연금속에 찍고 그것을 굳혀 음각 형판을 뜬다(1개의 허브로 많은 틀을 찍어 낼 수 있음). 19세기에 소개된 기계 절단기는 본래 전기제판법을 확대한 것으로 수공예적인 맛을 많이 잃었다.

로마의 원형 청동 메달이 유명하지만 그 제작기술이 예술로 받아들여진 것은 1438년 비잔틴의 요한네스 8세 팔레올로구스 황제의 청동 메달에서였으며, 이들은 초상이 새겨진 메달들 중 첫째가는 것이다. 이탈리아의 제작자들은 기술을 많이 개발했는데, 르네상스 시대 건축가 도나토 브라만테가 개발한 납인장용 압형기가 한 예이다. 이것은 인각으로 찍을 때 메달이 손상되기 쉬운 해머링 작업을 없앤 것이다. 가장 아름다운 16세기 메달 중 몇 개는 벤베누토 첼리니가 만든 것이고, 16세기 초반의 페터 플뢰트너 및 뉘른베르크파의 작가들이 제작한 메달들은 독일의 훌륭한 작품으로 좋은 평판을 얻었다. 17세기 프랑스의 기욤 뒤프레와 바랭 형제들과 1610년 루이 13세 초상 메달의 작가인 프랑수아 브리오 등의 프랑스파를 유명하게 만들었다. 17세기 영국에서는 토머스 롤린스와 사이먼 형제들이 상당히 우수한 메달을 제작했고, 그 좋은 예는 1660년 토머스 사이먼이 만든 조지 몽크 장군을 새긴 금메달이 있다.

18세기와 19세기 초반에 걸친 뛰어난 메달 제작자로는 영국의 존 크로커와 이탈리아의 베네데토 피스트루치를 들 수 있으나 이 시기는 메달 제작 예술의 불모기였다. 기계기술은 발전했지만, 프랑스의 위베르 퐁스카름, 쥘 클레망 샤플랭과 영국의 위온가(家)의 작품만이 예술적 경지를 보여줄 뿐이다. 20세기에 들어 메달 제작가들은 전통적인 손작업으로 되돌아가기도 했다.[32)]

이러한 메달에는 다양한 재질과 모양으로 만들기도 하지만, 보통 일반적으로 원형을 많이 제작한다. <그림 14>와 <그림 15>에서 보는 바와 같이, 메달의 앞면에는 중앙에는 대회를 상징하는 대표적인 이미지를 넣고, 테두리에는 대회명칭문구를 삽입한다. 후면에는 대회명칭, 대회 주최·주관, 일시, 대회장(회장)의 이름을 기재하여 입상자가 어떤 대회에 참여하여 성적을 거두었다는 것을 증명하는 기념품이다.

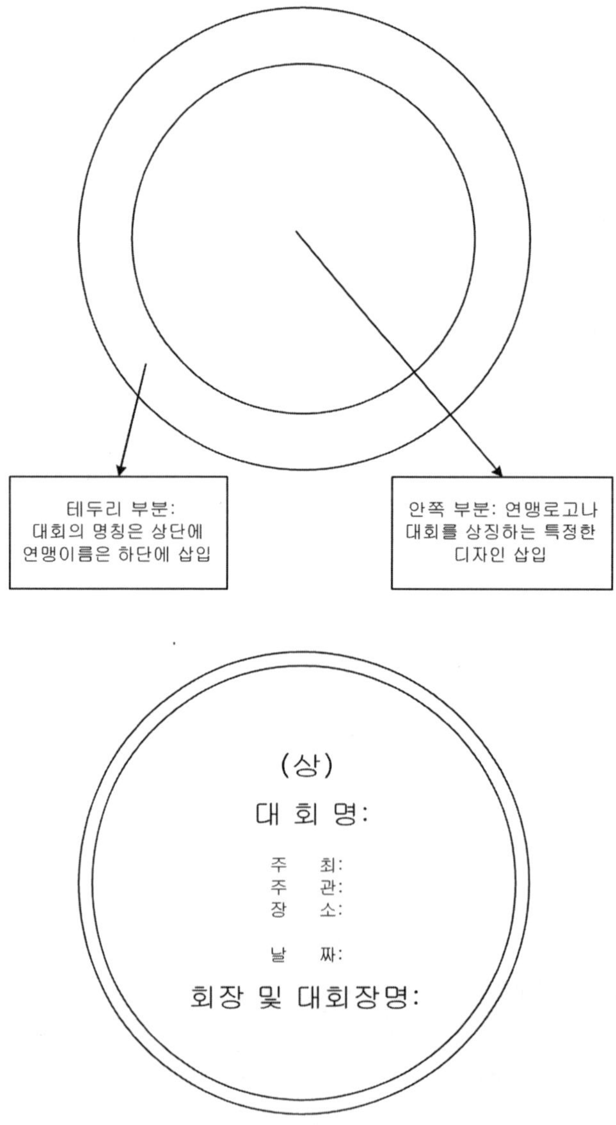

<그림 14> 메달 시안

<그림 15> 메달 샘플

<표 34>에서 보는 바와 같이, 경기 입상자에게 필요한 메달을 일일이 세어 보고 필요한 메달의 수량을 파악하는 경우가 종종 있다. 그러나 프로그램 엑셀을 이용하여 위와 같은 방식으로 계산하면 매우 편리하다. 최초 A란에 대회에 구성된 경기종목을 나열한다. 다음으로 부구분란으로 옮겨가서 몇 개의 부가 있는지 나열한다. 이때 연무개인 1종목과 2종목은 4개부(초, 중, 고, 대학일반부)로 한꺼번에 묶어 놓았다. 연무경기의 경우는 초등부 저학년과 고학년으로 분류하지 않음을 주의하여야한다. 대련의 경우는 일일이 나로 분류하여 놓았으며, 초등부의 경우, 저학년과 고학년으로 분류하여 기재하였음을 알 수 있다. 회장배의 경우는 초등학교에서 대학일반부에 이르기까지 광범위하게 참여의 폭의 넓은 반면, 춘계대회와 추계대회의 경우 초등부는 포함되지 않기

때문에 초등부는 모두 삭제하고 계산하여야 한다. 위 표는 회장배를 기준으로 나타낸 것이다.

다음으로 B란에는 각 부에 몇 개의 체급(종목)이 있는지 횡으로 적어 내려간다.

다음으로 C, D, E란에 필요한 메달의 수를 기재한다. 이때 E란(동)의 경우 대회에서 정해진 일정한 방침에 의하여 동을 공동 2명으로 할 것인지, 아니면 1명으로 할 것인지 정확하게 파악하고 기재하여야 한다.

한국대학합기도연맹 대회에서는 대련 초등부, 중등부, 대학일반부는 동을 공동 2명으로 하며, 고등부만 동을 1명으로 한다. 다음으로 실제 필요한 메달의 수를 계산하는 방식이다. 개인연무 1종목 2종목 A1(금), B1(은), C1(동)의 경우를 예를 들어서 계산식을 나열해 보자.

A×B×C=A1(개인연무 1종목, 2종목에 필요한 금수량)
4×2×2=16개

A×B×D=B1(연무개인1종목 2종목에 필요한 은수량)
4×2×2=16개

A×B×E=C1(연무개인1종목 2종목에 필요한 동수량)
4×2×2=16개
로 편리하게 계산될 수 있다.

EXCEL에서 한 칸에 위와 같은 방식으로 계산하고, 아래 터는 계산된 각 셀을 한꺼번에 선택하여 하여 마지막부까지 드레그 하면 한꺼번에 모든 부의 필요한 메달 수량이 자동으로 계산된다.

표에서 보는 바와 같이 여분의 메달 수량은 직접 기재하여 주는데, 이 여분의 메달은 분실은 대비한 것으로 보면 된다.

이제 실제 대회에서 필요한 전체의 금, 은. 동을 계산하는 방법은 A1을 횡으로 부의 처음부터 끝까지 선택하여 EXCEL창 상단에 있는 ∑(자동합계)를 클릭하면 자동으로 합산되어 필요한 각각의 메달 수량이 나오게 된다. 총합계는 합산된 개수 금, 은, 동 까지 선택하여 ∑(자동합계)를 선택한다. 따라서 대회를 준비하는 실무자는 업무를 효과적으로 보기 위해서 특정한 계산 툴을 만들어 대회 때 마다 일일이 계산하지 않고 숫자만 바꾸어 기재하면 편리하게 사용할 수 있다.

<표 34> 메달 수량 파악법

내용구분	A	B	C	D	E	A1	A2	A3	총합계
	부구분	체급(종목)	금	은	동	금	은	동	
연무개인1종목 2종목	4	2	2	2	2(4)	16	16	16(32)	
초등부저학년여자	1	3	1	1	2	3	3	6	
초등부저학년남자	1	7	1	1	2	7	7	14	
초등부고학년여자	1	3	1	1	2	3	3	6	
초등부고학년남자	1	7	1	1	2	7	7	14	
중등부여자	1	3	1	1	2	3	3	6	
중등부남자	1	7	1	1	2	7	7	14	
고등부남자	1	7	1	1	1	7	7	7	
고등부여자	1	6	1	1	1	6	6	6	
대학일반부남자	1	8	1	1	2	8	8	16	
대학일반부여자	1	6	1	1	2	6	6	12	
여분			10	10	10	10	10	10	
합계						83	83	127	293

2) 상장

상장은 상을 주는 뜻을 표하여 주는 증서로서, 합기도 대회의 경우 입상자에 한해서 메달과 함께 수여된다, 준비할 수량은 메달보다 여유롭게 준비하는데 이유는 많은 양의 입상자 상장 인쇄시 출력이상과 잘못된 기재로 생겨날 때 버리게 되는 것 까지 생각해야 한다. 상장에는 <그림 16>에서 보는 바와 같이, 기본적으로 상장번호, 상장, 성명, 부구분, 종목, 순위 등이 기재되고 시상 문구를 기재한다.

아래 그림에서 보는 바와 같이 시상문구 아래에는 시상일, 주최· 및 주관단체명과 단체장(회장, 대회장)의 성명을 기재하고 직인을 찍는다. 그림 상단에 보면 계인은 상장을 발급하면서 상장대장에 정확한 근거 자료로 남기기 위해서 입상자의 성명, 입상내용을 기재한 대장부와 상장에 동시에 반씩 걸쳐서 찍는다. 입상자에 기본적인 신상과 상장 발급번호, 및 순위는 입상증명서의 기본이 되므로 특별하게 관리되어야 한다.

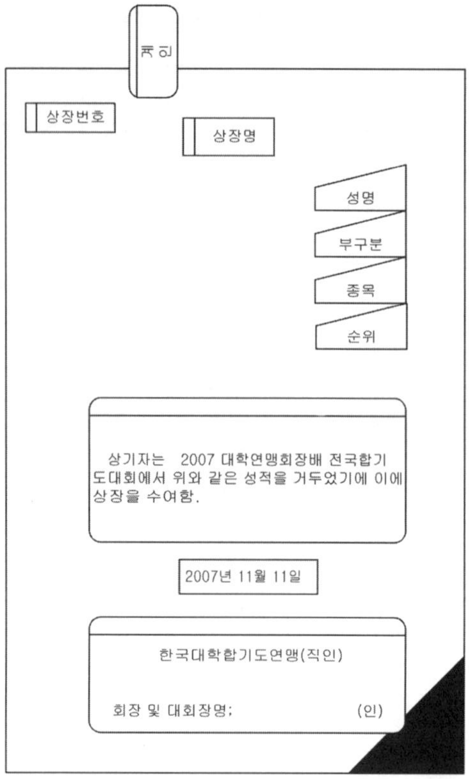

<그림 16 > 상장 시안

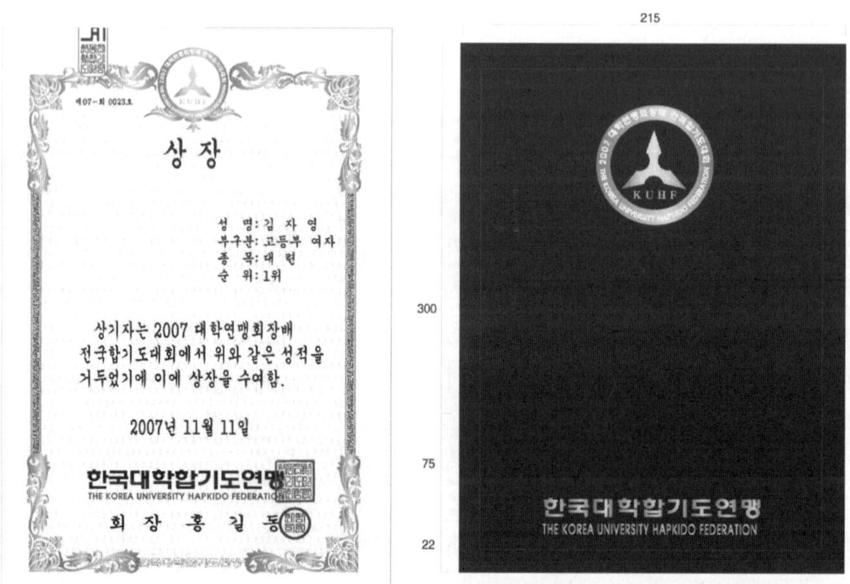

<그림 17> 상장 샘플 및 커버

3) 상패

<그림 18>과 <그림 19>과 같은 상패는 대학연맹의 경우 단체연무 입상자에게 사용되며, 기타 감사패, 공로패 등을 제작하여 수여하기도 한다.

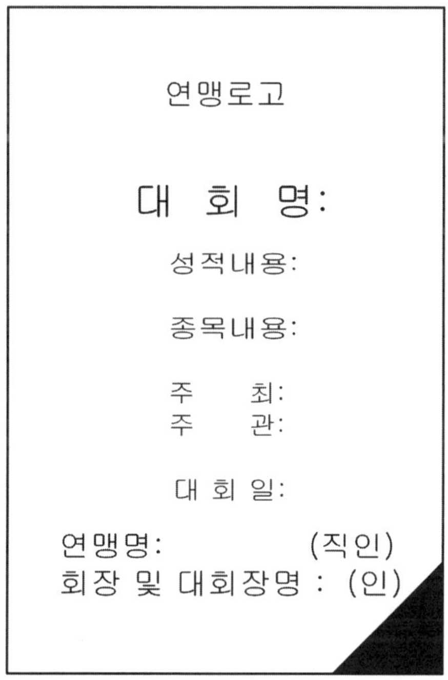

<그림 18> 상패 시안

<그림 19> 상패 샘플

4) 진행, 심판, 임원 패용증

<그림 20> 진행요원 패용증(I.D CARD)

대회장에서 선수, 지도자, 대회임원, 대회진행요원, 관람자 등등을 모두 하면 보통 대회의 경우

1000여명이 움직이는 복잡한 상황이 된다. 이에 경기를 원활하게 하는 도와주는 진행요원이 확실하게 구분될 수 있도록 복장을 단순화하거나 일치되도록 하여 경기운영자가 쉽게 통제할 수 있을 뿐 아니라, 대회 참가자들이 진행요원임을 숙지하여 진행요원의 안내 및 통제에 쉽게 따를 수 있도록 확연하게 외형적으로 구분하도록 하기 위함이다. 이러한 방법에는 복장의 통일, 진행요원의 앞가슴에 패용할 수 있는 진행요원 패용증을 준비할 수 있는데 보다 자세하게 구분하기 위해서 위 <그림 20 과 같은 내용으로 각각의 진행요원이 맡은 역할을 기재해 놓는 것이 좋다.

모든 진행요원은 대회조직위원회에서 발급하는 패용증과 지정하는 복장을 의무적으로 구비하고 경기에 임해야 한다. 또한 대회가 종료되면 패용증은 일회성으로 끝 날는 대회의 경우는 수거하지 않고 진행요원에게 줄 수 있지만, 연속성을 가지고 있는 대회의 경우 대회조직위원회에서 모두 수거하여 보관하고 다음 대회 때 다시 사용하도록 하면 경비절감의 효과를 얻을 수 있다.

아울러 진행요원을 비롯하여 임원은 물론, 심판들도 모두 아래 <그림 21>, <그림 22>, <그림 23>에서 보는 바와 같은 패용증을 복장에 의무적으로 착용하여 역할 구분이 뚜렷하도록 한다.

진행요원의 패용증의 경우 목에 걸고 패용증이 가슴 정중앙에 위치하게 하고, 심판과 임원의 경우, 연맹 지정 복장의 우측 가슴에 착용 지점에 집게로 고정시켜 대회가 시작되는 시점에서부터 종료되는 시점까지 부착하고 있어야 한다.

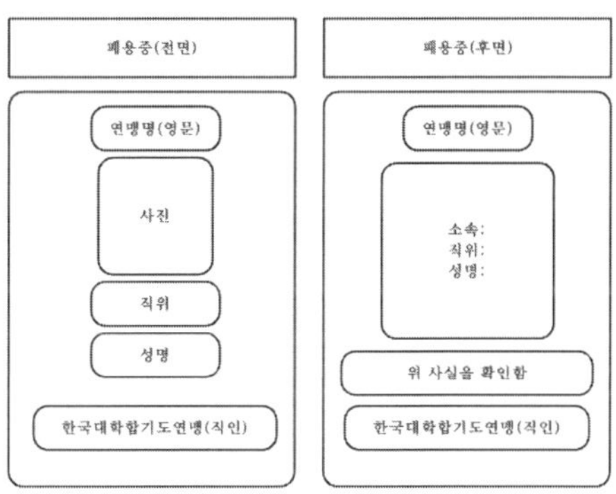

<그림 21> 임원패용증 시안

<그림 22> 임원패용증 샘플

<그림 23> 심판패용증 샘플

5) 진행요원, 심판, 임원 복장

<그림 24> 진행요원복장-티셔츠/ 모자

6) 대회서류를 위한 준비함 및 정리함

대회를 조직적으로 보다 쉽게 운영하기 위해서 대회를 준비하는 조직위원회에서는 복잡한 서류 및 용구 용품을 준비하는 상황에 처하게 된다. 대회를 준비하는 바로 전날과 대회를 끝내는 시점에서 서류 및 용구용품을 보기 좋게 정리할 수 있고, 박스의 덮개에 내용물이 무엇이 들어가 있는지 <그림 25>와 같이, 정확하게 표기하여 신속하게 필요한 서류와 용구 용품을 찾을 수 있도록 하기 위해서 <그림 26>과 같은 필요한 양의 박스를 시중에서 구입하여 사용하도록 한다. 박스를 사용할 경우 운반에도 편리할 뿐 아니라 구분된 박스 표기로 인하여 대회가 종료되는 시점에서도 쉽게 정리할 하여 사무국으로 그대로 옮겨 따로 재정리하는 번거로움을 없애준다고 할 수 있다. 이렇게 사용한 박스는 다음 대회 때 필요한 서류만을 다시 채워 사용하고, 전 대회 때의 자료는 문서보관함에 따로 정리하도록 한다.

<그림 25> 서류 및 용구 용품 박스명

<그림 26> 서류 및 용구 용품 박스샘플

7) 식권

<그림 27>은 대회에 참여한 선수, 지도자, 진행요원, 심판, 임원들의 식사를 위해서 지정된 식당에 제출할 때 사용되는 식권이다. 도시락을 준비하는 경우는 별도의 식권 제작이 필요하지 않다.

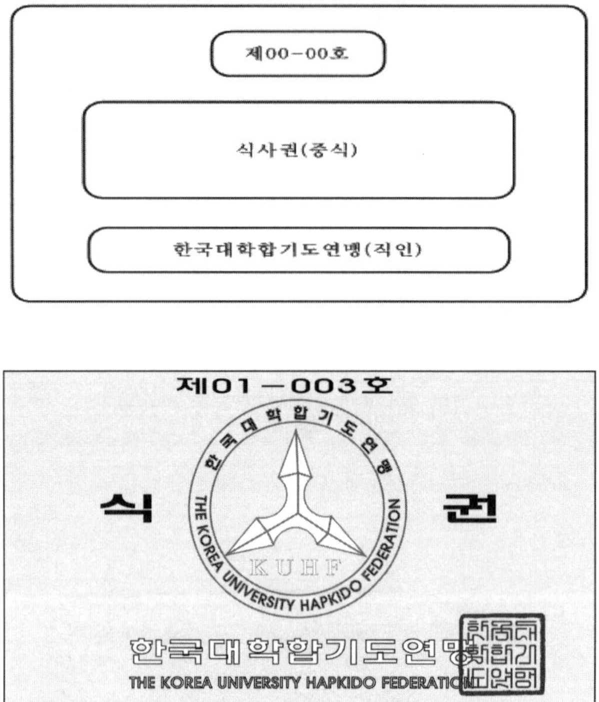

<그림 27> 식권시안 및 샘플

8) 문서발송을 위한 소봉투 및 대봉투

<그림 28> 소봉투

<그림 29> 대봉투

9) 대회전산을 위한 전기용품

<그림 30>은 대회 전산에 필요한 전선릴 접지탭, 전지 멀티탭, 개별멀티탭이다.

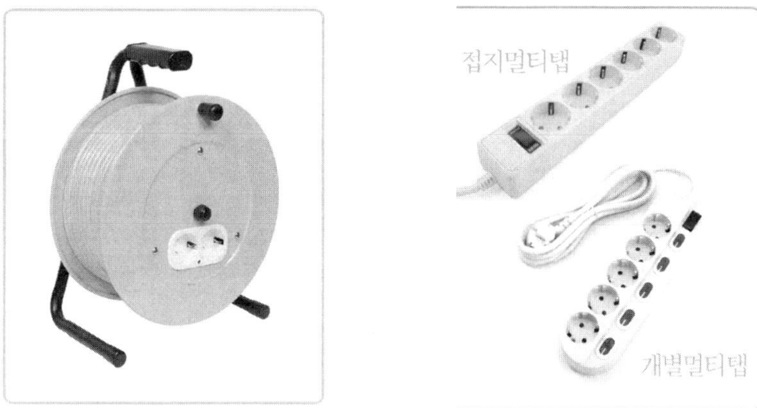

<그림 30> 전선릴 접지탭, 접지 멀티탭, 개별멀티탭

10) 경기장 안내를 위한 배너대

<그림 31>, <그림 32>, <그림 33>은 경기장 각 코트, 대기실, 본부석, 의무석 등을 선수, 지도자, 관객 들이 멀리서 알아보기 쉽도록 각 위치에 설치하는 설치물이다.

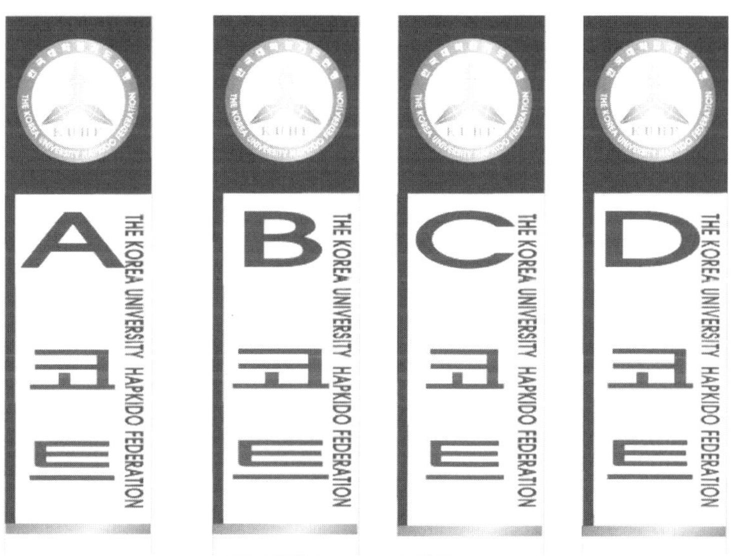

<그림 31> 코트 표지판

<그림 32> 대기실 표지판

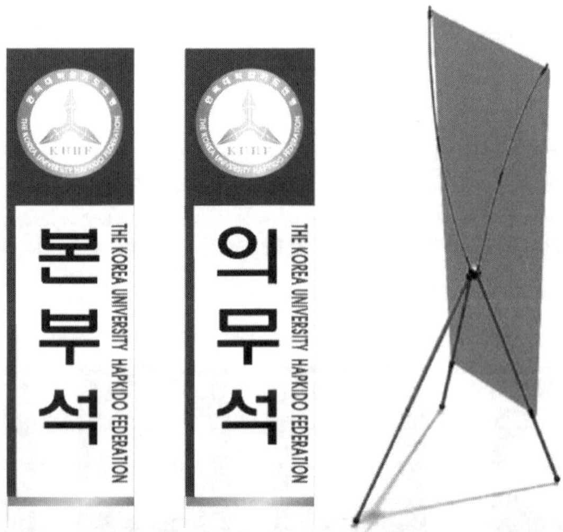

<그림 33> 본부석 및 의무석 표지판 및 게시대

11) 기타 사무용품

<그림 34>는 선수등록 서류로 각 부별(초, 중, 고, 대학일반부), 종목별(대련, 연무)로 분류하기 위해서 필요한 화일첩이다. 본 파일 첨은 경기당일날 꼭 계체시에 선수가 본인임을 확인하는 서류이므로 필수적으로 준비해서 가지고 가야한다.

<그림 35>는 선수확인 및 수령대장으로서, 경기당일날 지도자가 경기장에 도착하면서 선수인원, 선수에 배당된 식권, 지도자에게 배포될 각종 유인물을 전달 받았음을 확인하는 화일첩이다.

<그림 34> 선수등록 분류 화일첩

<그림 35> 선수확인 및 수령대장 화일첩

<그림 36> 공문서 화일첩은 대회에 관련해서 발송하고 수신한 파일을 한데 모아서 보관하기 위한 것이다.

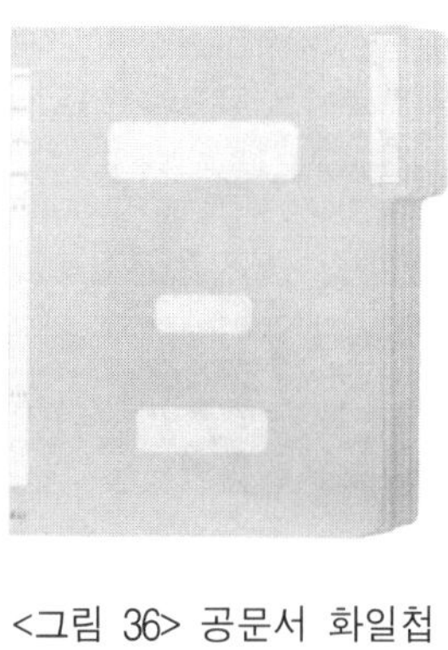

<그림 36> 공문서 화일첩

<그림 37> 채점표 보호 화일첩

<그림 37> 채점표 보호 화일은 경기시에 채점된 채점표를 보호하기 위한 화일첩으로, 모든 채점표는 각 코트마다 지속적으로 본 첩에 끼워 보관하여야 한다.

<그림 38> 경기에서 선수들이 사용하는 기술을 일정한 기록양식에 의해서 기재하게 된다. 이때 기록요원은 한명의 선수가 실시한 기술에서 득한 점수 등을 기록하여 즉시 화일첩에 보관한다.

<그림 38> 경기기록요원 화일첩

<그림 39> 채점 및 각종 기록 받침대

<그림 39>는 배심위원, 기록요원 등이 각종 채점시나 경기기록을 위해서 뒤에 받쳐 쓰는 받침대다.

<그림 40>은 대련 코드 중앙에서 선수들이 심판의 지시에 따라 입장하고 경기 시작을 위해서 선수들이 위치할 곳을 표시하기 위해서 사용되는 테잎이다. 청선의 자리에는 청테잎을, 홍선수의 자리에는 홍테잎을 부착한다.

<그림 40> 매트에 선수 준비 지점표시청, 홍 테잎

<그림 41>은 대회시 필요한 각종 소모품 사무용품으로써, 포스테잇, 가위, 풀, 네임팬, 사인팬, A4용지, 칼 등등이다. 소모품 사무용품 준비를 간과할 경우, 아주 작은 용품이지만 대회에 지장을 초래할 수 있는 사례도 많이 볼 수 있다.

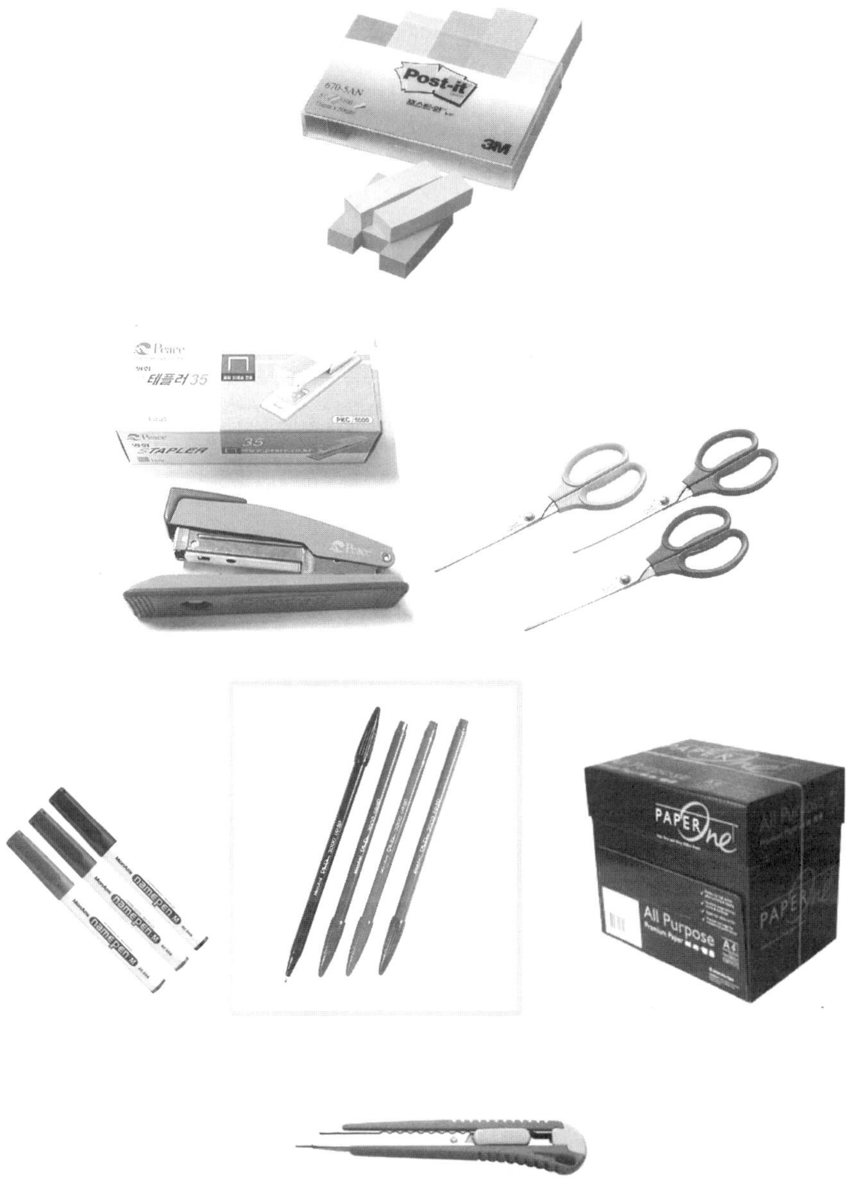

<그림 41> 대회에 필요한 기타 사무용품

<그림 42>와 <그림 43>은 대회 개회식에서 선수와 심판이 선서할 경우, 선서문을 작성하고 이를 보호하는 케이스이다.

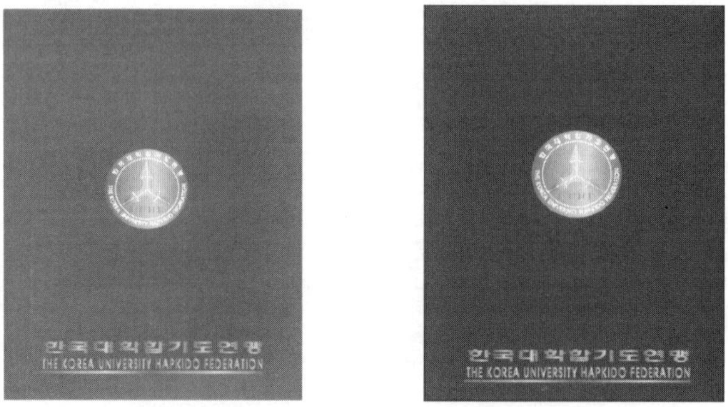

<그림 42> 선수선서문 & 심판선서문 케이스

<그림 43> 선서문 용지

<그림 44>는 대회 개회식에서 내빈·외빈을 비롯한 대회장이 대회사, 환영사, 축사, 격려사를 작성하고 그 내용물을 보호하는 케이스이다.

<그림 45는> 대회 개회식에 참석하기 위해 준비된 방명록이다. 방명록은 대회 안내석에 내빈·외빈이 도착하면 즉시 기록하도록 안내한다.

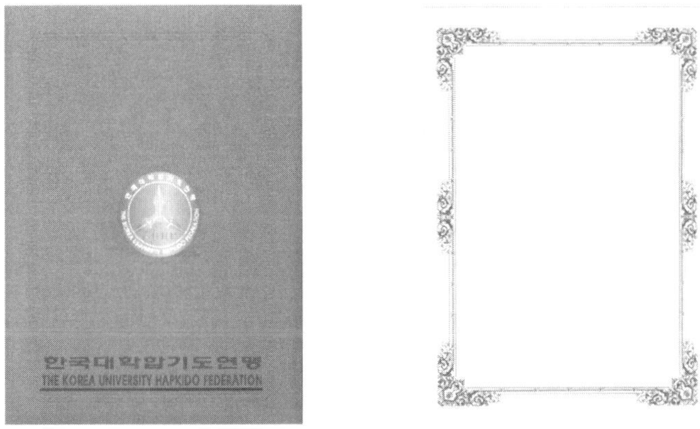

<그림 44> 대회사, 축사, 환영사, 격려사 케이스 및 용지

<그림 45> 방명록 케이스

<그림 46은> 개·폐회식에 꼭 필요한 태극기와 연맹기이다. 보통 태극기가 있는 설치되어 있는 것이 보통이며, 난체기는 개별적으로 준비하여야 한다.

<그림 46> 개·폐회식에 필요한 태극기와 연맹기

<그림 47> 안내판은 대회식순을 비롯한 개회식이 끝나고 준비된 리셉션(만찬회)장에 순서 및 기타 내용을 알리기 위해서 장소 입구에 설치되는 안내판이다.

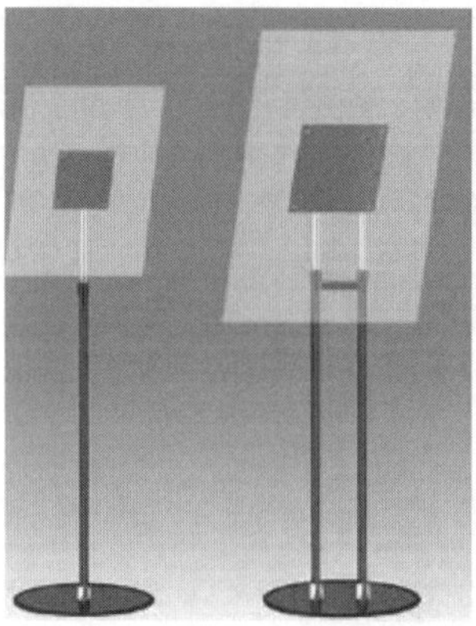

<그림 47> 리셉션에 안내판

<그림 48>은 대회장 입구에 선수, 지도자, 관객들이 대회에 관련된 유인물을 쉽게 볼 수 있도록 설치한 게시대이다. 대학과 경기에 관련된 업체에서 홍보의 수단으로 각종 배포물을 꽂아 두면 좋다.

<그림 48> 경기장 안내석에 유인물 배포 게시대

<그림 49>는 대회장소를 찾기 위해서 방문하는 방문자에게 길 안내를 보다 쉽게 하기 위해서 톨케이트 출구, 갈림길 등에 정적한 수로 설치한다. 이때 반드시 기재하여야 하는 내용은 대회명, 장소 표시 등을 꼭 삽입한다.

<그림 49> 경기장 안내를 위한 교통 안내판

<그림 50>은 대회 장소에 오기 위해서 이용한 차량의 주차질서를 확립하고, 내빈·외빈 주자장소 확보를 위해서 사용되는 주차금지 피켓이다.

<그림 50> 통제요원의 주차관리 시 필요한 용품

12) 광고 및 홍보

광고매체 (廣告媒體): an advertising medium>

광고 내용을 소비자에게 전달하는 매개체. 이에는 신문·잡지 따위의 인쇄 매체와 라디오·텔레비전 따위의 전파 매체, 간판 따위의 장소 매체가 있다. 광고(廣告)를 실어 전(傳)하는 수단(手段). 신문(新聞), 잡지(雜誌), 라디오, 텔레비전, 포스터 따위를 의미한다.

(1) 리플릿(leaflet) 낱장으로 된 간단한 인쇄광고물.

(2) 브로셔(brochure) 호텔 고객을 상대로 홍보나 선전을 할 목적으로 배포하는 소책자.

(3) 팜플렛[pamphlet]

국제연합교육과학문화기구(UNESCO)는 팜플렛을 "표지를 제외한 페이지(p) 수가 5~48p로, 정기간행물이 아닌 제본되지 않은 출판물"이라고 정의하고 있다. 인쇄술이 발명된 뒤에는 제본되지 않았거나 허름하게 제본된 작은 책자를 팜플렛이라 했는데, 당대 주요 화제에 관해 논쟁적인 선전글들의 형태로 유포되었기 때문에 '팜플렛'이라는 말은 이런 논쟁적인 선전물을 가리키는 것으로 쓰이게 되었다. 사서들과 서지학자들은 일반적으로 팜플렛을 종이표지로 제본되거나 제본되지 않은 얄팍한 책으로 분류한다. '트랙트'(tract)라는 낱말이 거의 같은 뜻으로 쓰이지만 이 말은 일반적으로 종교 간행물을 가리킨다.

초기 인쇄물 가운데 하나였던 팜플렛은 영국·프랑스·독일에서 널리 사용되었다. 16세기초 종교 논쟁으로 팜플렛은 최초로 대대적인 붐을 이루어 활발하게 제작되었다. 프랑스에서는 개신교를 지지하는 팜플렛이 너무 많이 발행되자 1523, 1533, 1566년에 이것들을 금하는 칙령이 공포되었다. 독일에서는 프로테스탄트 종교개혁 지도자들이 여론에 불을 붙여 교황과 로마 가톨릭 교회에 대항하도록 하기 위해 팜플렛을 처음으로 사용했다. 마르틴 루터는 팜플렛을 매우 효과적으로 이용한 초기 발행인 가운데 한 사람이다. 거칠면서도 강렬하다는 양면성과 뛰어난 파급효과로 팜플렛은 일반대중에게 널리 배포되었지만 역시 같은 이유로 1589년 칙령에 따라 팜플렛은 배포가 금지되었다.

영국에서 팜플렛은 엘리자베스 여왕 시대에 크게 유행했는데, 종교적 논쟁에 쓰였을 뿐 아니라 토머스 데커, 토머스 내시, 로버트 그린 같은 사람들에 의해 로맨틱 소설, 자서전, 상스러운 인신공격, 사회와 문학 비판에도 사용되었다. 프랑스에서는 교훈적이고 독설적인 종교 팜플렛이 발행되었으나 차츰 법원과 종교지도자들의 도덕을 비꼬는 더욱 무례하고 신랄한 글로 바뀌었다. 〈지방 사람들 Les Provinciales〉로 유명한 파스칼은 팜플렛을 문학의 수준으로 끌어올렸다. 영국에서는 17세기에 정치적·종교적 논쟁이 벌어지는 동안 선전적인 도구로서 팜플렛의 영향력이 크게 증대했다. 팜플렛은 영국의 청교도 혁명기간 및 그 전후의 여러 해에 걸쳐 청교도와 영국 국교회, 왕과 의회 사이에 벌어진 논쟁에서 중요한 구실을 했다. 1660년 영국의 왕정복고 때 팜플렛의 유통이 저지되었고, 이들의 범위도 신문과 정기간행물로 다소 제한을 받았다. 그러나 1688년 혁명 동안 팜플렛은 정치적 무기로 그 중요성을 더해갔다. 정당정치가 발전하면서 팜플렛 저자들은 차츰 정당에 소속되게 되었는데 당시 유명한 팜플렛 저자들 가운데는 조지프 애디슨, 리처드 스틸, 매슈 프라이어, 프랜시스 애터베리, 조너선 스위프트 같은 작가들이 있었다.

팜플렛은 18세기에도 줄곧 강력한 영향력을 행사했다. 독립전쟁 전 북아메리카에서는 정치불안에 자극 받아 팜플렛이 폭넓게 발행되기 시작했다. 정치적 팜플렛 작가의 선두주자는 토머스 페인으로 그의 〈상식론 Common Sense〉이 1776년 1월에 발행되었다. 미국이 건립된 뒤 1787년

새 헌법의 제정을 둘러싸고 다시 한번 팜플렛 발행 붐이 일었다. 당시의 팜플렛 가운데 〈페더럴리스트 페이퍼 The Federalist Papers〉를 가장 대표적인 것으로 꼽을 수 있는데, 이것은 혁명적 팜플렛 집필자들인 알렉산더 해밀턴, 존 제이, 제임스 매디슨이 연방정부 형태에 관한 토의를 기고한 것이다. 그러나 한편 〈페더럴리스트 페이퍼〉는 정치 팜플렛 시대의 끝을 알리는 것으로도 생각할 수 있다. 왜냐하면 그뒤로 정치적 논쟁이나 대담은 주로 신문·정기간행물·단행본 등으로 이루어졌기 때문이다.

18세기 프랑스의 대표적인 팜플렛 저자로는 볼테르, 장 자크 루소, 몽테스키외, 드니즈 디드로를 꼽을 수 있는데, 팜플렛을 이용하여 계몽주의 철학을 설파했다. 팜플렛은 조리 있는 논문이었지만 프랑스 혁명이 일어나면서 다시 강력한 논쟁의 무기가 되었다. 혁명으로 왕비나 귀족 및 기타 여러 사건들을 비방하는 작자 미상의 팜플렛이 대량 배포되었고, 이런 팜플렛은 매우 인기 있었다. 파리에 있는 국립도서관에는 프랑스 혁명 기간의 팜플렛이 거의 완전하게 소장되어 있다. 혁명은 또한 매우 뛰어난 영어 팜플렛 가운데 하나인 에드먼드 버크의 〈프랑스 혁명에 대한 고찰 Reflections on the Revolution in France〉(1790)이 나오는 계기가 되었다. 이 글은 큰 반향을 불러일으켜 이에 답하는 여러 글이 나오게 되었는데 그 가운데 가장 유명한 것이 토머스 페인의 〈인간의 권리 Rights of Man〉(1791~92)이다.

19세기 프랑스에서는 폴 루이 쿠리에가 팜플렛에 논쟁적인 걸작을 썼다. 영국에서 팜플렛은 19세기의 모든 정치운동에 한몫을 단단히 했다. 당시 유명 팜플렛들이 다룬 대표적인 정치운동으로는 인민헌장운동, 아일랜드 자치운동, 옥스퍼드 운동 등이 있다. 세기가 바뀌면서 페이비언 협회원들인 조지 버나드 쇼, 비어트리스 웨브, 그레이엄 월리스가 잇따라 나온 팜플렛에서 정치 신조를 피력했다. 20세기에 들어오면서 팜플렛은 주로 정부부처와 학술협회에서 논쟁보다는 정보 전달을 위해 많이 이용되고 있다.[33]

(4) 배너광고

인터넷 홈페이지에 띠 모양으로 만들어 부착하는 인터넷 상의 광고 형태. 처음에는 직사각형 모양에 도메인과 사업 내용을 알리는 단순한 형태로 시작했으나, 요즘에는 동화상을 넣는 형태나 홈 페이지를 열면 화면에 고정적으로 배치되는 형태 등으로 다양화되고 있다.

① 배너광고의 정의

배너(Banner)광고란 1994년 <핫와이어드>라는 온라인 잡지가 처음으로 게재하기 시작한 사각형 형태의 광고로 PC통신이나 인터넷에 들어가 보면 화면 하단이나 상단에서 현란하게 움직이는 사각형 형태의 광고물들이 바로 그것이다. 마우스를 갖다 대고 이곳을 클릭하면 광고주의 사이트로 이동하게 되는 것이 일반적이며 국내 인터넷 광고의 90% 이상이 바로 이 배너광고이다. 현재 국내 배너광고는 배너의 형태 에서 3~10개의 광고가 하나씩 차례대로 돌아가며 나타나는 '롤링 광고'와 정지화면을 동영상처럼 보여주는 'gif애니메이션'기법을 이용한 광고 등이 주를 이루고 있다. 이 배너광고의 출현은 인터넷 역사뿐만 아니라, 마케팅 역사에도 상당히 큰 의미를 지닌다. 배너는 인터넷 세계에서 본격적인 E-비지니스를 더 활발히 촉진시키는 귀중한 역할을 하고 있으며, 마케팅 역사상 성공과 실패를 가장 빠르고 정확하게 확인할 수 있는 툴이 바로 이 배너이기 때문이다. TV, 신문, 라디오, 잡지에 이어 제5의 광고매체로 자리매김하고 있는 인터넷 광고는 최근 매년 100~200%의 신장세를 보이면서 오는 2003년에는 세계 시장 규모가 150억 달러로 팽창해 잡지나 라디오 광고를 추월하고 TV, 신문 광고와 비슷해질 것으로 전망되고 있다.

② 배너광고의 특징

- 광고효과에 대해 클릭 횟수 등을 통해 실시간 과학적 분석이 가능

소비자의 반응을 즉각 알 수 있고 데이터베이스(DB) 구축도 용이하다. 이것이야 말로 배너광고의 가장 큰 장점이자 특징이며, 마케팅 툴로서 각광받는 이유이다.

- 특정계층, 특정 타겟을 정해서 접근하는 1대1 마케팅이 가능하며 이 과정이 매우 Interactive하게 이루어진다는 점이다.

음악을 좋아하는 20대를 타겟으로 하는 제품의 배너는 음악관련 사이트나 검색페이지에 건다든지, 자동차를 소유한 회원들에게 관련 액세서리나 소모품 등의 판매소식을 메일로 알려주어 그 광고효과를 배가시킬 수도 있다.

- 타 매체 대비 매우 저렴하다는 점이다.

불특정다수에게 막대한 비용을 들여 일방적으로 소구하는 기존의 광고들과는 달리, 원하는 소비자층만을 겨냥할 수 있어 적은 비용으로 효과를 거둘 수 있다는 점이 큰 매력이다. 구매력 있는 특정 계층만을 노리는 맞춤식 광고가 가능하다는 뜻이다. '누가 얼마나 봤는지' 알 수 없는 기존 광고와 달리 소비자에게 노출된 정도 및 이용자층에 관한 통계적 분석이 신속해 다음 광고에도 적극적으로 활용할 수 있다.

③ 배너 광고의 현황

많은 기업들이 요즘은 다른 시각에서 배너광고 마케팅을 시작하고 있다. 네티즌들이 많이 접속하는 사이트의 경우 광고 노출빈도가 상대적으로 많지만 광고단가가 비싸고 많은 업체들이 한 번에 많이 실으면 배너광고 디자인에 각고의 노력을 들여야 한다. 그러나 접속횟수가 많지 않고 특정 집단에 어필하는 사이트의 경우에는 광고의 노출빈도는 높지 않지만 지속적으로 오랫동안 드러냄으로써 일정 기간이 지난 이후 기대 이상의 효과를 볼 수 있다. 제품의 성격에 따라 이런 방법으로 배너광고를 싣는 경향이 증가하고 있고 광고 디자인의 경우도 단순한 텍스트 형식에서 탈피해 자바나 HTML을 이용한 동적이고 이색적인 배너광고가 늘고 있다.

인터넷 광고에 나타난 또 하나의 현상은 배너광고를 중계로 한 사업이 등장했다는 것이다. 그 대표적인 것이 '골드뱅크'이다. 이 사이트는 일반 네티즌을 회원으로 가입하게 하고(회원 가입시 일정액을 지급) 각 기업으로부터 배너광고를 유치해 회원이 해당 배너광고를 클릭했을 때 소정의 금액을 회원 자신의 통장에 입금시켜 주는 형식으로 운영된다. 즉, 소비자인 일반 네티즌은 단지 광고를 본다는 것만으로 일정액을 지급받게 되는 이득이 있고 광고를 유치하는 기업의 경우 자사의 제품을 단시간에 널리 알릴 수 있어 효율적인 마케팅 활동을 벌일 수 있다는 것이다.

사이트 운영은 전적으로 광고비용으로 충당되며 이미 회원수가 5만을 넘어섰다. 예를 들어 현재 이 사이트는 PCS 대리점을 열어 회원을 상대로 저렴한 가격에 PCS를 공급하고 있는데, 이곳을 통해(배너광고를 클릭해) PCS를 구입한 경우 1만5천원을 통장에 입금시켜 준다. 현재 이런 형태의 사이트가 인터넷에 몇 군데 존재하며 앞으로 더욱더 늘어날 전망이다.

골드뱅크와 같은 사이트가 늘어나는 이유는 무엇일까? 앞에서 언급한 타겟 마케팅이 가능하기 때문이다. 즉, 인터넷 사용자 정보를 구체적으로 알 수 있다는 얘긴데, 골드뱅크의 예를 들면 회원으로 가입한 5만명의 사용자 정보를 토대로 기업은 사용자에게 맞는 적절한 광고문안의 선택, 제품의 종류 등을 결정할 수 있고 향후 또 다른 마케팅 활동의 자원으로 활용할 수도 있다. 야후가 얻는 수입의 90% 이상이 광고유치인 까닭은 광고를 싣는 기업에게 구체적이고도 빠른 사용자 정보를 제시함으로써 적절한 타겟 마케팅이 가능하기 때문이다. 인터넷 사용자가 어떤 배너광고를 클릭했을 때 단순히 히트수만 전달되는 것이 아니라 사용자의 구체적인 정보까지 전달되는 애드(AD) 서버를 활용해 많은 효과를 보았다.

④ 배너 광고의 전망

배너광고는 이제 단순한 보여주기, 눈길 끌기에서 한 걸음 더 나아가 애니메이션이나 동영상을 이용한 다양한 형태로 변모하고 있다. 직사각형 모양의 배너 모양을 자유자재로 변화시키고 배너광고에 마케팅 및 전자상거래(EC)를 연결하는 등 그 수준이 한단계 높아지고 있는 있다. 새로운 기술을 활용한 Interactive Technique은 배너 내의 상황조작은 물론 소리(Sound)까지 지원하기 시작했으며, 몇몇 World-wide 기업들의 사이트에서는 이미 움직이는 화면으로 광고 내용을 전달하는 동영상 광고가 서비스되고 있다. 앞으로의 인터넷 광고는 동영상을 지원하는 플래시(Flash) 기술을 이용해 좀 감각적인 어프로치와 적극적인 인터랙티브 기능을 갖는 방향으로 발전할 것으로 예상된다. 이처럼 인터넷 광고가 기존의 단순한 고지 형태에서 탈피해 다양한 시도를 할 수 있는 것은 동영상과 같은 큰 데이터 파일을 전송할 수 있는 통신 인프라가 마련됐기 때문이다.

우리나라의 경우에도 초고속 회선을 이용한 서비스 업체가 등장하면서 용량이 큰 동영상 데이터를 제공할 수 있는 기반이 구축되고 있다. 이에 따라 인터넷 광고에 다양한 기법을 적용할 수 있는 솔루션 개발 업체들이 잇따라 등장하고 있는 추세이다.

(5) 현수막 광고(vertical bummer)

<그림 51>은 건물의 옥상 등에서 길게 떨어뜨린 광고용의 막, 옥외 광고물 조례에 의해 신고가 필요하며, 신문사나 백화점 등에 설치하는 것을 말한다.

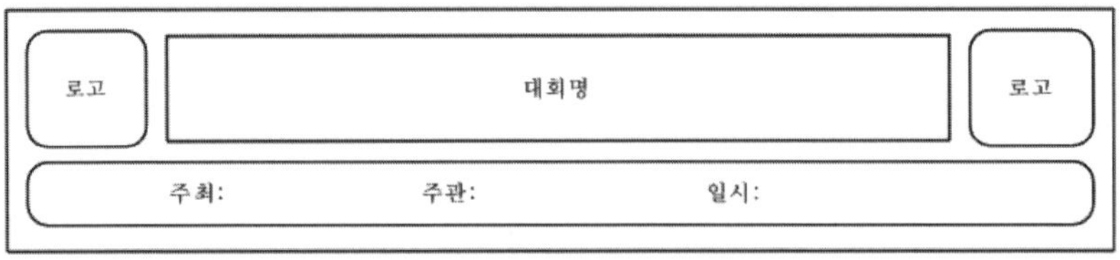

<그림 51> 대회 현수막 시안 및 현수막 샘플

(6) 포스터 광고(poster)

공개적으로 전시되는 인쇄 고지물 또는 광고.

포스터는 상품이나 행사에 대한 관심, 또는 어떤 감정(예를 들면 애국심)을 고무시키든지간에 통행인의 즉각적인 관심을 끌어야 한다. 이 목적을 달성하는 데 정해진 방법은 없으나 예를 들면 간결하고 인상적인 디자인의 순간적인 충격 또는 장식적인 미술 작품의 화려한 호소력으로 성공을 거둘 수 있다. 포스터라는 용어는 넓게는 새로운 것을 알리거나 미술 작품으로 전시하기 위해 인쇄한 종이 패널을 나타내는 데에도 사용되고 있다.

인쇄를 이용한 공공 광고의 유래는 15세기로 거슬러 올라가지만, 현재와 같은 포스터는 1860년경 화려한 채색 포스터를 값싸고 쉽게 만들 수 있게 한 석판인쇄술이 고안되자 여기에 자극을 받아 비로소 출현했다. 현대의 뛰어난 포스터 미술가들 중 최초의 인물인 쥘 셰레는 1867년 사라 베른하르트의 공연을 알리는 연극 포스터를 필두로 작품활동을 시작했다. 파리의 야간 연예인들을 선명하고 밝은 색으로 묘사한 그의 매혹적인 그림들은 19세기 후반 파리의 전시물들을 지배했으며 이로 인해 석판화에 대한 관심이 크게 증가했다. 그 결과 이름 없는 석판공들이 제작한 민속적인 표현에서부터 포스터 미술가들 중 가장 유명한 앙리 드 툴루즈 로트레크의 주요작품들에 이르기까지 매우 다양한 양식이 출현했다. 대담하고 극적인 디자인을 특징으로 하는 1890년대 로트레크의 포스터들은 파리의 유명인들을 생생하고 섬세하게 묘사하고 있다. 포스터에 대한 관심은 1890년대에 유연하고 유기적인 선, 우아한 세련미, 매우 복잡한 상징적 표현을 특징으로 하는 아르 누보 양식이 출현하면서 더욱 높아졌다. 이 운동은 순수미술이 대중적·실용적일 수 있다는 믿음과 화려한 장식을 결합했기 때문에 포스터를 자연스러운 형식으로 받아들였다. 아르 누보의 대가로는 파리에 살았던 체크인 알폰스 무하가 있었다. 사라 베르나르를 위한 그의 최초의 포스터는 이색적인 비잔틴 양식의 장식과 미묘한 색채를 사용하여 하룻밤 사이에 성공을 거두었다. 이것은 대형 연극 공고에서부터 담배를 마는 종이나 초콜릿 광고에 이르기까지 그가 남긴 다양한 포스터들 중 첫 작품으로서 지금도 아름다움과 창의성에서 이를 능가하는 것이 없다. 아르 누보 양식의 다른 포스터로는 파리의 조르주드 푀르와 외젠 그라세가 제작한 우아한 작품들, 네덜란드의 얀 토로프가 만든 양식화된 포스터들, 오스트리아의 콜로만 모세르와 알프레드 롤러가 만든 우아하고 질서 정연한 작품들, 미국에 이 양식을 소개한 윌 브래들리의 작품들이 있다.

1914년 제1차 세계대전이 터지자 포스터는 역사에 영향을 미치는 미술 양식이 되었다. 영화와 텔레비전이 지배하기에 앞서 포스터는 모든 시각매체 중 정치적으로 가장 중요한 수단이었다. 포스터는 쉽게 만들 수 있고 사람들에게 직접적인 영향을 미쳤으며, 대중이 볼 만한 장소 어디에나 붙일 수 있었다. 그러한 역할을 부여받은 전쟁과 혁명에 관한 포스터들은 매우 강력하고 다양한 폭로적인 경향을 보였다. 예를 들면 소련이 초기에 대부분의 문맹자들을 대상으로 만든 선전 포스터들은 덤덤하고 강력하지만, 오스트리아-헝가리 제국 말기에 제작된 것들은 중세풍의 서정적인 정서를 자아내고 있으며, 제1차 세계대전 동안 미국에서 제작된 것들은 자랑스러운 고향의 순박함을 보여주고 있다. 이 포스터들은 모두 그것들을 만든 집단의 열망뿐만 아니라 그것들을 보게 될 국민들의 열망을 나타내야 할 필요성을 드러내준다. 뛰어난 본보기로는 제임스 몽고메리 플랙이 만든 유명한 미군 모집 포스터가 있는데, 이것은 구경꾼을 똑바로 가리키고 있는 엉클 샘을 묘사함으로써 제1차 세계대전 동안 미국인들의 애국심을 강력하게 불러일으키고자 했다. 20세기초의 급속한 산업 발전으로 거의 모든 생산품과 행사에 광고 포스터가 이용되었다. 원시적·민속적인 성격을 띤 초기의 서커스 포스터부터 1930년대의 세련되고 간결한 관광 포스터에 이르기까지 많은 포스터들은 당대의 성향이나 양식을 반영하고 있다.

그러나 라디오와 텔레비전이 널리 퍼지고 광고가 거의 전적으로 사진에 의존하면서 포스터 미술은 쇠퇴하기 시작했다. 1960년대부터 대중음악을 필두로 대중적인 미술 형식들이 되살아나면서 포스터에 대한 관심도 새롭게 일어났다. 이 운동이 가장 강하게 일어났던 샌프란시스코에서는 1890년대를 풍미했던 포스터의 황금시대에 이어 또다시 주간 댄스 홀 음악회를 알리는 포스터들이 널리 유행했다.[34]

포스터는 대회를 알리기 위한 가장 기본적인 홍보 매체로써 오프라인을 통한 각 대학, 협회, 도장에 배포할 수 있으며, 합기도와 관련된 온라인 사이트에 사용자들이 접속하자마자 쉽게 볼 수 있도록 하는 배너로도 사용할 수 있다.

포스터에는 포스터가 알리고자 하는 몇 가지 핵심적인 부분이 있다. 위 포스터에서 보는 바와, 같이 일반적으로 대회명, 일시, 장소, 주최, 주관, 협찬, 후원 등이 표기되며 기타 사항으로 우편접수 창구, 접수기간, 상세내용, 대회문의 등이 표기된다.

아울러 디자인 부분에서는 대회 목적과 성격과 부합되게 한번 에 보고 단숨에 어떤 대회라는 것을 알 수 있도록 디자인하는 것이 좋고, 되도록 간결한 내용으로 핵심적인 내용을 기재하여야 한다.

<그림 52>는 대학연맹의 2006년 추계대학연맹 전국합기도대회에서 사용된 포스터이다.

<그림 52> 대회 포스터 샘플

(7) 대회안내 책자

아래 그림들은 대회 안내책자로써, 일정한 순서에 따라 내용을 구성한다.

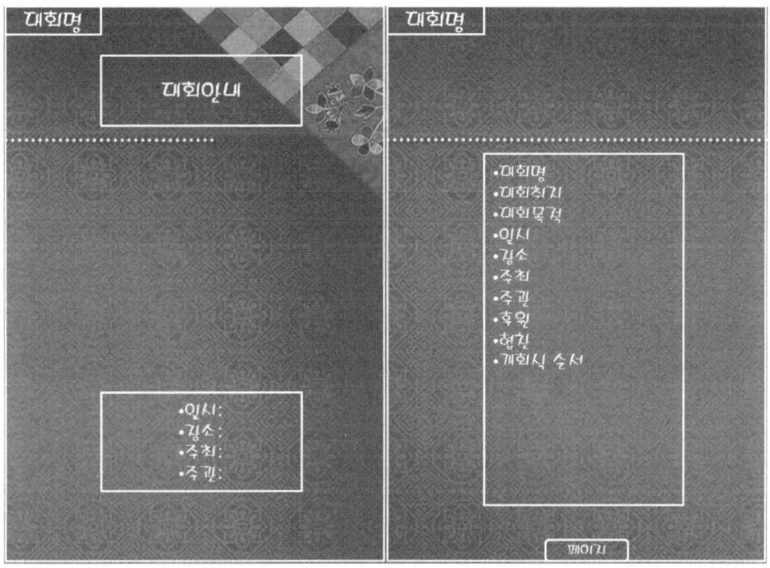

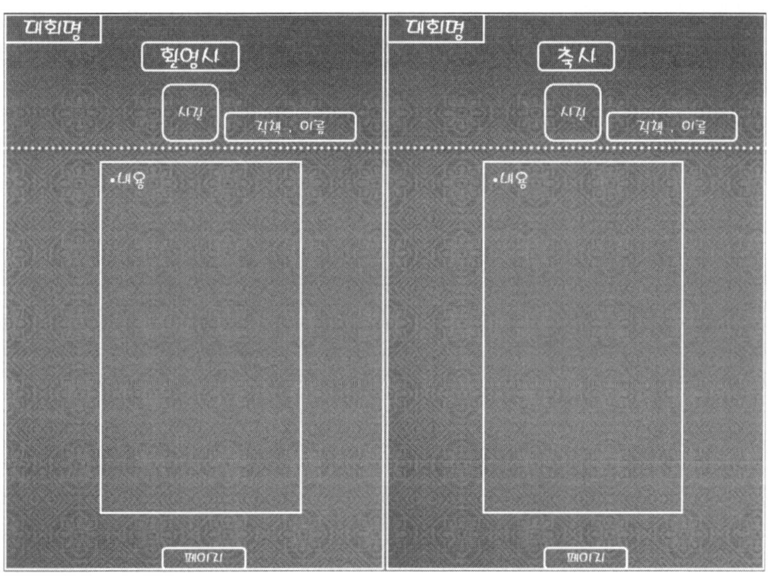

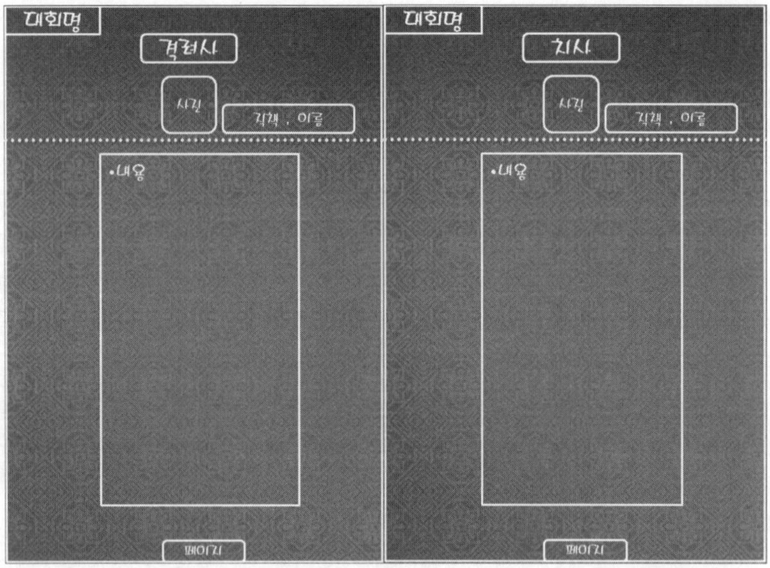
대회명
격려사
사진
직책 , 이름
•내용
페이지
대회명
치사
사진
직책 , 이름
•내용
페이지

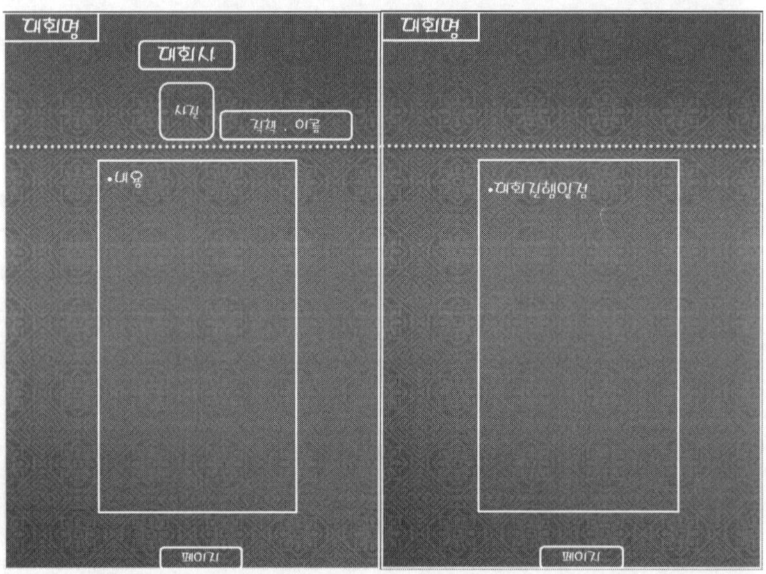
대회명
대회사
사진
직책 , 이름
•내용
페이지
대회명
•대회진행일정
페이지

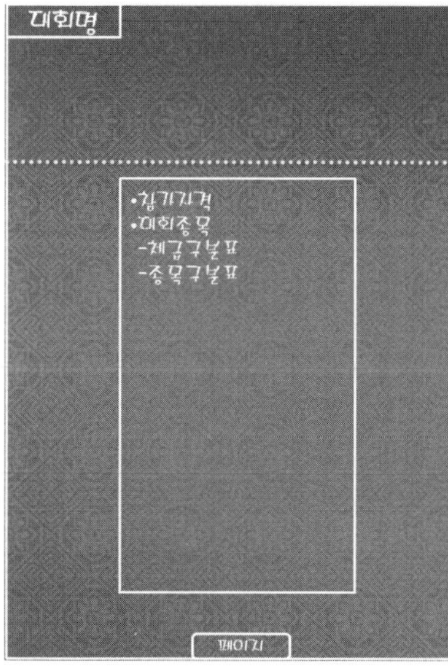
대회명
•참가자격
•대회종목
-체급구분표
-종목구분표
페이지

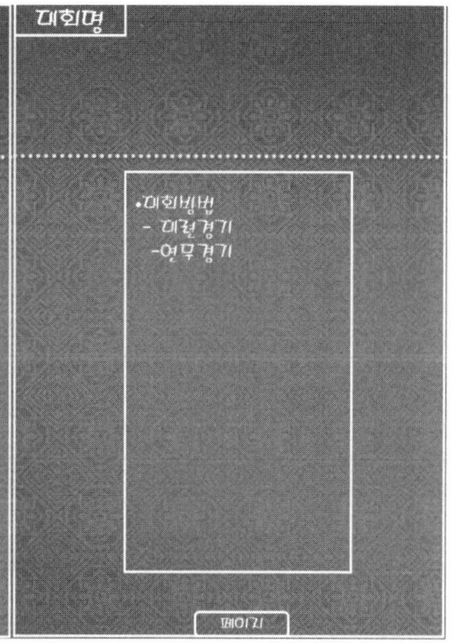
대회명
•대회방법
- 대련경기
-연무경기
페이지

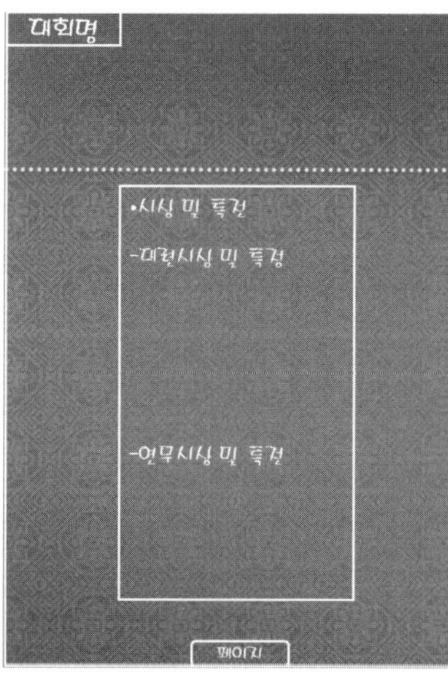
대회명
•시상 및 특전
-대련시상 및 특전
-연무시상 및 특전
페이지

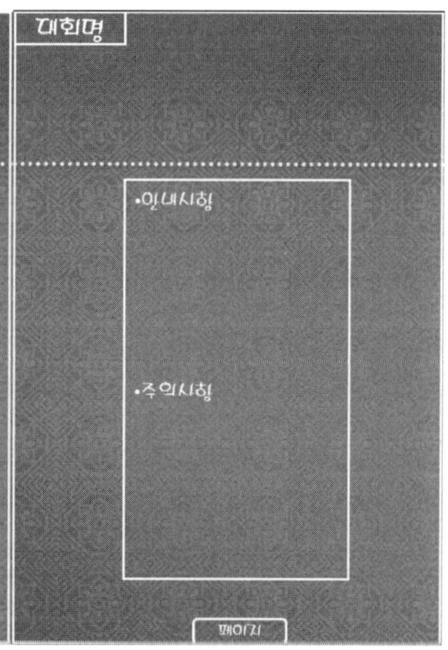
대회명
•안내사항
•주의사항
페이지

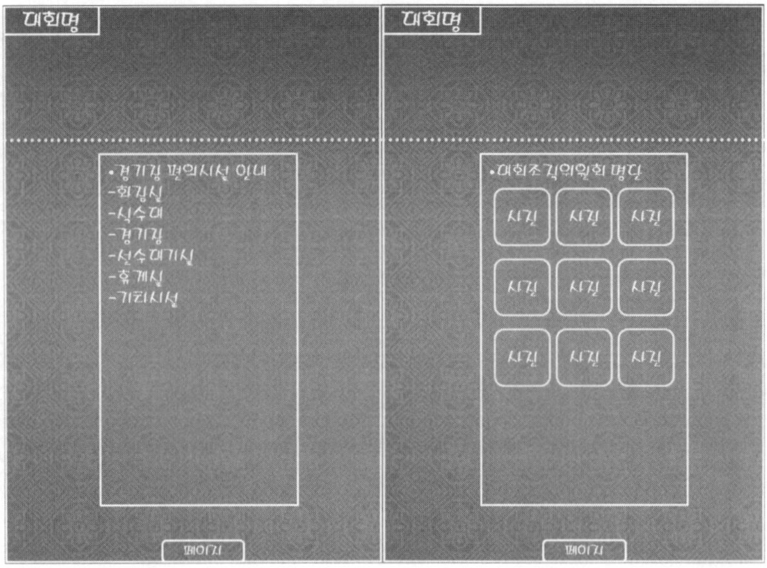
대회명
•경기장 편의시설 안내
-화장실
-식수대
-경기장
-선수대기실
-휴게실
-기타시설
페이지
대회명
•대회조직위원회 명단
사진
사진
사진
사진
사진
사진
사진
사진
사진
페이지

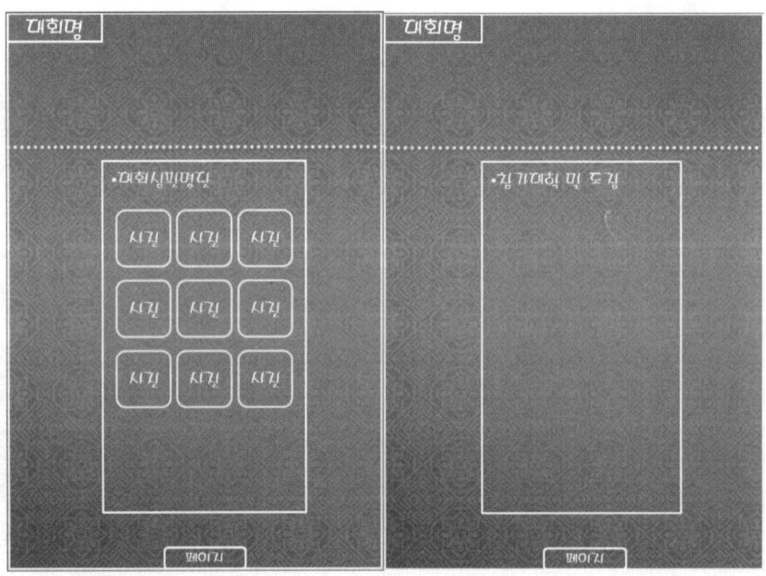
대회명
•대회심판명단
사진
사진
사진
사진
사진
사진
사진
사진
사진
페이지
대회명
•참가대학 및 도장
페이지

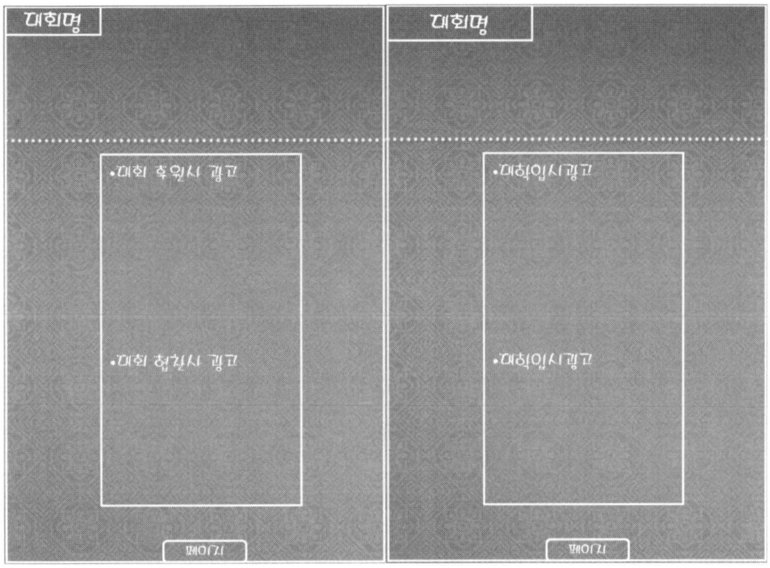

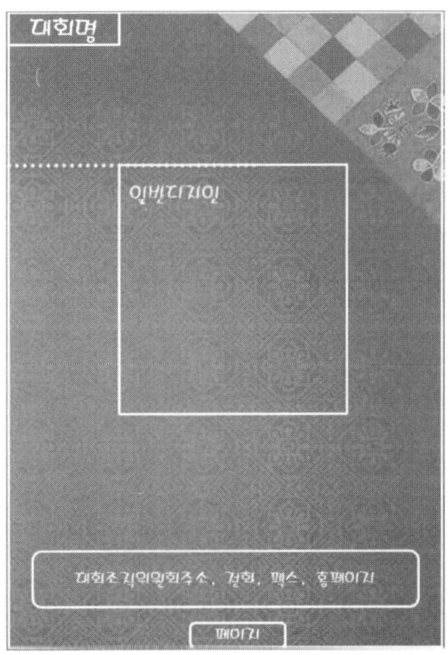

4. 선수등록

대회에서 대회에 대한 광고와 공문서가 발송되면 선수를 출전시킬 각 도장에서는 제한된 선수 접수기간에 선수를 선발하여 사무국에 필요한 서류를 제출하고 선수등록비를 납부하게 된다. 사무국에서는 도착하는 서류를 토대로 하여 <그림 53>과 같은 방법으로 EXCEL을 이용하여 상세하게 기록한다.

선수대장

순번	지도자명	출전선수수	지도자연락처	도장명	선수명	성적	성별	전부(중등/고등/대학일반)	출전구분	체급(급)	체중	주민번호	특이사항	납부현황
1	한규성	1	***-***-****	금호도장	김기상		남	고등부	대련	미들급	76	******-*******		완료
2	김규민	1	***-***-****	성일도장	이하늘		남	고등부	대련	페더	65	******-*******	단증사본없음	완료
3	김규민	2	***-***-****	성일도장	김정호		남	고등부	대련	페더	65	******-*******	단증사본없음	완료
4	김규민	3	***-***-****	성일도장	강재완		남	고등부	대련	플라이	60	******-*******	단증사본없음	완료
5	김규민	4	***-***-****	성일도장	전태원		남	고등부	대련	페더	65	******-*******	단증사본없음	완료
6	김규민	5	***-***-****	성일도장	황재욱		남	중등부	대련	헤비	70	******-*******	단증사본없음	완료
7	권동석	1	***-***-****	정주도장	윤명규		남	고등부	대련	핀급	55	******-*******		완료
8	권동석	2	***-***-****	정주도장	황유빈		남	고등부	대련	플라이	60	******-*******		완료
9	권동석	3	***-***-****	정주도장	박상운		남	고등부	대련	미들	80	******-*******		완료
10	권동석	4	***-***-****	정주도장	박민진		남	대학일반부	대련	핀급	55	******-*******		완료
11	권동석	5	***-***-****	정주도장	구현철		남	대학일반부	대련	페더	65	******-*******		완료
12	권동석	6	***-***-****	정주도장	이윤지		여	고등부	대련	핀급	48	******-*******		완료
13	권동석	7	***-***-****	정주도장	정보람		여	고등부	대련	플라이	53	******-*******		완료
14	권동석	8	***-***-****	정주도장	정예솔		여	고등부	대련	라이트	63	******-*******		완료
15	김건성	1	***-***-****	안중도장	장지용		남	고등부	대련	페더	64	******-*******	팩스로 접수	완료
16	김건성	2	***-***-****	안중도장	최철연		남	고등부	대련	페더	64	******-*******	팩스로 접수	완료
17	김관수	1	***-***-****	학사도장	이기광		남	고등부	대련	페더	65	******-*******		완료
18	김관수	2	***-***-****	학사도장	최승복		남	고등부	대련	플라이	59	******-*******		완료
19	김관수	3	***-***-****	학사도장	나원훈		남	고등부	대련	핀급	53	******-*******		완료
20	김관수	4	***-***-****	학사도장	최상순		남	중등부	대련	헤비	93	******-*******		미납
21	김관수	5	***-***-****	학사도장	홍철기		남	중등부	대련	웰터	63	******-*******		완료
22	김성호	1	***-***-****	성일관	양성민		남	고등부	대련	플라이	58	******-*******		완료
23	김성호	2	***-***-****	성일관	원영훈		남	고등부	대련	미들급	76	******-*******		완료
24	김영희	1	***-***-****	대성도장	임병욱		남	중등부	대련	미들급	69	******-*******		완료
25	김영희	2	***-***-****	대성도장	신재훈		남	고등부	대련	플라이	58	******-*******		완료
26	김영희	3	***-***-****	대성도장	김진혁		남	고등부	대련	플라이	59	******-*******		완료
27	김영희	4	***-***-****	대성도장	최지혜		여	고등부	대련	플라이	52	******-*******		완료
28	김성기	1	***-***-****	홍동관	박상호		남	고등부	대련	플라이	60	******-*******	단증사진없음	완료
29	김성기	2	***-***-****	홍동관	김진영		남	고등부	대련	페더	64	******-*******	단증사진없음	완료
30	김성기	3	***-***-****	홍동관	김동규		남	고등부	대련	핀급	55	******-*******	단증사진없음	완료
31	김성기	4	***-***-****	홍동관	김민선		여	대학일반부	대련	핀급	48	******-*******	단증사진없음	완료
32	김학일	1	***-***-****	노량도장	김우룡		남	고등부	대련	페더	65	******-*******	팩스로 접수	완료
33	김학일	2	***-***-****	노량도장	이필우		남	고등부	대련	페더	65	******-*******	팩스로 접수	완료
34	김학일	3	***-***-****	노량도장	강상윤		남	고등부	대련	라이트	70	******-*******	팩스로 접수	완료
35	김학일	4	***-***-****	노량도장	윤태우		남	고등부	대련	미들	80	******-*******	팩스로 접수	완료
36	김학일	5	***-***-****	노량도장	이준호		남	중등부	대련	핀급	45	******-*******	팩스로 접수	완료
37	김학일	6	***-***-****	노량도장	김현진		여	고등부	대련	핀급	48	******-*******	팩스로 접수	미납
38	김학일	7	***-***-****	노량도장	유세라		여	고등부	대련	라이트	63	******-*******	팩스로 접수	완료
39	김경성	1	***-***-****	한국대학교	명민호		남	대학일반부	대련	핀급	55	******-*******		완료
40	김경성	2	***-***-****	한국대학교	김민태		남	대학일반부	대련	플라이	60	******-*******		완료
41	김경성	3	***-***-****	한국대학교	김종현		남	대학일반부	대련	헤비	82	******-*******		완료
42	김경성	4	***-***-****	한국대학교	한영규		남	대학일반부	대련	페더	64	******-*******		완료
43	김경성	5	***-***-****	한국대학교	김종익		남	대학일반부	대련	웰터	74	******-*******		완료
44	김경성	6	***-***-****	한국대학교	이충호		남	대학일반부	대련	페더	65	******-*******		완료
45	김경성	7	***-***-****	한국대학교	박성준		남	대학일반부	대련	페더	65	******-*******		완료
46	김경성	8	***-***-****	한국대학교	이정원		남	대학일반부	대련	라이트	68	******-*******		완료
47	김경성	9	***-***-****	한국대학교	최인호		남	대학일반부	대련	핀급	54	******-*******		완료

<그림 53> 선수접수대장

기록을 한 선수대장은 선수의 인적사항을 비롯하여 경기에 필요한 정보만을 기입하여 쉽게 볼 수 있도록 간소화해야 한다.

선수대장은 경기 시작 전, 경기 중, 경기 후 전반에 걸쳐 각종 정보를 알아볼 수 있고, 또 새로운 정보를 입력하는 기본형식으로 매우 기본적이면서도 중요한 작업이라고 할 수 있다.

제한된 선수등록기간에 사무국에서는 선수로 등록한 자의 필요한 서류가 빠진 것은 없는지, 지도자와 선수, 학부모의 서명은 제대로 되어 있는지, 단증사본은 첨부되어 있는지, 체급 표시는 정확하게 표기되어 있는지, 사진은 부착되어 있는지 등의 이상이 유무를 확인하여 이상이 있을 경우, 아래 그림에 있는 특이 사항란에 기재하고 지도자에게 연락을 취하여 다시 받을 수 있도록 즉각 조치해야 한다. 선수등록은 필요한 서류와 선수등록비 및 기타 서류가 동시에 모두 완벽하게 준비되어야 선수의 등록에 관한 절차는 모두 완료된다. 대련의 경우초기 선수 등록시 파일 정리는 아래 <그림 54>와 같이 지도 순번, 지도자명, 지도자 연락처, 도장명, 선수명, 출전부, 출전구분, 체급, 체급, 체중, 주민등록번호, 특이사항, 납부현황 등의 내용으로 서류가 도착하는 순서대로 즉시 기재한다.

	A	B	C	D	E	F	G	H	I	J	K	L	M	N
1	순번	지도자명	연락처	도장명	선수명	성적	구분	성별	출전부(고등/대학일반)	연무구분	주민번호	특이사항	납부현황	
2	1	김건혁	***-***-****	동성관	김신아/유인수		A/B	여/남	고등부	1종목	******-*******/******-*******		완료	
3	2	송상협	***-***-****	하늘도장	이효근/김태훈		A/B	남/남	고등부	1종목	******-*******/******-*******		미납	
4	3	신동국	***-***-****	강일관	김준규/두용선		A/B	남/남	고등부	1종목	******-*******/******-*******		완료	
5	4	이도일	***-***-****	강호도장	유병욱/김수영		A/B	남/여	고등부	1종목	******-*******/******-*******		완료	
6	5	이현성	***-***-****	오성도장	이동현/이인욱		A/B	남/남	고등부	1종목	******-*******/******-*******		완료	
7	6	이효성	***-***-****	삼일도장	서상규/안주성		A/B	남/남	고등부	1종목	******-*******/******-*******		완료	
8	7	전철민	***-***-****	거호도장	김유라/황규민		A/B	여/남	고등부	2종목	******-*******/******-*******		완료	
9	8	정수철	***-***-****	유성본관	최정무/이후길		A/B	남/남	고등부	1종목	******-*******/******-*******		완료	
10	9	정수철	***-***-****	유성본관	강은철/김동현		A/B	남/남	고등부	1종목	******-*******/******-*******		완료	
11	10	최성일	***-***-****	한국대학교	김영국/한서하		A/B	남/남	대학일반부	1종목	******-*******/******-*******		완료	
12	11	최성일	***-***-****	한국대학교	신정훈/이동희		A/B	남/남	대학일반부	1종목	******-*******/******-*******		완료	
13	12	최성일	***-***-****	한국대학교	이성진/김만섭		A/B	남/남	대학일반부	2종목	******-*******/******-*******		완료	
14	13	홍민기	***-***-****	김일도장	전유리/김남건		A/B	여/여	고등부	1종목	******-*******/******-*******	단증사본없음	완료	
15														

<그림 54> 선수등록비 납부현황

<그림 55> 선수확인

연무의 경우 초기 선수등록시 파일 정리가 대련선수와 약간 다르다. 대련은 개인경기인 반면, 연무의 경우는 남녀, 남남, 여여 등으로 혼성 및 동성이 팀을 구성할 수 있으므로, 정보 입력시 한 칸 안에 두 사람의 정보를 입력해야 한다. 다시 말하면 한 칸 안에 있는 정보는 연무를 할 선수 2명의 정보이며, A선수와 B선수에 대한 정보를 순서가 바뀌지 않도록 정확하게 입력해야 한다. 파

일 정리는 아래 그림과 같이 지도자명, 도장명, 선수명(2명), 성적, 구분, 성별(2명), 출전부, 종목구분, 주민등록번호, 특이사항, 납부현황, 등의 내용으로 서류가 도착하는 순서대로 즉시 기재한다.

일차적으로 선수등록기간에 정리된 서류는 접수순서대로 대련, 연무 신청서로 분류하여 순서대로 쌓아 놓는다. 선수등록 기간이 종료되면 초기 파일을 가지고 지도자 및 소속도장 순으로 몇 명의 선수가 출전했는지, 각 체급별로 선수들은 몇 명이 출전했는지, 선수등록비와 기타 서류는 모두 빠짐없이 요구하여 받았는지 다시 확인한다.

그 다음은 정리된 파일 가지고 대련의 경우, 선수의 부(초, 중, 고, 대학일반부) 체급별로 구분한다. 연무의 경우, 선수의 부, 종목(1종목, 2종목) 으로 구분하여 파일을 따로 정리하여 저장한다. 이렇게 정리된 파일은 대진표 작성에 사용되는 중요한 초기 작업이 된다. 필요에 따라서 EXCEL에 양식에 의해 저장된 데이터는 지도자별에 따라 출전한 선수 인원파악, 체급별 선수 인원파악, 부별 선수인원파악을 쉽게 정렬할 수 있는 장점이 있다.

선수등록신청서를 기초로 한 선수대장은 경기의 규모, 준비하여야 하는 시설, 경기진행요원, 보험, 경기종료 후 선수의 경기실적 기재 등에도 중요한 자료로 사용되는 만큼 작성할 때 선수등록신청서와 틀림이 없이 작성하여야 한다.

5. 선수보험 가입

대회의 경기의 종목인 대련과 연무 중에 대련은 선수 간에 직접적인 타격이 이루어지므로, 보험가입은 필수로 이루어져야 한다. 보험가입은 선수등록을 완전하게 마감하고 대련과 연무로 구분한 다음, 대련 선수 총원을 계산하여 보험에 가입하도록 한다. 보험에 가입시 상해가 발생할 경우 보상의 내용을 정확하게 대회 주최측에서 인지하고 있어야 하며, 이 내용을 홈페이지에 게시하여 대회에 참여하는 지도자와 선수가 알 수 있도록 하여야 한다. 보험가입 시 일반적으로 다음과 같은 양식을 갖추어 선택한 보험사에 팩스로 보내고 보험료를 납부하며 된다.

본 연맹의 일정한 양식을 사용하여 다음과 같이 기재하여 보험에 가입하도록 한다.

발신: 한국대학합기도연맹
수신: 0000화재

보험가입신청서

우리 연맹에서는 아래와 같이 2007 대학연맹 회장배 전국합기도대회를 개최함에 있어서 귀사에 보험에 가입하려고 하오니 협조하여 주시기 바랍니다.

<표 35> 보험가입신청서

대회 내용	
대회명	2007 대학연맹 회장배 전국합기도대회
일 시	2007년 12월 4일 06시부터~18시까지
장 소	문경문화체육센터
대 상	초, 중, 대학일반부 유단자
주 최	한국대학합기도연맹
보험가입내용	
성 명	홍 길 동 외 400명(총 401명)
주민등록번호	801103-1483412
성 별	남
종 목	대학일반부 대련
체 급	미들급
참고사항	대련선수만 보험 가입처리 요망
주최기관 내용	
주최기관의 주소	충남 아산시 탕정면 갈산리 100번지
주최기관의 연락처 및 팩스	041-123-4567/041-345-789
주최기관의 담당자 및 연락처	홍 석 현/ 010-123-4567

2007년 12월 1일

한국대학합기도연맹

6. 초대장

招待狀

한국대학합기도연맹

초대의 글

평소 본회 발전에 지대한 관심을 갖고 물심양면으로 협조해 주신데 대해 깊은 감사를 드립니다.

한국대학합기도연맹에서 주최하는 2008춘계대학연맹 전국합기도대회 아래와 같이 개최하오니 참석하시어 자리를 빛내 주시기 바랍니다.

한국대학합기도연맹 회장직무대행 진 성 우

-아래-

1. 대 회 명 : 2008 춘계대학연맹 전국합기도대회
3. 대회일시 : 2008년 6월 1(일요일) 11시 00분
4. 대회장소 : 용인시 실내체육관
5. 대회주최 : 한국대학합기도연맹
6. 대회주관 : 한국대학합기도연맹
7. 문의전화: 031-407-2641~3

★참석여부를 5월 20일까지 알려주시면 감사하겠습니다

오시는 길

<그림 56> 초대장 시안

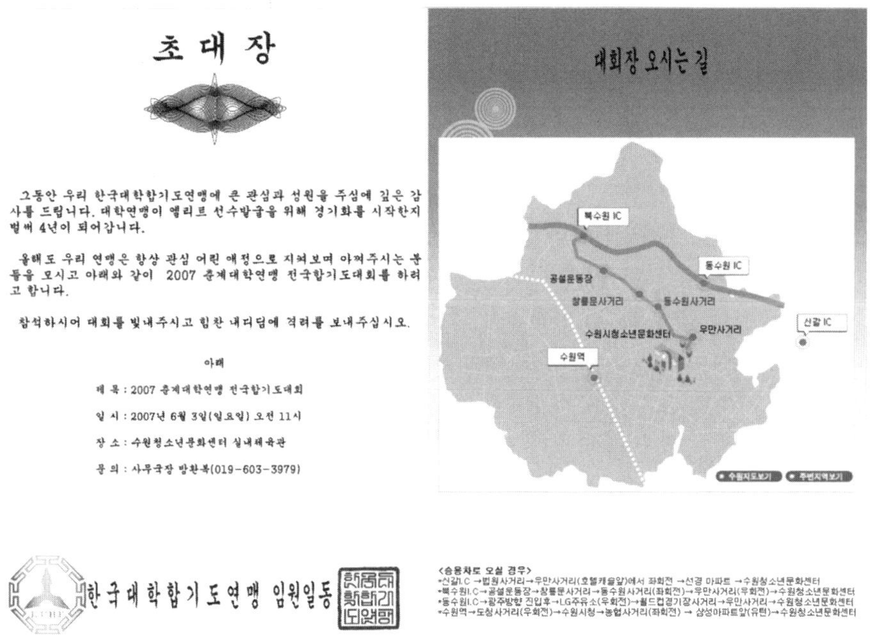

초 대 장

그동안 우리 한국대학합기도연맹에 큰 관심과 성원을 주심에 깊은 감사를 드립니다. 대학연맹이 엘리트 선수발굴을 위해 경기화를 시작한지 벌써 4년이 되어갑니다.

올해도 우리 연맹은 항상 관심 어린 애정으로 지켜보며 아껴주시는 분들을 모시고 아래와 같이 2007 춘계대학연맹 전국합기도대회를 하려고 합니다.

참석하시어 대회를 빛내주시고 힘찬 내디딤에 격려를 보내주십시오.

아래

제 목 : 2007 춘계대학연맹 전국합기도대회

일 시 : 2007년 6월 3일(일요일) 오전 11시

장 소 : 수원청소년문화센터 실내체육관

문 의 : 사무국장 방환복(019-603-3979)

한국대학합기도연맹 임원일동

<승용차로 오실 경우>
*신갈I.C →법원사거리→우만사거리(호텔캐슬앞)에서 좌회전 →선경 아파트 →수원청소년문화센터
*북수원I.C→공설운동장→장룡문사거리→동수원사거리(좌회전)→우만사거리(우회전)→수원청소년문화센터
*동수원I.C→광주방향 진입후→LG주유소(우회전)→월드컵경기장사거리→우만사거리→수원청소년문화센터
*수원역→도청사거리(우회전)→수원시청→농협사거리(좌회전) → 삼성아파트앞(유턴)→수원청소년문화센터

<그림 57> 초대장 샘플

7. 대진표 작성

1) 대진표 작성시 주의점

선수등록기간에 접수된 선수등록신청서에 기초한 선수대장이 완료되면 미비된 서류가 있는지 파악한 뒤, 이상이 없을 경우, 대진표 작성에 들어간다. 대진표 작성에 들어가기 전에 주의할 점 몇 가지를 나열하면 아래와 같다.

(1) 동일 도장 선수들과 경기가 이루어지지 않도록 작성한다.

(2) 동일 힉교 선수들과 경기가 이루이지지 않도록 작성한디.

(3) 동일 지역 선수들과 경기가 이루이지 않도록 작성한다.

(4) 대진표 작성자가 임의적으로 작성하다 보면 개인적인 관계에 의해 유리한 경기가 될 수 있도록 하는 공평성에 문제가 있을 수 있으므로, 되도록이면 컴퓨터를 이용한 희석 방법을 씌되, 위 (1), (2), (3)과 같은 내용은 희석이전에 임의적으로 조작을 하여 동일 도장, 동일 지역, 동일 학교와는 최대한 1회전부터 경기할 수 없도록 멀리 떼어 놓는 것이 바람직하다.

경기 방식이 결정되면 경기방식을 바탕으로 하여 대진표를 작성하고, 컴퓨터 프로그램 상으로

인한 대진표 이상 유무를 정확하게 파악하여 동일한 선수의 이름이 대진표에 올라와 있지는 않은지? 선수대장에는 있는데 대진표에는 누락된 선수는 없는지? 소속명은 제대로 기재되어 있는지? 동일한 도장, 학교, 지역 선수끼리 1회전부터 묶여있지는 않은지 등을 살펴보아야 한다. 이상이 없을 경우, 해당 대회에 출전하는 선수와 지도자가 모두 볼 수 있도록 게시하여야 한다. 대진표를 게시하여 선수와 지도자가 확인하게 하는 것은 사전에 경기에 대한 준비는 물론이며, 대진표 이상 유무를 2차로 다시 확인하게 함으로써 대회 당일 날 경기지연을 사전에 미리 방지하기 위함이다. 2차로 확인된 대진표는 진행요원 및 대회임원, 지도자수 등을 고려하고 적절한 수량을 결정하여 인쇄소에 맡긴다. 이 인쇄소에서 인쇄가 완료된 대진표는 최소 대회 전일에 경기위원장이 받아 볼 수 있도록 완결 짓는다.

2) 대진표 편집순서

2007 춘계대학연맹 전국합기도대회 대진표

한국대학합기도연맹 THE KOREA UNIVERSITY HAPKIDO FEDERATION KUHF

■일시: 200 년 월 일(일)

■장소: 수원청소년문화센터

■주최: 한국대학합기도연맹

■주관: 한국대학합기도연맹

■후원: (주)코리아맥스

한 국 대 학 합 기 도 연 맹
THE KOREA UNIVERSITY HAPKIDO FEDERATION

2007 춘계대학연맹 전국합기도대회 대진표 목차

한 국 대 학 합 기 도 연 맹
THE KOREA UNIVERSITY HAPKIDO FEDERATION

2007 춘계대학연맹 전국합기도대회

대 진 표 - 대 련

한 국 대 학 합 기 도 연 맹

THE KOREA UNIVERSITY HAPKIDO FEDERATION

2007
대학연맹 회장배 전국합기도대회

종목	남자-대학일반부-헤비급	출전선수	6	총경기수	5	부전승	2

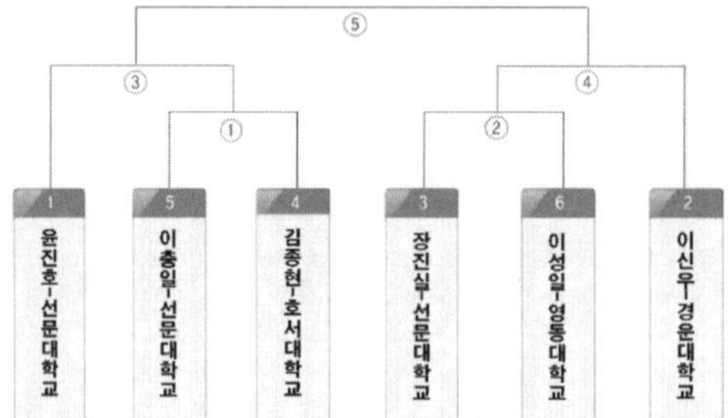

ITFARM

» 종목 : 남자-대학일반부-헤비급(-85Kg)

2007 춘계대학연맹 전국합기도대회

대 진 표 - 연무

한 국 대 학 합 기 도 연 맹
THE KOREA UNIVERSITY HAPKIDO FEDERATION

개인연무 고등부 1종목 (9팀)

연무번호	선수번호	소속명	선수명	비고
1	9	강무투혼체육관	조용찬	선수A
	10	강무투혼체육관	이효근	선수B
2	59	흑추관동부도장	김현민	선수A
	60	흑추관동부도장	이현성	선수B
3	13	영광체육관	이상희	선수A
	14	영광체육관	임소연	선수B
4	21	경북도장	김희태	선수A
	22	경북도장	박대용	선수B
5	75	흑추관한민도장	이남진	선수A
	76	흑추관한민도장	허인회	선수B
6	63	흑추관양생도장	신비한	선수A
	64	흑추관양생도장	한인욱	선수B
7	65	흑추관대한도장	최서인	선수A
	66	흑추관대한도장	장혜란	선수B
8	11	강무투혼체육관	최현수	선수A
	12	강무투혼체육관	김태훈	선수B
9	77	흑추관한민도장	진호용	선수A
	78	흑추관한민도장	한준희	선수B

3) 경기방식[35]

경기방법은 토너먼트(Tournament)와 강자분산식(Seed draw), 패자부활식, 리그식(League), 결합식, 점수식, 등으로 구분할 수 있다.

한국대학합기도연맹에서는 보통 대련의 경우, 토너먼트(Tournament)를 채택하고 있으며, 연무의 경우 점수식이나 결합식을 채택한다.

따라서 본 서에서는 한국대학연맹에서 채택하는 경기방법인 토너먼트(Tournament)와 점수식 및 결합식, 강자분산식 등에 대해서 알아보자.

(1) 토너먼트(Tournament)

토너먼트는 대련에서 채택하는 경기방식으로 해당 종목에 출전한 선수의 수가 2의 등비수열 2, 4, 8, 16, 32, 64라면 문제가 없지만, 등비수열이 아닌 선수 수가 출전하였다면 1회전에서는 부전승으로 올라가는 선수와 경기에 참여해야하는 선수로 구분할 수 있다.

부전승의 수는 경기에 출전한 선수의 수보다 많은 2의 등비수열에서 출전자수를 뺀 수로 해야 한다. 아래 그림에서 보여주는 대진표를 보면서 계산해보도록 하자.

예를 들면 23의 선수가 출전하였다고 한다면, 부전승수는 23다 큰 2의 등비수열인 32에서 참가자수 23을 뺀 9이다.

32(18보다 큰 2의 등비수열)-23(출전 선수수)=9(부전승수)

23(출전 선수수)-9(부전승수)=14(1회전 경기출전 선수수)

23(출전 선수수)-1=22(총경기수)

아래 대진표에서 부전승은 보통 추첨에 의해서 수동으로 하는 경우도 있으나 현재는 컴퓨터에 의해서 자동으로 추첨하는 방식으로 한다.

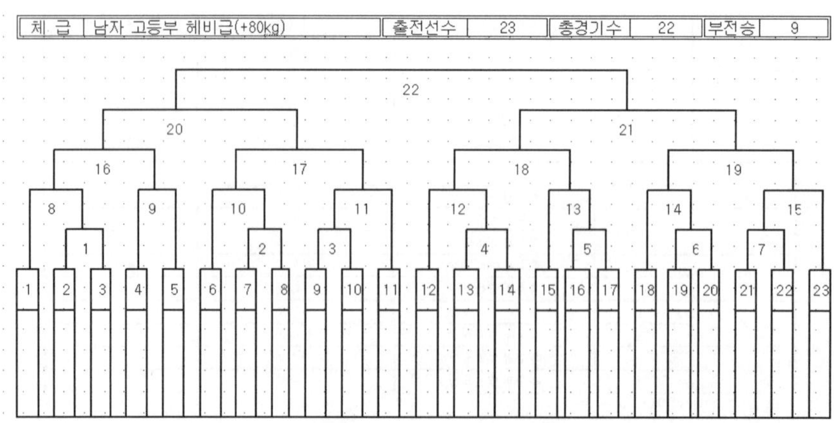

<그림 58> 토너먼트 대진표1

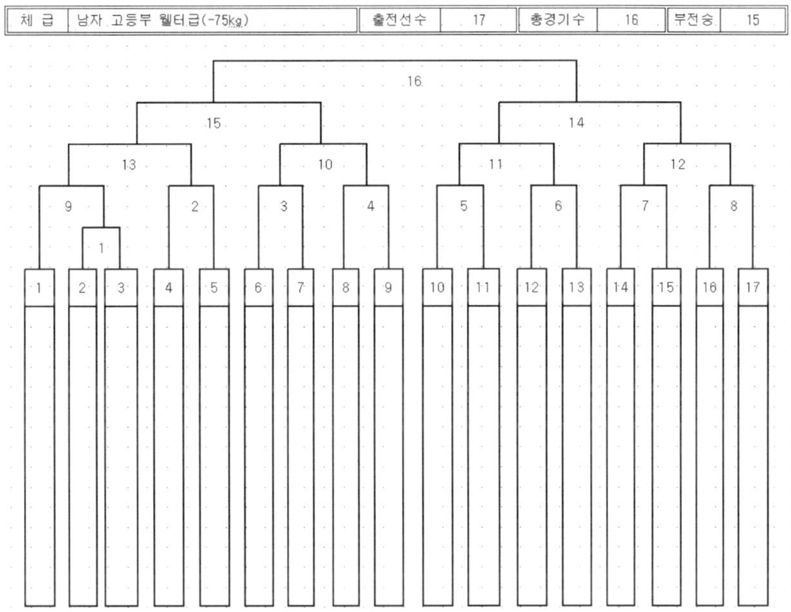

<그림 59> 토너먼트 대진표2

(2) 강자분산식

이 경기 방식은 선수에 대한 이전 경기에서 있었던 경기실적과 기타 실적을 기초로 하여 최초 1회전에 기량이 높은 선수들끼리 경기를 하지 않도록 하는 방식이다. 이렇게 함으로써 기량이 높은 선수들이 1회전에 탈락하는 모순을 방지할 수 있는 장점이 있다.

강자분산식은 몇 가지 지켜야 할 것이 있다.

① 참가선수 64명 이하의 경기는 2인 이상 8인이하로 시드를 해야한다.

② 참가선수 64명 이상의 경기는 적어도 8의 시드를 필요로 한다.

③ 64인을 초과하는 8인을 마다 1개의 시드가 증가된다.

④ 경기위원장은 선수의 기량을 참작하여 결정한다.

⑤ 추점발표와 동시에 시드 선수와 그 순위를 기록한디.

⑥ 시드를 2인으로 할 경우, 순위는 추점에 의해서 결정한다.

순위상위자는 상반부에 차위자는 하반부에 의해서 결정한다.

⑦ 시드를 4인으로 할 경우, 순위 제 1위와 제 2위는 ⑥과 같이 하고 제 3위와 제 4위는 역시 추첨으로 결정하여 각각 1/4의 제 2의 수위부에 제2의 수위부에 제 4위자는 1/4의 제4의 수위부에 배치한다.

⑧ 시드를 8인으로 할 경우, 순위 제4위까지는 ⑦과 같이 하고 제 5위 이하는 추첨에 의해서

순위 차례로 상반부의 1/8의 제 2의 수위부에 다음은 1/8 제6의 수위부에 다음은 1/8의 제 4의 수위부에 다음은 1/8의 제 8의 수위부에 배치한다.

(3) 리그식

이 경기 방식은 선수 전원이 서로 다른 상대와 한번씩 모두 경기를 하는 것으로써, 공평하지만 시간이 오래 걸린다는 단점이 있다.

경기수는 참가자 수에서 1을 빼면 된다.

참가 선수가 짝수일 경우 1을 고정시키고 오른쪽으로 돌려서 대진순서를 정한다. 참가 선수가 홀수일 경우 0이라는 숫자를 추가하고 이 0은 가상의 숫자로써 0과 대면하게 되는 선수는 휴식을 취하게 된다.

아래 예를 보면서 자세하게 살펴보기로 하자.

※예를 들어 8명일 경우(7라운드)-참가자가 짝수인 경우

1라운드	2라운드	2라운드	4라운드	5라운드
1234 8765	1823 7654	1823 7654	1678 5432	1567 4328

6라운드	7라운드			
1456 3287	1345 2876			

7라운드까지 한명도 겹치지 않고 모든 선수에 경기를 치루게 된다.

※9명일 경우는(8경기)

1라운드	2라운드	2라운드	4라운드	5라운드
01234 98765	09123 87654	08912 76543	07891 65432	06789 54321

6라운드	7라운드	8라운드		
05678 43219	04567 32198	03456 21987		

8라운드까지 한명도 겹치지 않고 모든 선수에 경기를 하게 된다.

이후 경기 성적 결과는 다수 승자가 우승하게 되는데, 동점이 나왔을 경우는 경기기록에서 선수 간에 승패를 가지고 판단하여 승자로 결정(승자승)한다.

(4) 점수식

점수식은 연무경기에서 채택하는 경기방식으로 대회 당일날 선수가 직접 참여하여 통안에 각자의 번호가 매겨져 있는 번호 추첨를 통해서 선수 본인이 추첨한 번호가 곧 연무 순서로써 해당 순서 차례가 되면 한팀이 나와서 연무를 실시하고 심판들로부터 평가 점수를 받게 된다. 모든 선수의 연무가 끝나면 채점은 5명의 심판이 결정한 점수를 모두 수합하여 제일 높은 점수와 제일 낮은 점수를 제외한 3명분의 점수만을 합산한다.

참고할 것은 토너먼트, 점수식, 혼합식에서 경기의 시간이 대회 프로그램상 한정 되어 있을 경우 특정한 기술에 한해서 연무를 할 수 있도록 하는 경우도 있다. 예를 들면, 1종목의 경우, 손목수, 의복수, 방권술이라고 가정할 때 토너먼트 1회전 경기에서는 손목수만, 2회전에서는 의복수만, 3회전에서는 방권술만 할 수 있도록 하고 그 이상의 경기가 치러질 경우는 손목수에서 1수, 의복수에서 1수, 방권술에서도 1수 등으로 연무를 진행할 수 있도록 할 수 있다. 결승의 경우는 모든 기술을 연무할 수도 있다. 따라서 연무에 참여하는 모든 선수는 모든 기술을 사전에 알고 있어야 하며, 각 회전마다 연무기술이 변경될 수 있음을 알고 있어야 한다.

(5) 리그식혼합식(추출식+토너먼트)

이 경기방식은 연무경기에서 출전 선수의 인원이 과다하여 대회 전반적인 프로그램 편성에 비해 많은 시간이 소요될 것이라고 판단될 때, 동시에 몇 개의 팀이 연무를 실시하고 이중에서 우수한 연맹에서 정하는 일정한 점수에 해당한자만을 가려낸다. 이후 나머지 잔류 하고 있는 연무를 진행하지 않은 팀들도 위와 같은 방식으로 가려내게 된다. 연맹에서 정한 점수에 미달한 자는 불합격으로 경기에 참여할 수 없으며, 점수에 도달한자는 팀의 수와 상관없이 토너먼트 경기 방식에 의거하여 경기를 하게 된다.

8. 경기에 대비한 지도자

합기도 시합의 승패에 영향을 미치는 것은 선수의 타고난 기량과 기술습득 과정에서 나타나는 자신의 노력도 중요하지만, 지도자의 역할과 코칭 방법에 관한 중요성도 인지되면서 최근 들어 지도자들에 대한 연구들이 적극적으로 이루어지고 있다.[36)]

현장에서 시합의 승패는 선수들의 체력과 수행능력 등의 개인적인 요인과 장비, 정보, 가족 등을 포함한 환경적인 용인 등도 중요한 영향을 미치겠지만, 지도자의 코칭방법, 또한 시합의 승패와 선수들의 경기력 향상에 밀접한 관련성을 가지고 있기 때문이다.[37)]

지도자는 성별, 선수경력, 지도경력, 전문지식, 지도하는 종목을 따라 다르다. 특히 선수들의 수행력을 향상시키고 시합에 승리하는 횟수가 많은 지도자는 일반적인 지도자들과 다른데, 우수지도자는 자신의 분야에 대한 깊고 넓은 지식을 갖고 있으며, 가르치는 선수들과 좋은 관계를 유지하며 선수들에게 달성 가능한 목표를 주어 성취하게 하고, 수행력 향상을 위해 효율적으로 지도한다.[38] 즉 우수지도자가 되기 위해서는 지도방법과 기술대한 지속적인 연구에 관심을 가지고, 이 연구를 바탕으로 자신의 의사결정, 동기부여방법, 코칭행동을 측정하는 자세를 게을리 하지 않으면 안 된다. 또한 연습과 시합에서 얻어진 객관적 데이터를 가지고 자신의 코칭법, 선수가 수정해야할 점을 찾아 이를 피드백하여 선수는 물론 지도자 자신의 발전을 꾀하여야 할 것이다.

1) 코칭의 개념

코칭은 단순히 선수를 가르치는 행위를 넘어 잠재력이 있는 선수를 선발하고 체계적인 훈련 계획을 통해 기본 기술은 물론, 전술을 지도하며, 원활한 팀 유지와 운영을 위해 선수들을 효과적으로 관리하고 시합에서 좋은 경기를 수행하도록 하는 행위 등 매우 다양한 행동영역에 포함한다고 할 수 있다.[39]

즉, 선수의 경기력 향상을 위한 훈련 과정과 경기 시 적용 될 수 있는 과학적 원리와 방법에 관한 이론적, 경험적 배경을 섭렵한다. 코치란 수행 능력을 향상시키기 위해 지속적으로 그리고 개별적으로 지도, 강화, 교정하는 지도자의 활동을 말한다. 따라서 코치해 주는 것은 단순히 문제를 인지시켜 주는 것과는 차원이 다르다. 그것은 문제를 발견한 후 그 문제를 처리할 수 있는 능력까지 개발 시켜주는 것을 포함한다. 단순히 부족한 면을 지적해 주는 것이 아니라 지적해 준 다음 그것을 넘어 설 수 있도록 가르쳐 주고 훈련시켜 주는 것이다.[40]

최상진[41]은 기능적 측면에서 코칭을 운동기술과 수행에 관련하는 지식과 기법으로, 그리고 지식과 기법을 습득하고 발현에 관여하는 동기, 태도, 가치관, 성격, 사기, 인간관계, 협동 등을 최적의 상태로 유지, 조장 관리하는 것으로 정의한 반면, Terry[42]는 전문적 기술, 전략적 기술, 관리기술, 대인관계 기술, 등 4가지로 범주화했다. 여기서 전문적 기술은 가장 기본적인 코칭의 도구인 스포츠 지식을 가리키며 전략적 기술은 경쟁에서 승리하기 위한 분석과 의사결정 요인이고, 관리기술은 팀과 선수들의 조직적이고 체계적으로 관리 유지하는데 필요한 훈련계획, 시간관리, 선수관리 등을 포함하며, 대인관계 기술은 팀의 목표를 달성하기 위해 학부모, 관리자, 스폰서 및 대중매체 등과 좋은 관계를 유지하는 것을 의미한다.

이처럼 다양한 범주와 각도에서 상이하게 코칭을 정의하고 있지만, 공통적으로 선수의 경기력 향상을 위한 방법임에는 공통적이라 할 수 있다.

2) 효과적인 행동적 코칭

일반적으로 효과적인 행동적 코칭이란 우선 행동을 개선하고 유지할 목적으로 행동 심리학의 원리를 일관되게 적용하는 것을 말한다. 효과적인 행동적 코칭은 첫째는 정확한 측정이 가능한 구체적 행동과 결과의 관점에서 목표를 확인하고 그 측정에 근거하여 구체적인 코칭 기능의 효과성을 평가한다. 둘째는 실험적 연구를 통하여 효과성이 규명된 행동 수정 절차를 사용하도록 코치들에게 독려한다. 셋째는 새로운 행동의 개발과 변화된 행동의 유지와의 차이를 인지하고 이를 달성할 긍정적 절차를 제시한다. 네 번째는 선수들에게 자신의 운동수행을 기록하고 도표화하게 하며 자신의 과거 운동수행 능력에 도전하고 그것을 더욱 향상시키기 위해 노력하도록 한다.

그러기 위해서는 코칭 행동을 구체적으로, 자주 그리고 상세하게 측정하여 그것을 코칭 기능의 효율성을 평가하기 위한 일차적인 자료로 충분히 활용될 수 있어야 한다. 따라서 이 같은 행동적 접근의 자료는 모든 수준의 코치들에게 적용할 수 있도록 해야하며, 코치는 선수들의 여러 가지 개인적인 특성을 고려하여 결정할 수 있어야 한다.[43]

효율적인 코칭 행동은 선수들 뿐 만 아니라, 코치 자신들에게도 큰 도움이 될 수 있다. 코칭에 관한 이러한 행동적 접근은 코치가 자신의 코칭 기능을 객관적으로 탐지할 것을 강조한다. 코치의 자기-평가는 다른 행동적 절차들을 시행하는 데에도 도움이 된다.[44] 자기 행동에 대한 객관적 평가는 혼동, 죄의식, 분노, 등과 같은 정서적인 문제를 해결하는 데에도 크게 도움이 된다. 자신의 부적합한 행동을 분명하게 확인할 수 있다면, 그것은 긍정적인 행동으로 변화시키는 것은 글게 어렵지 않다. 또한 객관적인 자기-평가는 바람직한 코칭 행동에 관한 정보를 제공하기도 하고, 바람직한 코칭 행동을 자각함으로써 보다 쉽게 자신의 코칭 행동을 향상시킬 수 있는 것이다.[45]

3) 코치의 역할[46]

코치의 궁극적인 임무는 두말 할 것도 없이 운동경기자의 능력을 향상시키고 시합에 있어서 좋은 성적을 올리는 것이다. 여기에는 다음과 같은 몇 가지 조건을 들수 있다.

(1) 코치는 선수의 자질과 장래성을 발견해야 한다.

천부의 소질을 타고난 잠재능력을 가진 자를 선발해야 한다. 선수 선발시, 신장, 골격의 코기나 체격 형태를 고려, 운동에 대한 소질, 성격과 의지, 적정연령, 정보를 받아 들이고 이를 행동으로 표출할 수 있는 지적능력 등을 고려하여 선발하여야 하는 것이 기본이며, 이를 무시하고 무차별적인 선수선발은 선수와 코치 모두에게 시간과 노력을 소비하는 바람직하지 못한 일일 것이다. 그러나 객관적·주관적으로 선발된 선수 가운데는 연습이 초기에 있어서 동작이 느리거나 부주의한 시합이 일정한 시기가 경과한 후 기술이 발전되는 경우가 허다하므로 연습의 초기에 장래성을 속단하는 일은 금물 이다.

(2) 코치는 개별적 선수의 심리적 적성을 알아두어야 한다.

코치는 선수들의 행동을 분석하고, 이를 이해하며 통제할 수 있어야 한다. 선수의 신체적인 면 뿐 만아니라 심리적 특성을 알아두어야 한다.

(3) 연습의욕을 환기시킨다.

(4) 동기 유발을 부여한다.

(5) 코치는 합리적, 능률적인 트레이닝 계획을 세운다.

(6) 시합에 대비한 철저한 준비가 되어 있어야 한다.

연습의욕을 환기시키는 요인으로는 흥미, 필요감, 성공의 기쁨, 목표의 지각 등이 있다.

일반적으로 연습시 코치로서 유의사항 :

첫째, 연습시간을 너무 길게 하지 않는다.

둘째, 연습방법을 될 수 있는 한 바꾼다. 그러나 너무 자주 바꾸면 안된다.

셋째, 놀이로 경쟁시킨다.

넷째, 칭찬한다.

다섯째, 선수들의 건의를 받아들인다.

여섯째, 선수의 응용력을 키운다

일곱째, 구체적인 목표를 확립시킨다. 실현가능한 목표제시

여덟째, 머리를 쓰게 한다.

아홉째, 타종목과 직결시킨다.

열번째, 쉽게 숙련되게 한다.

(7) 코치는 경기자의 개성에 따라서 지도해야 한다. 즉 개인차 인정해야 한다.

(8) 팀구성을 생각하지 않으면 안 된다. 즉 팀의 분위기를 생각해야 한다.

4) 코치의 종류

(1) 권위주의형

권위주의형은 자신의 목표를 위하여 외부의 비평이나 평가를 받아들여 발전하려고 하지 않고, 오직 자신의 의지대로 결정하고 실행하며, 선수들에게 강도 높은 훈련을 강조하는 특징이 있다. 또한 자신의 능력을 믿고 경기력 향상을 위해 매진한다. 이러한 권위주의형 코치는 자유스러운 운동 분위기 및 부드러운 선수와 코치간 에 허물없는 의사소통이 원활하지 못하다는 단점이 있다. 특히 투기종목에서 이런 권위주의형 코치를 쉽게 찾아볼 수 있으며, 단기간에 목표를 달성하기 위해서 이런 코치는 적합하다.

간략하게 권위주의형 코치들의 특징을 살펴보면 다음과 같다.

① 시합에서 승리를 위하여 강도 높은 훈련을 실시한다.

② 매사에 철두철미하며, 빈틈이 없고 꼼꼼하다.

③ 전통을 세우기 위해서 열성적이다.

④ 중도에 포기하지 않는다.

권위주의적인 코치는 상하체계가 확실했던 과거에는 그것을 이해하고 당연한 것으로 받아 들여졌을 수도 있었으나, 최근 사회의 평등화 바람과 민주주의식 교육체계에서 교육을 받은 선수들은 그들의 주장이 확실하여 권위주의형의 코치는 적합하지 않다고 할 수 있다.

(2) 민주주의형

최근 선수들이 제일 선호하는 코치의 종류로서, 선수들과 원만한 관계를 유지하면서 그들에게 소속감을 심어주고, 어떤 문제점에 봉착하면 그 문제를 대화로 해결하려하며, 정당한 해결책을 얻으려고 노력한다.

또한 선수들로 구성된 조직에서 그들의 의견을 청취하고 수렴하여 훈련계획 및 전략, 목표설정을 하며 팀의 방향을 설정해 나간다. 이러한 민주주의형 코치가 있는 조직에서는 분위기가 상당히 부드럽고 원만하며, 장기적 목표를 위해서 실현하기 위해서 필요한 코치유형이다. 반면 코치의 지시를 제대로 받아들이지 않거나, 팀의 분위기를 흩트리는 등의 단점이 발생할 수 있다. 이런 경우는 대체로 개인종목의 지도자 가운데서 많이 나타난다.

(3) 자유방임형

팀의 목표를 정확하게 설정하며, 계획적인 훈련법을 가지고 있는 권위주의형 코치와는 정반대인 코치의 유형으로서, 일반적으로 즉흥적인 계획을 가지고 훈련에 임하는 지도형태로 지도자가 적극적으로 개입하여 선수들의 경기력 향상을 위해 노력하기 보다는 조언정도의 역할을 함으로서 좋은 결과는 취하기는 힘들다.

어떤 체제내에서 개인적인 생존을 반영함으로써, 그들 자신의 방향을 택하는 것이 아니고 흐름에 따라 움직이는 태도를 취하게 된다. 이런 코치는 자신의 명확한 신념이나, 철학, 훈련방법 등에 자신이 없을 때 나타나 쉬운 지도유형이다.

5) 우수코치의 특성과 전문지식을 발달시키는 방법

다양한 코칭 역할을 성공적인 결과로 이끈 우수 코치는 일반적으로 해당 스포츠에 대한 전문지식, 전문지식의 전달 및 적용능력, 그리고 풍부한 현장경험 등이 있다.[47] 이것은 우수코치가 다양한 활동이 복합적으로 일어나고 있는 실제 코칭 상황에서 임기응변적으로 선수들을 지도하는 것이 아니라 어떤 체계를 가지고 선수들을 지도하고 있다는 것을 의미한다. 이러한 체계적인 지식은 아마도 그 분야의 오랜 경험과 학습을 통해 얻은 것이며, 우수코치는 초보자와 다른 전문지식을 소유하는 있는 것은 분명하다.

특정한 분야에서 장기간 철저한 준비, 노력, 훈련을 통해 최상의 수행을 지속적으로 수행하는 사람들을 전문가라 정의하였다. 따라서 초보자와 구별되는 전문가들의 지식, 사고과정과 행동양식 탐구는 앞으로 우수한 지도자가 되려고 하는 이들의 전문성 개발에 많은 도움을 줄 것이다.

Tan[48]은 우수코치를 그 분야의 전문지식을 가지고 있는 전문가로 보고 우수코치의 특성을 제시하였다. 우수코치는 다양한 지식을 기초로 한 분야의 특수성, 위계적인 지식 조직 능력, 예리한 지각 능력, 문제 발견과 해결, 행동의 자동화 장·단 기 기억능력과 자신 코칭기술의 해석능력이 있다고 하였다. 또한 Demarco와 Mcclick[49]는 우수코치가 어떤 방법으로 그들의 전문지식을 발달시키는가를 제시하였다. 그들은 우수코치는 첫째, 광범위한 지식을 얻으려고 노력해야 하고, 둘째, 목표를 위해 가장 중요한 것이 무엇인가를 파악해야 한다고 하였다. 셋째, 발생하는 문제를 빠르게 인식하고 그것을 해결하도록 해야 하며, 넷째, 장·단기 기억을 증가시켜야 한다고 하였다. 다섯째, 훈련과정을 자동화 시켜하며, 마지막으로 자신의 코칭화 과정을 평가해야 한다고 하였다. 또한 미국의 고교 야구코치인 Olson[50]은 성공적인 코칭의 특성으로 먼저, 그 분야의 많은 지식을 가지려고 노력하고, 기술을 잘 조직화하며, 훈련에 많은 노력과 시간을 투자하여 스텝이나 선수들과 효율적으로 의사소통을 한다고 하였다. 또한 선수들에게 인간적 모습을 보여주고 공정하고 정직하게 행동하는 특성이 있다고 하였다.

박정근[51]은 우수코치는 성실성과 노력, 선수에 대한 사랑, 솔선수범 및 모범, 신뢰, 운동에 대한 애착, 책임감이 있으며, 공부하는 자세, 실기와 이론의 겸비, 자기계발을 한다고 하고 있으며 유진·정지혜[52]는 엘리트 코치들은 페어플레이, 승부근성, 인내와 노력, 생활관리, 진실성, 따뜻한 마음, 원만한 대인관계의 특성을 보이고 있으며, 전진효[53]는 우수코치는 성실성과 노력, 신뢰, 종목에 대한 애정과 지도방법, 선수관리, 선수육성의 범주와 함께 동기유발, 카리스마, 유머, 경험 등의 코칭 자질이 필요하다고 하였다.

이러한 모든 것을 함축적으로 김인숙[54]은 전문지식을 발달하게 하는 요인을 광범위한 지식, 새로운 변화추구, 성공적인 목표달성을 위한 노력, 문제의 빠른 인식과 해결의 네 가지 차원으로 분류하였다. 각각의 차원으로 구분되는 하위범주의 내용을 보면 첫째, 광범위한 지식 차원에서는 학문적인 열의, 선수에게 배우기, 다른 지도자에게 배우기 범주로 분류하고, 둘째, 새로운 변화 추구 차원에서는 자기계발, 노력, 시행착오, 실험적 사고의 범주로, 셋째, 성공적 목표달성을 위한 노력 차원에서는 철저한 계획, 능동적 개발 훈려, 현장감 있는 연습의 범주로 분류하였다. 넷재, 문제의 빠른 인식과 해결차원에서는 세밀한 관찰, 철저한 분석, 선수와의 의사소통 범주로 구분하였다.

코칭지식에 대한 몇몇 학자들의 분류를 보면, 명제적 지식(Declarative knowledge), 절차적 지식(Procedural knowledge), 그리고 전략적 지식(Strategic knowledge)으로 분류하였다.[55][56]

명제적 지식은 사실적 정보, 즉 해당종목의 경기규칙이나, 경기의 특성을 이해하는 지식이며, 절차적 지식은 운동수행을 어떻게 해야 하는가에 관한 지식으로, 특히 문제 해결이나 의사결정과 관련되며, 운동상황과 결과를 연결하여 운동절차에 맞는 기능을 수행하는 지식이다. 전략적 지식은 인지적 절차를 촉진하기 위해 일반적 규칙 또는 통제과정을 사용하는 지식이다. 이 세 가지 코칭지식은 위계적 특성을 가지고 있다. 또 다른 분류로는 인간의 모든 활동에는 언어화할 수 있는 측면의 기술적 지식(Technical knowledge)과 언어화할 수 없는 실천적 지식(Practical knowledge)으로 분류할 수 있다. 기술적 지식은 일반적인 이론적 원리와 합기도의 이론과 실제를 다룰 수 있는 규칙과 방법을 말하고, 실천적 지식은 합기도에 대한 실제적 경험을 통해 체득된 몸으로 아는 지식이다.[57] 특히 코칭지식 측면의 특징은 기술적 지식보다 오랜 경험과 반성을 통해 얻은 실천적 지식이 더 중요하다. 성공적인 코치들은 이러한 코칭지식, 즉 운동개념, 이론, 그리고 기술을 훈련과 시합을 통해서 실제로 적용시킴으로써 선수들을 효율적으로 지도할 수 있다.[58]

6) 대회 준비를 위한 지도자의 업무

대회 주최 및 주관 측에서 전달된 공문서를 받음과 동시에 지도자는 대회요강 대회경기규칙 등을 자세히 읽고, 경기에 출전할 예상 선수들은 파악한다.

보통 대회는 1년 전에 주최 측의 홈페이지나 이전 대회를 기준으로 예상 대회일정을 파악하고 경기에 출전할 선수들을 관리하는 것도 지도자의 현명한 관리 방법의 하나이다.

대회에 대한 정보를 받아 사전에 미리 준비하고 그 대회에서 정한 일정한 규정에 맞게 선수들을 트레이닝 하는 것은 일반적으로 3-1개월 내에 공지 이후에 선수들을 대회규정에 맞게 트레이닝 시킬 경우, 시간적인 여유가 없어 충분한 적응 훈련기간이 부족한 경우가 많다. 따라서 지도자는 대회에 대한 정보를 사전에 충분히 파악하고 미리 준비하는 자세가 필요하다.

대회에 앞서 선수들의 관리는 선수의 기량을 충분히 발휘할 수 있도록 함과 동시에 대회마다 다른 규정을 최대한 짧은 시간에 훈련시켜 좋은 성적을 내기란 그리 쉽지 않은 문제이다.

대회에 출전할 선수들을 관리에 앞서 지도자가 숙지하여 할 몇 가지 사항을 체크한다.

(1) 연간 참가할 대회를 파악하고 구분한다.

(2) 참가하여야 할 대회가 언제 있는지 파악해둔다.

(3) 회 장소는 어디인가?

(4) 대회 접수기간 및 방법

(5) 대회의 규정은 숙지되었는가? (종목, 선수 체급, 복장, 준비물)

(6) 대회에 적합한 선수는 있는가?

(7) 대회에 참여할 선수들의 실력향상과 대회를 위해 무엇을 준비해야 하는가?

체중조절, 체력증강 및 정기적인 체력측정, 기술반복훈련, 정신강화훈련, 규칙적인 생활관리, 부상방지, 컨디션조절 등 위와 같은 몇 가지 사항을 파악하여 출전할 선수들이 선발되면, 지도자는 대회의 규정에 따라서 대련과 연무별로 선수를 나누어 일정한 트레이닝 계획을 일정한 표와 타임 스케줄을 제작하여 이에 맞게 진행한다.

선수들의 개인 훈련 기록표를 아래와 같은 방법으로 작성하여 부족한 점이나 신체적으로 부상 및 심리적으로 문제가 있는지 매일 매일 체크하여 선수관리에 전념하여야 한다.

9. 경기를 대비한 선수의 자기관리

최근 스포츠 현장은 물론 경기화된 무도의 경기현장에 선수의 기량을 최대화하는 위한 노력에 관심이 고조되고 있다. 선수의 경기력 향상을 위해 지도자로써 해야 할 일, 기타 여러 가지 조건 등이 성공에 영향을 미칠 수도 있지만, 특히나 이슈로 떠오르는 것은 제3자가 아닌 선수 본인이 자기관리를 어떻게 하는지에 따라서 성공과 실패를 가늠할 수 있는 중요한 요소로 떠오르고 있다.

운동선수들이 운동수행의 향상과 함께 더욱더 운동에 몰두하게 하기 위해서 운동수행에 대한몰입경험과 몰입수준을 높이기 위한 다양한 전략적 접근뿐 아니라, 수행의 향상과 최상의 경기력을 발휘하기 위해서 선수들이 반드시 실천하여야 할 요소인 자기관리를 선행변수로 하여 그 영향력을 관찰해 볼 필요가 있다.

특히 합기도의 경기는 앞에서도 거론된 바와 같이, 태권도 다음으로 수련층이 다양하고 수련인구가 많음에도 경기와 관련된 그 어느 것도 체계화되고 이론적으로 정립되어 있지 못하다. 최근 엘리트 선수 발굴과 육성을 위해서 한국대학합기도연맹에서는 나름대로의 노력을 기울이고는 있고, 그 자리를 잡아가고 있는 실정이다. 그러나 합기도의 경우 국가의 지원을 받고 있고, 엘리트 선수 육성을 위해 학교, 기관, 기업체에서 관리 감독하는 여타 무도 스포츠와는 달리 도장에서 수련하고 있는 수련생 중에서 경험삼아 참가하는 정도의 선수로 선별하여 경기에 참여시키는 열악한 환경에 처해있는 것이 현실이다. 또한 제한적으로 대학연맹에 소속되어 있는 대학의 경우 합기도를 전공과목으로 하고 있는 선수를 일반도장과는 구별된 강도 높은 훈련으로 경기의 발전을 가져오고는 있지만 합기도 경기현장에서 선수들 간의 치열한 기술적 전략이나 최고수행의 경험, 심리기술훈련 등에 대한 심층적인 연구는 수행되지 못하고 있다. 따라서 선수들이 수 많은 경기에서 기술의 우위를 점하기 위해서 자기관리 전략을 세우고 이를 실천하는 것은 대단히 중요한 문제라고 볼 수 있다.

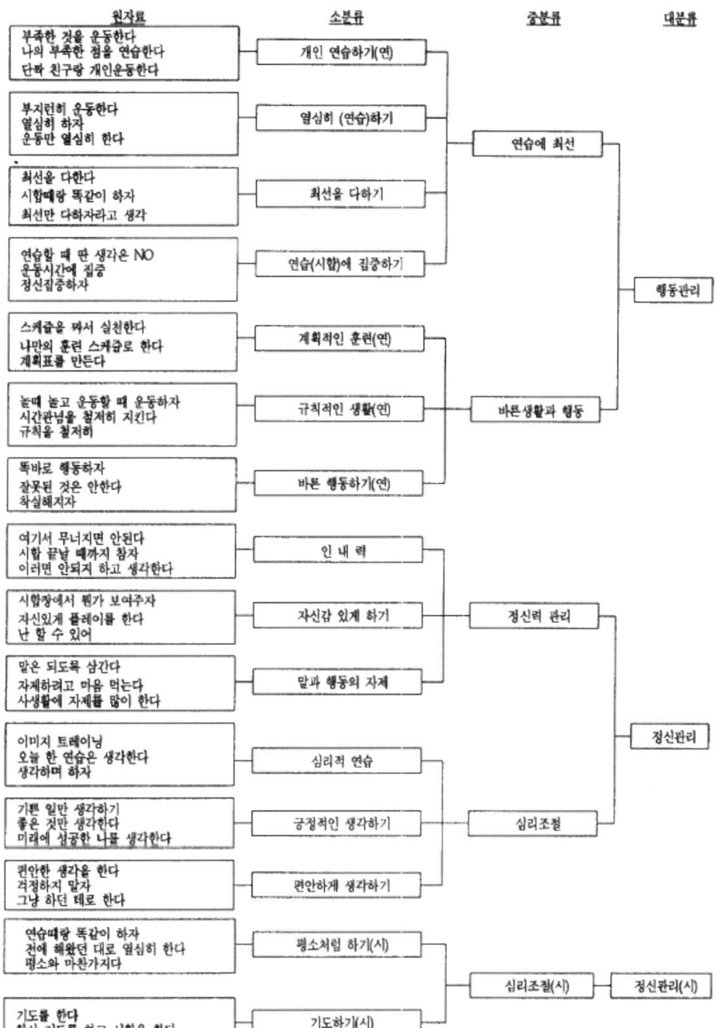

<그림 60> 평소연습과 시합상황에서 선수들의 자기관리 전략(귀납적 내용분석)[59]

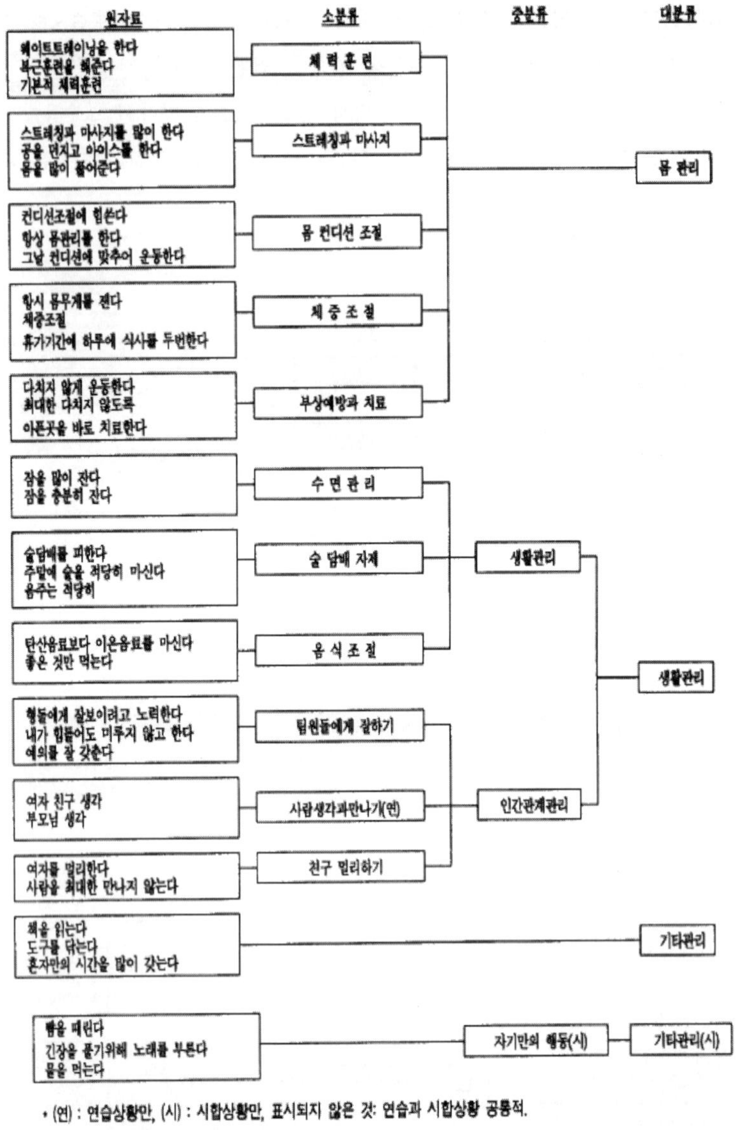

<그림 61> 평소연습과 시합상황에서 선수들의 자기관리 전략(귀납적 내용분석)2[60]

자기관리란 자신이 어떤 행동을 변화시키기 위하여 기술이나 전력들을 사용하여 변화를 주도하는 과정이다. 즉 자기관리 과정은 개인이 변화하기 위한 노력으로 스스로 환경여건을 수정하고 행동결과를 조정하며, 관리하는 것이다.[61] 이러한 자기관리는 자기 통제[62], 자기조절[63][64]과 같은 용어들이 함께 사용되어 왔다.[65]

자기관리는 서구의 연구에서 흔히 발견되지 않고, 문헌에서도 중요하게 다루어지지 않지만 한국의 스포츠상황에서 선수와 지도자들이 그 중요도를 높이 평가하는 것으로 간주된다. 이와 같은 한국과 서구 선수들의 인식차이는 스포츠 자체가 갖고 있는 요인보다 문화적인 차이에서 기인했을 가능성이 크다. 즉 집단중심주의, 의무지향, 위계적인 관계로 대표되는 한국의 문화는 개인중심주의, 권리지향, 수평적인 관계가 특징인 서구문화와 많은 대조를 보인다.[66]

자기관리에 관련된 국내외 연구 결과를 살펴보면, 우수한 선수의 경우, 시합에 대한 철저한 계획과 준비, 성공에 대한 집념과 성공에 따른 효과적 훈련, 경기의 다양한 상황에 대한 심리준비, 긍정적인 기대와 노력, 경기의 불확실한 상황에 대한 수습계획, 자신감, 각성조절능력, 시각화 및 심상조절 능력, 동기수준, 태도조절능력, 강한 정신력 등이 높은 것으로 나타났다.

이러한 자기관리를 좀 더 짜임새 있게 구분한 허정훈·김병준·유진[67] 한국운동선수의 자기관리와 관련하여 <그림 60>과 <그림 61>에서 보는 바와 같이, 개방형 자료조사를 통한 귀납적 내용분석 연구를 통해 선수들의 자기관리는 행동관리, 몸 관리, 정신관리, 생활관리, 기타관리로 구조화되어 있다고 하였다.

그 중에 몸 관리의 경우, 컨디션을 조절하기 위해 스트레칭과 마사지, 부상예방과 치료, 충분한 휴식, 체중조절, 음식조절 등의 신체적 면의 자기관리를 의미하며, 정신관리는 고도의 경쟁상황인 경기에서 긴장과 불안 혹은 부정적인 정서를 극복하고 성공적인 수행을 위한 긍정적 사고와 자신감, 의지력, 목표를 위한 노력, 시합전략 세우기, 집중하기, 긴장유지 및 조절, 스트레스 관리, 이미지 트레이닝 등의 자기관리를 의미한다. 반면, 행동관리는 평소규칙이고 계획적인 훈련과 부족한 개인연습, 훈련반성, 자기만의 훈련방식, 기본과 과정에 충실하는 등의 활동을 통하여 체력과 기술을 향상시키려는 선수들의 관리 전략을 말한다. 생활관리는 일상적인 생활에서 음식과 수면조절, 규칙적인 생활, 술 담배 자제, 생활절제를 의미하는 자기관리와 모범행동하기, 절제된 대인관계, 좋은 관계를 위해 노력하는 활동을 의미한다. 그의 연구결과를 살펴보면, 연습의 상황과 실제 경기를 상황에서 공통적으로 작용하는 4대 영역과 실제상황에서 높은 비중을 차지하고 있는 정신관리, 생활관리, 몸관리, 행동관리, 기타관리 순이었다. 반면, 연습상황에서는 행동관리, 몸관리, 정신관리, 생활관리, 기타순서 등으로 비중을 두는 것으로 나타났다.

이 연구의 결과를 토대로 연구자는 <그림 62>모형을 구축하였다. 이 모형에서는 자기관리를 행동관리, 정신관리, 몸관리, 생활관리라는 4대 자기관리영역으로 구성하였다. 각 영역은 다른 영역과 어느 정도 독립적일 수도 있지만, 영역들 사이에 유기적인 관련성도 고려해야 할 것이다. 예를 들어, 정신관리의 구체적인 내용들은 행동관리의 내용과 연계될 수도 있으며, 생활관리와 몸관리 사이에도 밀접한 관계가 있다. 이와 같은 운동선수의 자기관리의 개념 모형은 선수의 연습과 시합상황에서 어떠한 전략을 사용하고 있는가를 이해하는데 도움을 주고 있다. 뿐만 아니라, 선수의 체계적인 자기관리프로그램 개발, 선수와 팀이 효율적으로 사용할 수 있는 자기관리의 전략개발, 자기관리의 측정 도구 개발, 자기관리와 다른 변인사이의 관계 규명 등 다양한 분야에 응용될 있을 것이다.[68]

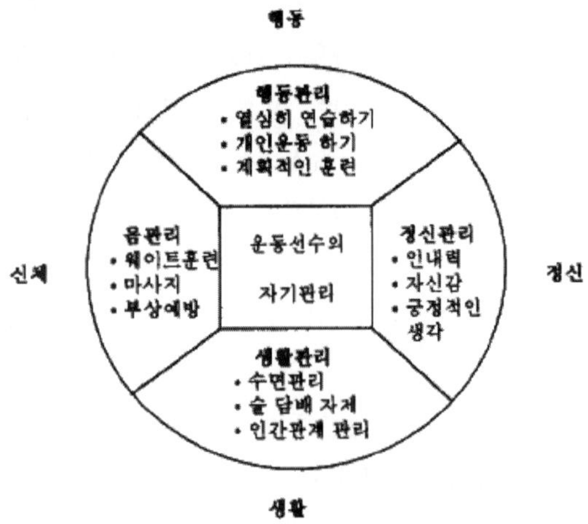

<그림 62> 운동선수의 자기관리 모형[69]

<표 36> 국가대표 자기관리 차원과 범주별 빈도

차원	범주	빈도 (개)	비율 (%)	범주/차원 비율(%)	차원/전체
몸관리	음식조절	44	8.37	30.99	142 26.89%
	부상예방과 치료	26	4.94	18.31	
	체중조절	25	4.75	17.61	
	컨디션 조절	20	3.80	14.08	
	스트레칭과 마사지	11	2.09	7.75	
	사우나와 찜질	9	1.71	6.34	
	충분한 휴식	7	1.33	4.93	
정신관리	의지력	35	6.65	17.86	196 37.12%
	긍정적인 사고	32	6.08	16.33	
	자신감	24	4.56	12.24	
	목표를 위한 노력	23	4.37	11.73	
	시합전략 짜기	22	4.18	11.22	
	집중하기	17	3.23	8.67	
	긴장유지 및 조절	15	2.85	7.65	
	스트레스 관리	11	2.09	5.61	
	평소대로 하기	9	1.71	4.59	
	이미지 트레이닝	8	1.52	4.08	
대인관계관리	좋은 관계위해 노력	11	2.09	25.00	44 8.33%
	신경 안쓰기	10	1.90	22.72	
	팀웍	10	1.90	22.72	
	절제된 대인관계	7	1.33	15.90	
	모범행동하기	6	1.14	13.63	

허정훈·유진(2004)" 국가대표 선수들의 자기관리 전략"[70]

이후 허정훈·유진[71]은 <표 36>에서 보는 바와 같이, 국가대표 선수들의 자기관리 전략이라는 연구에서 몸관리, 정신관리, 훈련관리, 생활관리, 고유행동관리, 대인관계관리 등의 6대 영역으로 구분하고 이 영역에서 국가대표의 경우 정신관리, 다음으로 몸관리, 훈련관리 등으로 나타났으며,

대인관계관리와 생활관리는 매우 비슷한 빈도를 나타냈으며, 고유행동관리가 가장 적은 빈도를 나타내는 것으로 밝혀졌다.

실제 운동선수들이 자기관리는 일상생활과 경기상황 속에서 지속적으로 나타나며 신체와 정신, 그리고 생활과 훈련의 전 과정에서 타나날 수 있게 된다.[72] 즉 자기관리는 개인의 내적, 외적환경 요인 등을 포괄하는 주제이며, 심리적 행동적 전략의 하나로 개인이 목표를 달성하기 위해서 신체적, 정신적 면뿐만 아니라, 행동과 생활에 이르기까지 다양한 측면에서 스스로 철저해 지는 것이다.[73]

한편, 김병준[74]은 운동선수 자기관리행동의 측정에서 세부항목을 개발하고, 자기관리 행동 중에서 경기력과 관련된 요인을 규명하여 운동선수 자기관리 모형을 제시하였다. 이 모형의 특징은 경기력 관련여부의 차원과 자기통제 여부의 차원으로 설정하는데 있다. 6개의 자기 관리 요인 중에서 정신관리, 훈련관리, 몸관리는 경기력과 직접 관련된 요인으로 모형의 상단에 배치하였다. 한편, 차원에 따른 자기관리 요인의 분류는 선수 스스로 통제가 가능한 것은 자기 통제로, 타인 또는 환경과의 상호작용에서 통제가 이루어지는 것은 관계통제로 개념을 설정하였다. 따라서 경기력과 관련된 자기관리 요인 중에서 정신관리, 몸관리는 자기통제의 영역에 해당하며, 훈련관리는 자기통제와 관계통제의 영향을 모두 받는 것으로 이해할 수 있다.

또한 구본칠[75]의 연구를 살펴보면 자기관리와 선수사기로 분류하는 경우도 있다. 기존의 여러 학자들의 연구에서 자기관리의 정신관리에 포함되었던 자신감이 이 연구에서는 선수사기의 하위 요인으로 구분되어 있다.선수의 사기란 스포츠 현장에서 발휘할 수 있는 도전, 생동감, 투지, 불만감, 의욕, 소속감, 팀 분위기, 자신감 등의 경기에 임하는 선수가 마음의 동요를 일으키는 사회적 심리적 용어로서 개인의 심적 상태나, 정신자세를 의미한다고 볼 수 있다.

사기는 도덕에서 파생된 용어로서 적용분야에 따라 기질, 정신상태, 팀 분위기와 같은 의미를 부여하여 왔다. 사기의 개념은 어떤 집단 또는 조직에 대한 만족감을 갖고 그 집단의 일원으로서 기꺼이 집단 목표를 달성하고자 하는 태도로서 집단목표를 향한 구성원의 직무만족과 태도가 사기개념 구성에 중요한 요인으로 정의되었고, Coughlan[76]은 동기가 개인 스스로 어떤 목표를 정하고 그 일을 성취하려고 하는 목표 지향적인 반면, 사기는 이미 정해진 어떤 조직의 일에 대하여 개인이 갖고 있는 의욕이나 열성을 말하며 동기와 구별하여 사기를 개인의 정해진 과제에 대한 정신역량으로서 강조하였다.

따라서 선수의 자기관리나 선수의 사기 모두는 경기력 향상을 위한 중요한 요인이며, 이를 효과적으로 선수에게 적용하기란 그리 쉽지만은 않은 문제로, 자기관리 실천적 프로그램을 개발하여 이를 중재전략으로 사용함으로써, 수행을 높이고 더 나은 선수생활과 함께 지도자들에게 선수관리의 유용한 정보를 제공하여야 할 것이다.

10. 성공적인 경기를 위한 지도자와 선수의 시합당일 준비

1) 컨디션 파악
2) 심리적 안정-심호흡, 선수 자기체면, 긍정적 사고방식
3) 상대 선수의 경기를 관람하고 정보 습득
4) 목표 설정-전략과 전술 계획
5) 시합에만 집중시키기
6) 스트레칭 및 준비운동
7) 순간적인 경기력 향상을 위한 음식물 준비
8) 부상체크 및 정리운동

11. 합기도 선수육성의 문제점

합기도의 경우, 태권도와 달리 초, 중, 고등부의 선수들은 대부분 학교가 아닌 일반 도장에서 선수들을 육성하고 있으므로 선수관리가 상당히 어려운 점이 많다.

1) 국가적 지원과 학교, 기관, 기업체에서 합기도 선수육성을 위한 협조가 힘들다.
2) 선수의 성적이 있어도 입학 및 기타 취업 시 큰 혜택이 없다.
3) 선수들이 특정시간에 시간을 제한하여 단체로 훈련하기가 힘들다.
4) 합기도장의 경우 보통 선수들을 키우기 위한 목적보다는 영리를 목적으로 하는 교육사업체이다 보니, 대회에 출전할 선수들만을 위한 훈련시간을 만들기가 힘들다.
5) 지속적인 훈련과 강도 높은 훈련을 적용하기 힘들다.
6) 학교와 부모님의 협조와 이해가 쉽지 않다.

제5장 경기 실무

제1절 준비단계

1. 코트 배치법

코트를 배치를 할 경우 <그림 64>에서 보는 바와 같이, 사전에 조사된 경기장의 구조에 따라서 달라질 수 있는데, 예를 들어 경기장 구조가 정면을 기준으로 일자 직사각형이고 가로 세로 비율이 달라 종으로 두개의 코트를 설치할 수 없는 거리로 측정되면 4개의 코트를 종으로 앞에서부터 A-COURT→B-COURT→C-COURT→D-COURT 순으로 배치한다. 이때 각 코트의 선수대기 위치와 용구착용요원의 위치는 모두 동일하게 배치한다. 상공에서 볼 경우 코트 사이에 일정한 간격을 두게 되어 三자의 모양을 그리게 된다.

경기장 구조가 정사각형 구조거나 일자 직사각형으로 종으로 두개의 코트를 설치할 수 있을 경우 위 그림과 같이 배치한다. 상공에서 볼 적에 십자형으로 코트사이에는 일정한 간격을 두고 배치한다.

코트 사이에 일정한 간격을 두는 것은 코트의 구별을 정확하게 하고, 선수가 경시 시 밖으로 밀려나와 다른 코트로 진입하는 것을 막고 선수들끼리 충돌을 사전에 예방하기 위해서 마련된 공간이다. 또한 이 공간을 이용하여 심판, 요원, 선수, 대회임원들이 경기를 원활하게 하는 통로의 역할을 하므로 사전에 코트 배치 시 유념하여야한다.

A-COURT, B-COURT, C-COURT는 통상적으로 대련 경기를 위한 코트이며, D-COURT는 연무를 진행하기 위한 코트로써 대회일정이 하루라는 시간에 모든 경기를 종료해야하고 연무 경기횟수가 적을 경우 위와 같이 배치한다. 예를 들어 대련과 연무의 경기수가 비슷한 비율을 가지고 있다면 두개 코트는 대련, 나머지 두 개 코트는 연무로 사용될 수 있다. 또 하나의 예를 들면, 2일간의 대회일정을 두고 있을 경우는 1일날 연무(4개 코트 모두 연무코트로 사용), 2일날 대련(4개 코트 모두 대련코트로 사용)의 순서로 진행됨으로 인해 각 코트에서 행해지는 경기의 내용은 달라질 수 있다.

<그림 63> 용구 용품 수송

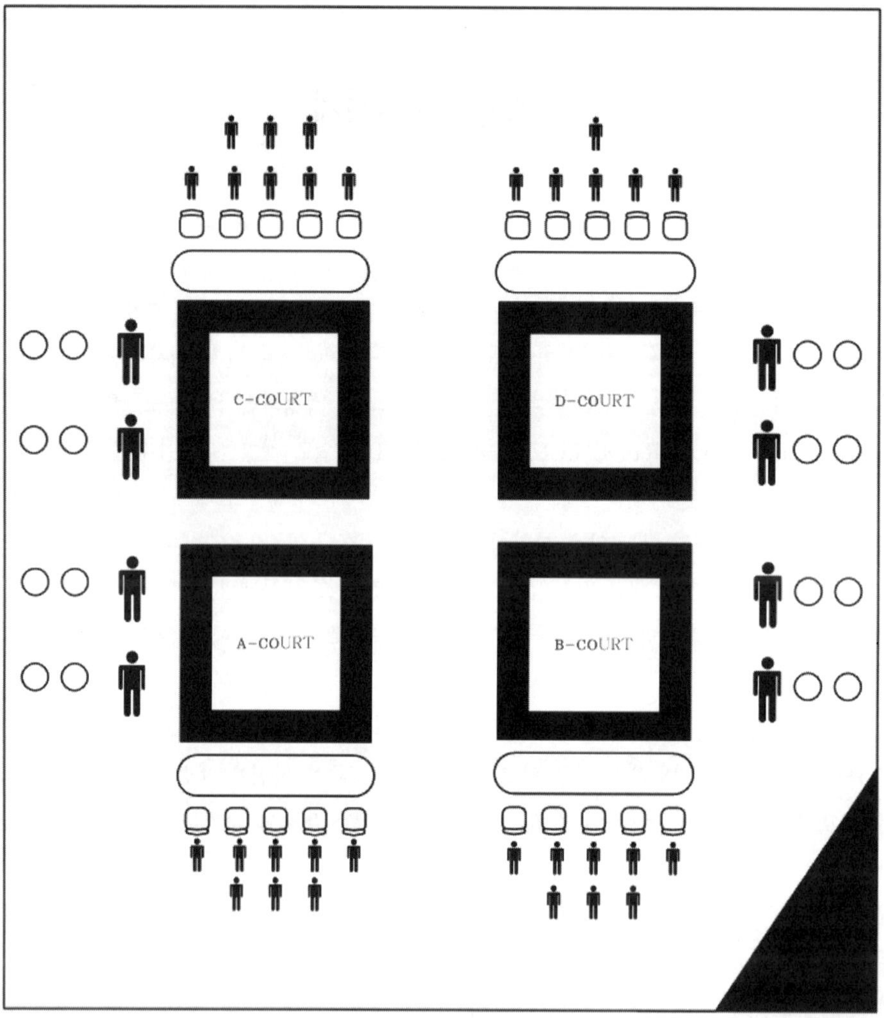

<그림 64> 코트 배치법

<그림 65> 매트리스 캐리어

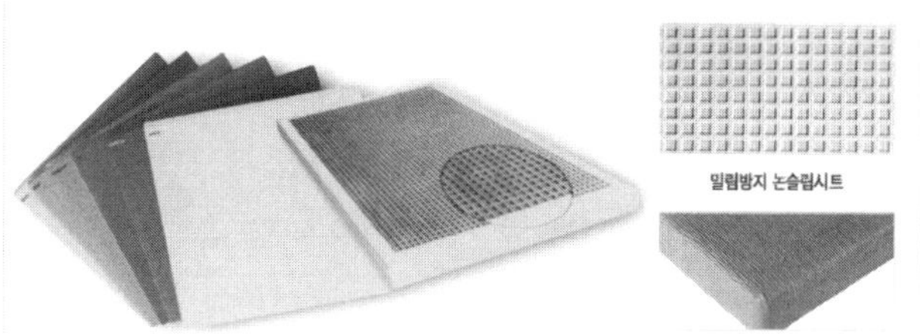

<그림 66> 매트리스

<그림 67> 매트리스 사진

2. 매트리스 설치법

각 코트 매트리스 설치법은 아래와 같은 규격의 매트리스로써, 일정한 순서에 의해 설치하면 보다 쉽게 설치할 수 있다. 이때 필요한 매트리스의 색상은 코트 외곽에 적색매트리스가 사용되고, 코트 안쪽은 카키색으로 설치된다. 매트리스는 대학연맹을 기준하였을 때 선수들이 경기에 임하고 득점을 인정받게 되는 구간은 카키색 매트리스 안에서 이루어진 기술만 인정받게 된다. <그림 66>과 <그림 67>에서 보는 바와 같이, 유도매트로 독일BSW사에서 제작된 것을 사용하며 규격은 2000(L) x 1000(W) x 40(H)으로 ANTI-SLIP 바닥재질로 경기 중 밀림현상이 없으며, 매트커버가 방염처리되어 화재방지처리, 재질은 Compounded Foam (혼합특수압축마블)로 된 것을 사용하게 되어 있다.

차량으로 운반되어져 온 매트리스는 요원들에 의해 경기장 내로 <그림 65>와 같은 캐리어로 운반되어지는데, 경기장에 비치된 물품이동식 수레차를 이용하면 단 시간에 많은 양을 운반할 수 있다. 그러나 수레차가 없을 경우는 일일이 요원들이 매트리스를 운반하여야 하므로 많은 인원의 요원이 필요하다.

매트리스는 합기도 경기코트 규격에 적합한 사이즈로 하여 설치하는데 정해진 방법은 없으나, 편리하게 설치할 수 있는 방법이 있다.

최초 경기장의 구조를 살펴보고 대회본부석을 염두에 두고 경기장 정면을 기준으로 정면은 여분의 공간을 남겨두고 4개 코트의 매트리스를 설치할 것을 계획한다.

4개의 코트가 여유 있을 정도의 경기장 구조라고 한다면 각 코트별끼리 매트리스를 연결하여 설치하지 않고, 분리하여 설치하며 코트별 공간은 요원, 심판, 임원, 선수들이 왕래할 수 있는 용도로 활용한다.

반면 4개의 코트를 설치하기에 경기장이 협소할 경우, 매트리스를 서로 붙여 설치하는 방법을 선택한다. 아래 그림은 4개의 코트 설치를 계획할 때 설치하는 방법이다.

4개의 코트를 모두 붙여 협소한 공간을 최대한 이용하고, 아울러 경기 시에 밀리는 현상까지 방지할 수 있어 많이 이용되는 방법이다. 규정된 코트 4면에 카키색 안전 구간 확보하기 위하여 1열로 카키색 매트리스를 설치하는데 4개의 코트를 모두 붙일 경우 코트와 코트 사이가 붙는 지점에 공간이 없어진다. 코트별로 이어진 카키색 매트리스 구간은 요원, 심판, 임원, 선수들이 왕래할 수 있는 용도로 활용한다.

지금부터 <그림 68>을 보면서 신속하게 4개의 코트에 매트리스를 설치하는 방법을 알아보도록 하자.

대회본부석을 기준으로 정면에 두고 4개의 코트를 계획할 때 대회본부석과 경기위원장과석, 심판위원장석, 의무석 등을 염두해 두고 +(십자)를 그려 4개로 분배한다. 제일 +(십자) 상단 오른쪽 면은 A-COURT 왼쪽은 B-COURT로 +(십자) 하단 오른쪽은 C-COURT, 왼쪽은 D-COURT로 정한다. 이것은 어디까지나 매트리스 설치를 위해 편하게 표현하였을 뿐 대회 특성상 변경될 수 있다.

지금부터 A-COURT부터 매트리스를 설치하는 법을 알아보자. +(십자)선이 그려져 있는 끝 부분 A를 시작점으로 카키색 매트리스를 가로로 한 장을 설치하고 다음으로 가로로 설치된 매트리스 끝선에 <그림 69>와 같이 설치를 시작한다. 이제 아래 그림000와 같은 방식으로 순서대로 설치하여 나간다. 설치 시에 매트와 매트 사이에 공간이 절대 없도록 붙여서 설치한다. 모든 코트의 매트리스는 +(십자) 표시가 되어 있는 중앙 상단부위부터 시작하여 나가며 아래 그림과 같이 종렬로 설치해 나갈 수도 있으나 횡렬로 설치할 수 도 있다. B-COURT의 경우 <그림 70>처럼 A-COURT와 역방향으로 시작한다. 이때 협소한 공간의 경우는 코트와 코트 사이를 비우지 않고 채워 나가는 방식으로 한다. 공간이 여유가 있을 경우 규정한 거리는 없지만 사람들이 왕래하기 좋을 정도로 간격을 벌려서 설치한다. C-COURT는 A-COURT와 동일한 순서로 A-COURT와 밀착하여 설치를 시작한다. D-COURT는 B-COURT와 동일한 순서로 B-COURT와 밀착하여 설치를 시작한다. 모든 코트에 매트리스를 설치하고 벌어진 부분이 없는지 세밀하게 살핀다. 매트사이가 유격이 있을 경우 선수가 각 코트에서 경기 시 발가락이 매트리스 사이에 끼어 부상을 당하는 일이 발생할 수 있기 때문에 각별히 주의를 기울여야 한다.

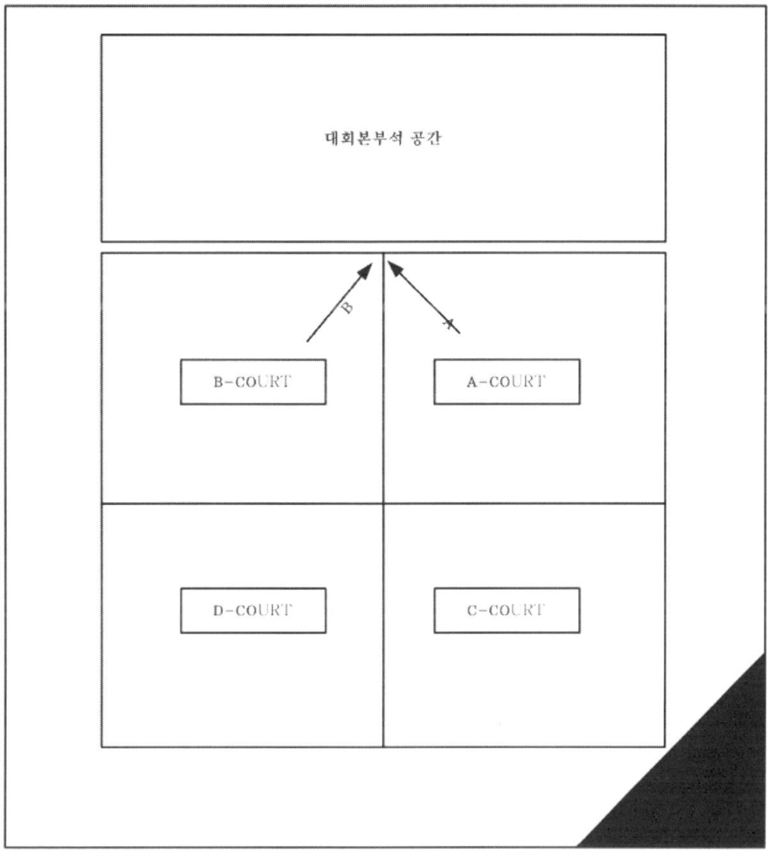

<그림 68> COURT 기초 계획

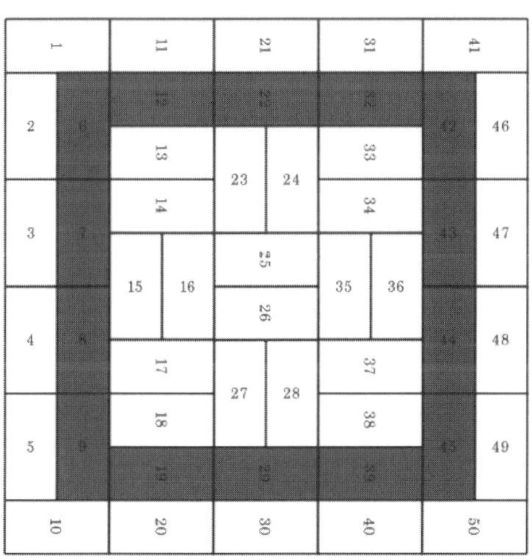

<그림 69> A-COURT 설치순서도

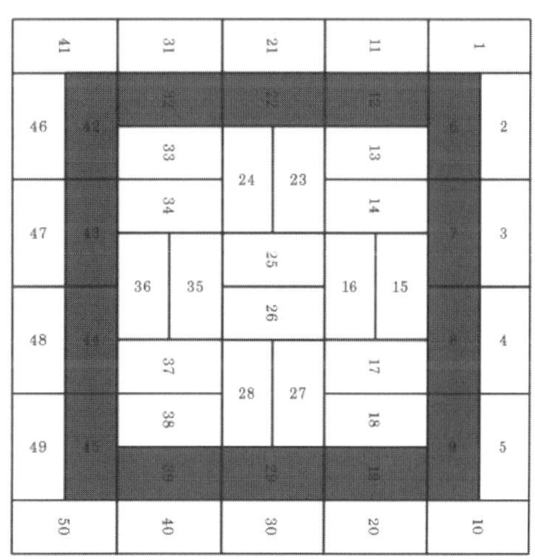

<그림 70> B-COURT 설치 순서도

3. 대련 및 연무 코트 인원배치 및 선수 코트 진입방법

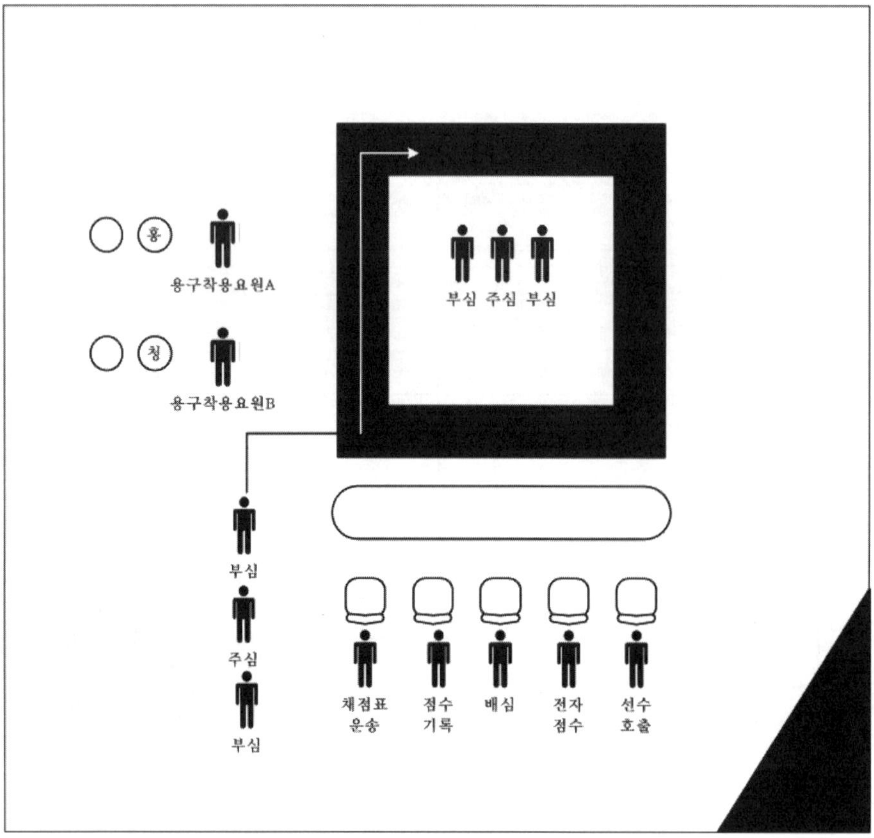

<그림 71> 대련 COURT의 심판 진입경로 (A-COURT의 예)

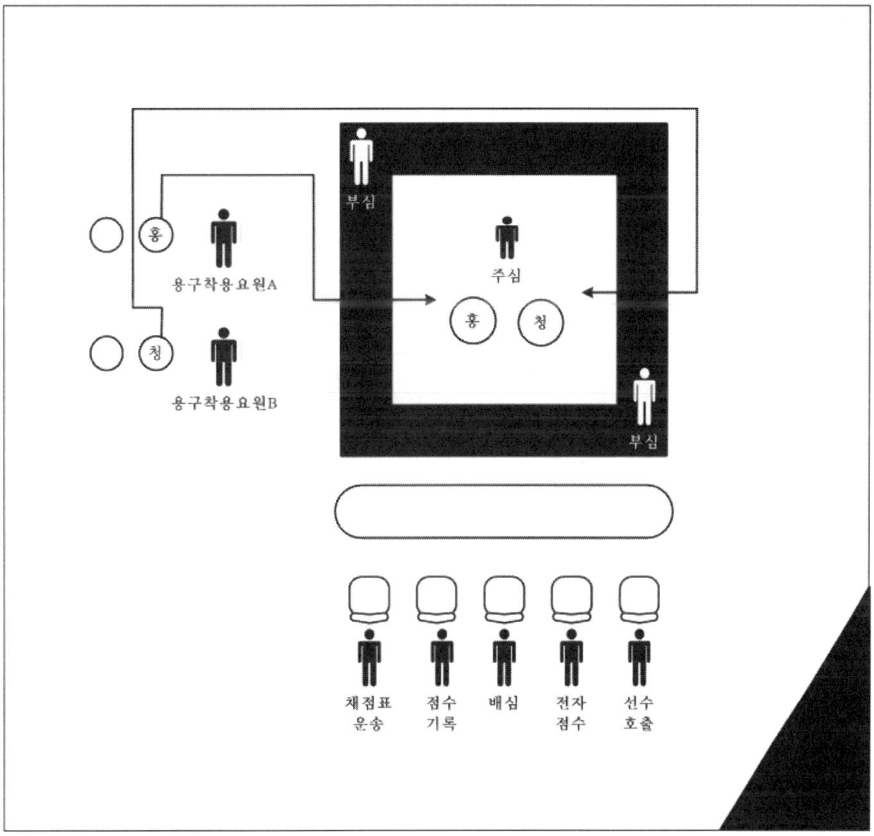

<그림 72> 대련 COURT 상세도(A-COURT의 선수의 진입경로

<그림 72>에서 보는 바와 같이, 대련 COURT에서 배심의 선수 입장의 지시가 내려지면 각자의 선수들은 정해진 선에 따라 입장을 한다.

-코트의 위치에 따른 용구착용요원과 대기선수의 위치 변경 내용-

경기징에 설치되는 코드는 보통 4개 고트로써 십지형으로 설치되는 것이 의례적인 예이다. 본서에는 십자형을 기준으로 하였음을 참고하고, 각각의 코트위치에 따라서 선수대기요원과 선수대기 장소는 달라질 수 있다. 십자를 기준으로 할 때 십자선 안쪽에는 절대 선수를 대기시킬 수 없으므로, 선 밖으로 위치시킨다. 십자선은 심판, 배심, 요원, 선수, 대회임원들이 경기를 원활하게 진행하고자하는 통로이며, 각 코트별로 간격을 유지하는 이유는 코트를 붙여 경기를 진행할 경우 서로 다른 코트에서 경기를 하고 있는 선수들끼리 충돌 사고가 있을 수 있기 때문에 안전 간격이라고 할 수 있다.

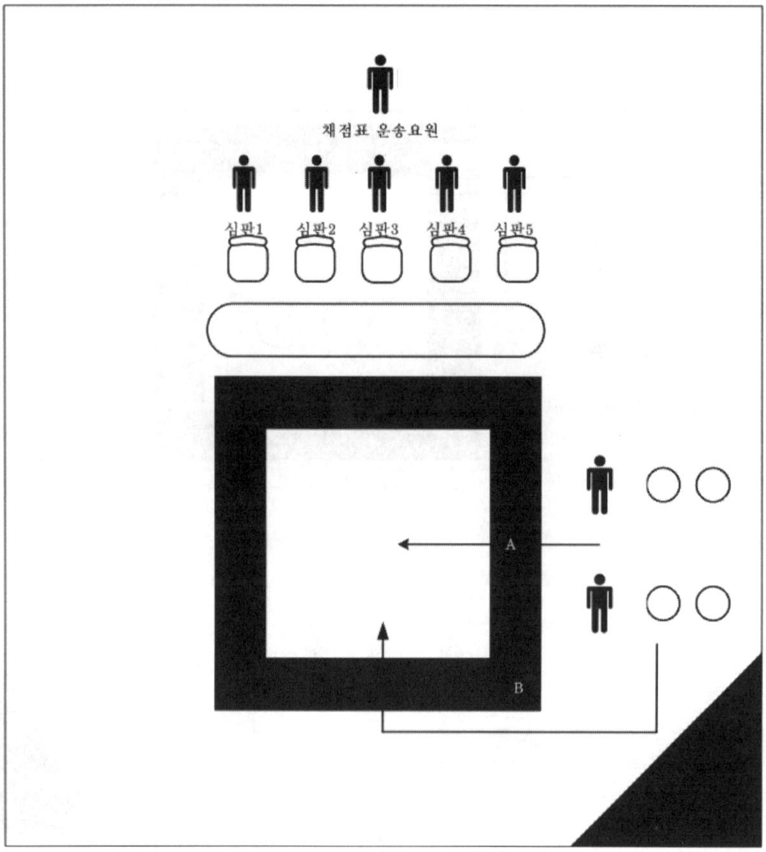

<그림 73> 연무코트 배치도

<그림 71>과 <그림 72>와 같은 대련경기가 실시되는 코트와는 달리, D코트에 위치한 연무코트는 <그림 73>에서 보는 바와 같이, 심판 5명, 진행요원 2명, 채점운송요원 1명으로 구성되어 있다. 심판석 뒤에는 채점표 운송요원이 항상 대기하고 있다. 모든 채점표는 심판위원장이 합산하여 순위를 내어 경기위원장 석으로 채점표 운송요원을 통해 보낸다. 이때 주의할 것은 반드시 합산된 점수와 채점표를 하나로 묶어서 보낸다.

심판의 지시에 따라 선수를 코트에 입장시킬 때는 개인연무의 경우, 심판이 정면에서 볼 수 있도록 A선을 따라 입장하며, 단체연무의 경우 B선을 따라 입장시킨다. 단체 연무의 경우 B-COURT와의 간격이 협소할 경우는 B-COURT에 영향을 줄 수 있으므로 이를 가급적 피한다.

4. 시상대 배치법

<그림 74> 시상대 배경

<그림 74>에서 보는 바와 같이, 시상대 뒷 배경은 시상대의 뒷면에 위치하게 하여, 입상자들이 시상대 위에서 시상식에 참여하여 사진 촬영 및 동영상 촬영시 배경으로 사용된다. 이 배경은 기념촬영으로 소장될 수 있는 사진 및 동영상에 입상자가 참여한 대회명, 대회주최, 대회후원자가 삽입하여 줌으로써 입상자는 어느 대회에 자료라는 것을 쉽게 알 수 있게 해주며, 대회 주최 및 대회후원자의 경우 무도관련 뉴스 및 기타 매스컴을 통하여 나가는 사진 및 동영상을 통하여 간접적으로 홍보할 수 있는 도구의 하나가 되기도 한다.

뒷 배경을 디자인할 때에는 대회명을 반드시 삽입하고, 주최기관명과, 대회에 후원 단체에 단체를 삽입하는데, 후원 규모에 따라서 시각적으로나 촬영 시 가장 좋은 위치를 선정하는 것도 좋은 방법이다. 뒤 배경 너비는 시상대 1위~3위까지 너비보다 커야 하며, 높이는 제일 낮은 3위 선수가 디디고 있는 시상대 위에서부터 3미터 정도이면 적당하다. <그림 75>와 같이 시상대를 중앙에 1

위, 좌측에 2위 우측에 3위를 배치하고 뒤쪽에 배경을 설치한다. 시상대의 크기는 연무(2인 1조)를 고려하여 1위와 2위는 2명이 올라 설수 있는 크기로 제작하고 3위는 공동 3위(2인 2조)를 고려하여 4명이 올라 설 수 있는 크기로 제작하는 것이 적합하다.

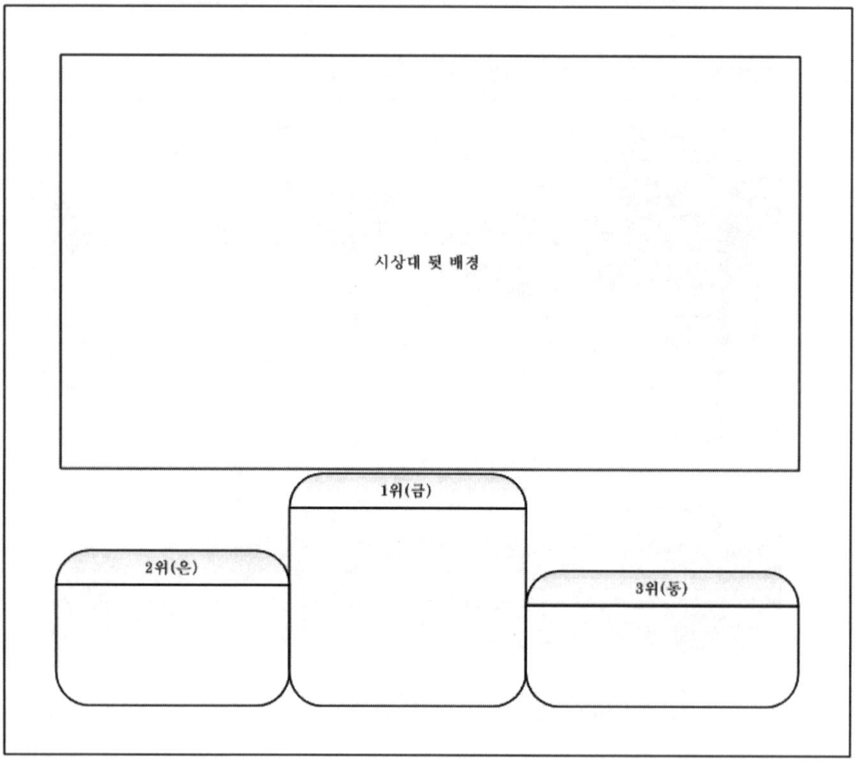

<그림 75> 시상대 설치

5. 내빈·외빈석 배치법

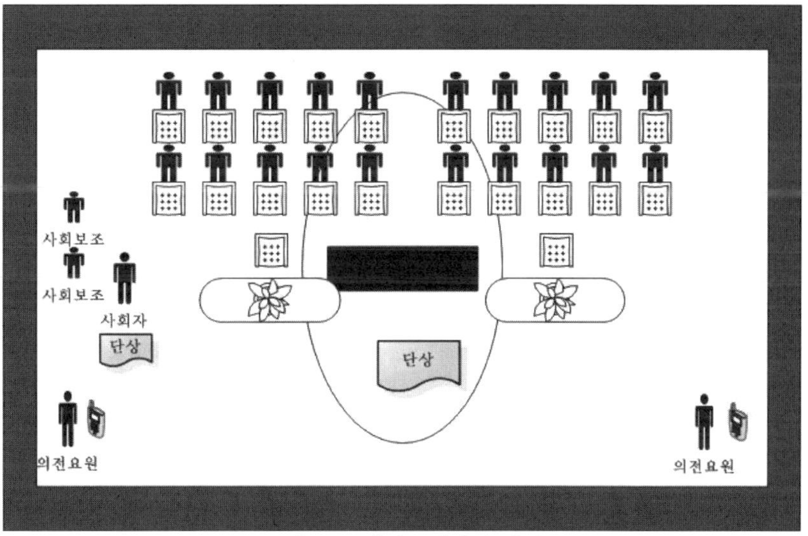

<그림 76> 내빈 · 외빈석 배치

내빈 · 외빈석 배치의 경우, 자리 배치가 대회의 성격, 주최자, 대회 지원하는 지방자치단체, 연장자, 사회적 위치 등의 복잡한 요인을 고려하여 적절하게 배치되어야 한다.

이러한 요인을 고려하지 않고 당일 날 즉흥적으로 계획되는 자리 배치는 내빈 · 외빈에 포함된 당사자의 심기를 불편하게 할 수도 있다는 면에서 예민한 부분이다.

예를 들어 한 단체에서의 각 직책을 가지고 있는 사람들의 경우에는 서열로 하면 큰 회장 및 대회장을 주변으로 서열로 자리를 배치하면 되지만 그렇지 않고, 지방자치단체와 함께 하는 경우는 <그림 76>과 같이 합기도대회 관계자는 중앙으로 한쪽에 배치하고 제일 앞에는 장이 앉을 수 있도록 배치한다. 중앙으로부터 반대쪽에는 지방자치단체에서 정하는 서열순으로 배치하면 될 것이다.

자리 배치시 단상을 중앙 기점으로 하여 뒤에는 내빈 · 외빈의 시야를 가릴 수 있으므로 자리 배치를 하지 말아야 하며 사회자석은 내빈 · 외빈을 정면으로 보고 있는 상태에서 좌측 모서리에 배치한다. 사회자의 뒤에는 사회를 보조해줄 인원을 2명 배치하고, 단상 출입구에는 의전요원을 배치하여 개회식 종료와 함께 의전에 임할 수 있도록 한다. 또한 안내요원은 각 좌석에 내빈 · 외빈이 대회에 관련된 유인물을 전달 받을 수 있도록 준비하여야 한다.

6. 안내요원의 배치와 역할

대회가 치뤄질 경기장 입구에는 안내요원이 계체가 시작되기 전 30분부터 미리 대기한다. 안내요원은 경기장 입구에서 계체에 참여하기 위해 도착한 지도자에게 선수명단을 확인하게 하고, 대회안내 책자, 대진표, 시설안내도, 기타 안내장, 식권을 배포한다. 배포 시 방명록과 배포한 책자의 수령 여부를 정확하게 하기 위해 방명록 및 식권수령대장에 서명을 받는다.

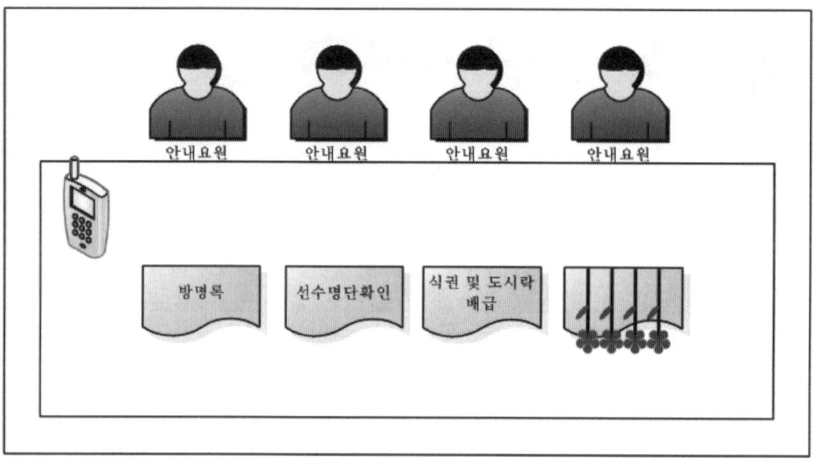

<그림 77> 안내요원

<표 37> 방명록 및 식권수령 대장

번 호	성 명	도 장 명	선수인원		식 권 (지도자+선수총원)	서 명
			대련	연무		
1	홍길동	길동도장	10	10	21	

또한 계체 시에 계체장소에 지도자는 참여할 수 입장할 수 없으며, 계체가 시작되기 까지 관중석에서 선수들과 함께 당분간 있도록 지시한다. 안내요원의 전달이 제대로 이루어지지 않을 경우, 계체 초기부터 어수선한 분위기를 쉽게 정리하기 힘들므로 정확한 전달은 매우 중요하다.대회가 시작되기 전이나 대회 중간에 대회의 사정으로 순서가 조정될 수 있는 개회식은 많은 대회를 빛내기 위한 각 기관의 인사들과 협회의 인사들이 참여하게 된다. 이때 안내요원은 깨끗한 복장으로 인사들을 안내하고 방명록에 서명과 동시에 가슴에 꽃을 단다.

대회의 참여하기 위해서 대회장을 찾는 사람은 선수와 지도자, 대회 관계 인사들 외에도 선수들의 학부모와 기타 지역주민들까지도 참여하는 경우가 많으므로 안내요원들은 대회의 내용과 경기장의 편의시설이 어디에 위치하고 있는지 사전에 확실하게 파악하여 정확한 안내가 필요하다.

안내요원은 대회의 시작에서 대회의 종료까지 정해진 자리에서 선수, 지도자, 관객, 내빈·외빈을 비롯한 대회에 관련된 모든 사람의 편의를 위해서 배치된 안내요원임을 잊지 말아야 한다. 안내요원은 대회 본부, 의전요원과 원활한 커뮤니케이션이 이루어질 때 대회의 매끄러운 흐름을 유지할 수 있다.

7. 통제요원의 배치와 역할

통제요원은 대회 당일날 선수, 지도자, 관객, 진행요원, 심판, 임원, 대회장을 찾은 내빈·외빈들로 분주하다. 따라서 통제요원은 안내요원과 긴밀한 협조체제에서 대회내부와 외부를 질서 있고, 번잡하지 않도록 통제의 역할을 수행한다.

특히 한국대학합기도연맹의 경우 대회장에서 경기가 시작되면, 경기장 내에는 선수, 진행요원, 임원 등만을 출입시킬 수 있으며, 이때 통제요워은 경기장 출입이 가능한 아이디 카드 소지자에 한해서만 출입을 허용한다.

해당 경기가 아닌 선수의 경우도 경기장에는 출입을 할 수 없으며, 지도자, 관람객, 대회 내빈·외빈은 지정된 좌석에서 관람만을 할 수 있도록 안내한다.

이렇게 몇몇 부류만을 출입을 허용하는 것은 경기장에서 선수가 집중하여 경기를 치루수 있도록 하기 위함이며, 심판의 공정한 판정, 대회장 질서 확립 등을 위해서 필요한 조치라고 할 수 있다.

경기장의 효과적인 통제를 위해서 통제요원은 지정된 출입구 및 관람석과 경기장과 연결된 통로에 배치하여 경기에 관련되지 않는 사람들은 경기장에 내려올 수 없도록 하여야 하는데 이때 필요한 용품으로는 요원간, 대회본부간에 긴밀한 협조체제를 위해서 무전기는 필수이며, 통제를 표시하는 차단봉, 대회장 외부의 차량 통제를 위한 수신호봉, 주차금지 푯말 등이다.

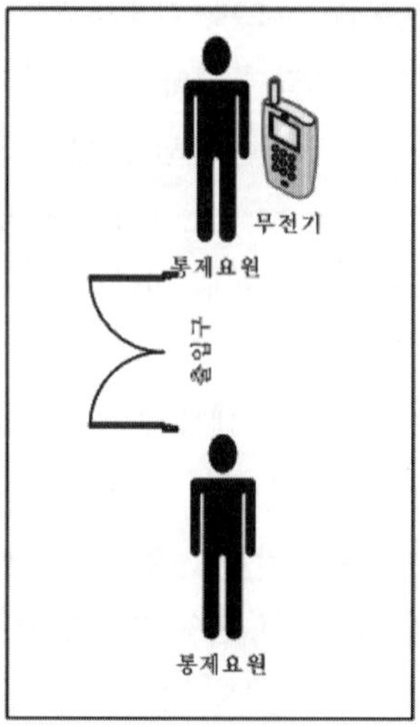

<그림 78> 통제요원

<그림 79> 교통 수신호봉

<그림 80> 차단봉

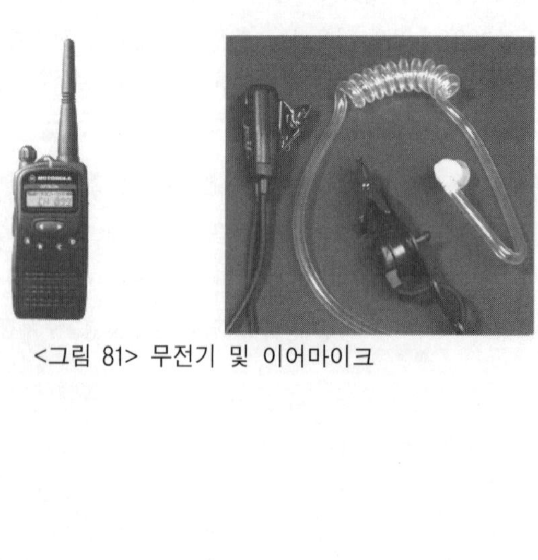

<그림 81> 무전기 및 이어마이크

8. 선수의 복장

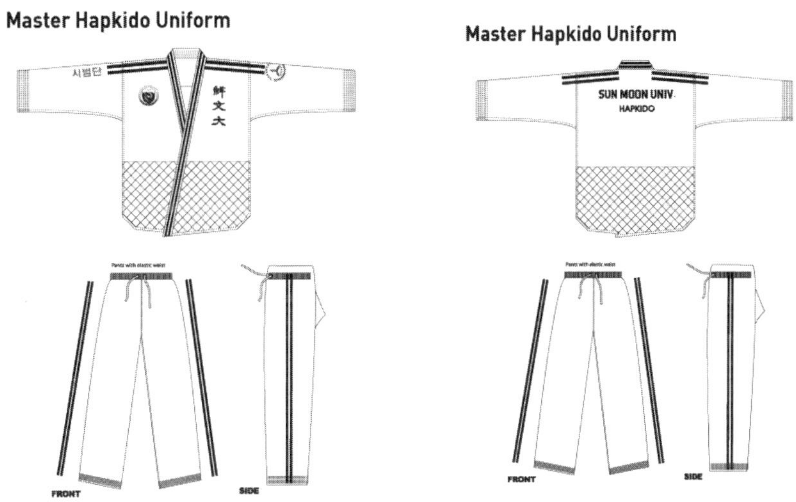

<그림 82> 한국대학합기도연맹 공인도복 전면 후면

대회 경기에 임하는 선수는 대련과 연무로 구분된다. 이 선수 대련과 연무 공통으로 선수들의 도복복장은 상의와 하의가 동일한 색상인 흰색 & 검정색 도복을 착용하는 것을 원칙으로 한다. 한국대학연맹에서 소속되어 있는 대학의 경우 연맹이 정하고 개발한 도복을 착용하고 경기에 출전하고 있다.

<그림 82>에서 보는 바와 같이, 도복은 공인도복으로써 각 대학마다 약간씩 다르나 전면 가슴 왼쪽팔에는 대학연맹 로고, 왼쪽 가슴에는 대학명, 오른쪽 가슴에는 대학 로고를 삽입하고 오른쪽 팔에는 자유로이 삽입하고 후면은 대학명만 삽입하고 있다.

<그림 83> 초, 중, 고용 몸통보호대

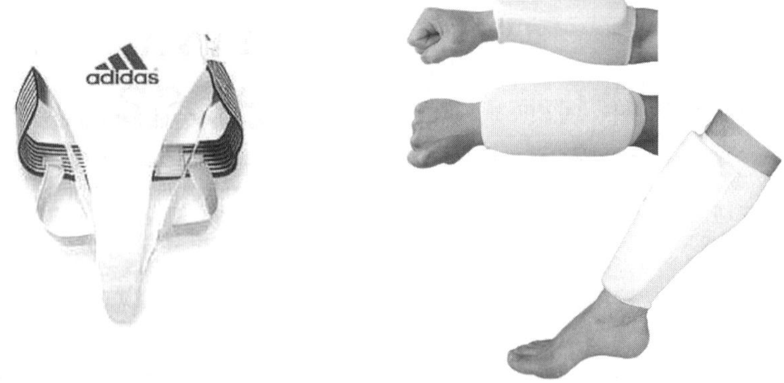

<그림 84> 기타 보호용구(도복, 가슴보호대, 낭심보호대, 팔보호대, 다리 보호대)

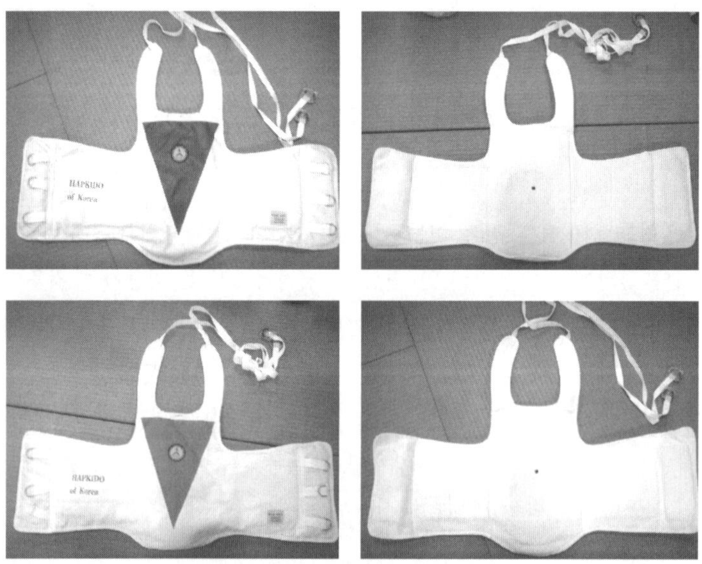

<그림 85> 대학일반부 몸통보호대

<그림 86> 대학부 청선수와 홍선수 도복에 착용하는 벨트

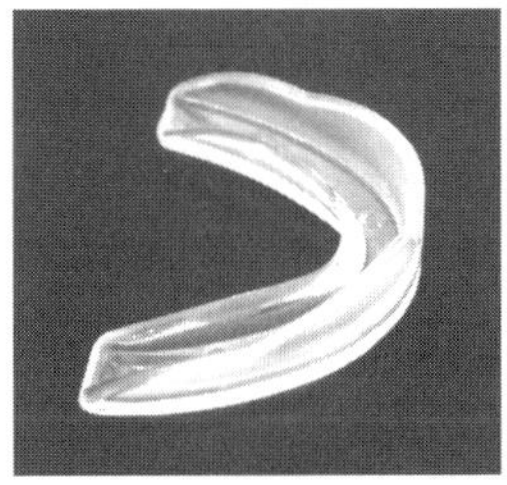

<그림 87> 마우스피스

도복 상의 어깨와 옷깃에는 검정색 선이 2개가 부착되고, 도복 하의는 제봉선을 따라 검정색 선이 2개가 부착되어져 있다.

대련 선수의 경우 상대 선수와의 경기 중에 발생할 수 있는 부상의 위험이 높은 점을 감안하여 타격부위에 보호용구를 착용하게 되어 있다. 모든 보호용구는 선수가 개별적으로 준비하여야 한다.

<그림 83>에서 보는 바와 같이, 초등부와 중등부 고등부의 경우는 아래와 같이 몸통보호대를 도복 외부에 착용하고 들어가며, 대학일반부의 경우 <그림 85>에서 한국대학합기도연맹에서 개발한 공인 몸통보호대를 상의 도복 내부에 착용하게 되어 있다. 대학일반부의 경우 상의 도복 내에 몸통보호용대를 착용함으로 심판들의 청·홍을 구별하기 위해서 도복벨트를 청과 홍색으로 착용하게끔 되어 있다. 이외 팔과 다리보호대 그리고 낭심보호대는 도복 내부에 보이지 않도록 하여 착용하고 공통적으로 동일한 모양의 제품을 경기 전에 착용하고 진입하여야 한다.

선수가 각 코트에 진입하기 전에 용구착용요원은 각 부위의 보호용구를 착용하였는지 검사하고, 착용하지 않았다면 코트에 진입시키지 않고 최대한 빠른 시간 안에 착용을 권고하여야 한다. 보호용구 착용을 하지 않고 경기장 코트에 진입할 경우 심판은 퇴장을 명할 수 있으므로 선수들은 꼭 숙지하여야 한다. 아울러 주심은 경기 전 양 선수들이 보호용구를 착용하였는지 재검사하는 것도 선수의 부상 방지 차원에서 중요한 일이다.

한국대학합기도연맹의 대련규정에서는 타격부위를 얼굴을 허용하지 않으므로 머리보호대는 본서에서는 다루지 않았다. 선수의 기량과 심판의 경기조절 능력이 향상될 경우 머리를 타격 부위로 정할 것인지는 차후에 변동될 수 있다.

제2절 실행단계

1. 대련선수 계체 방법

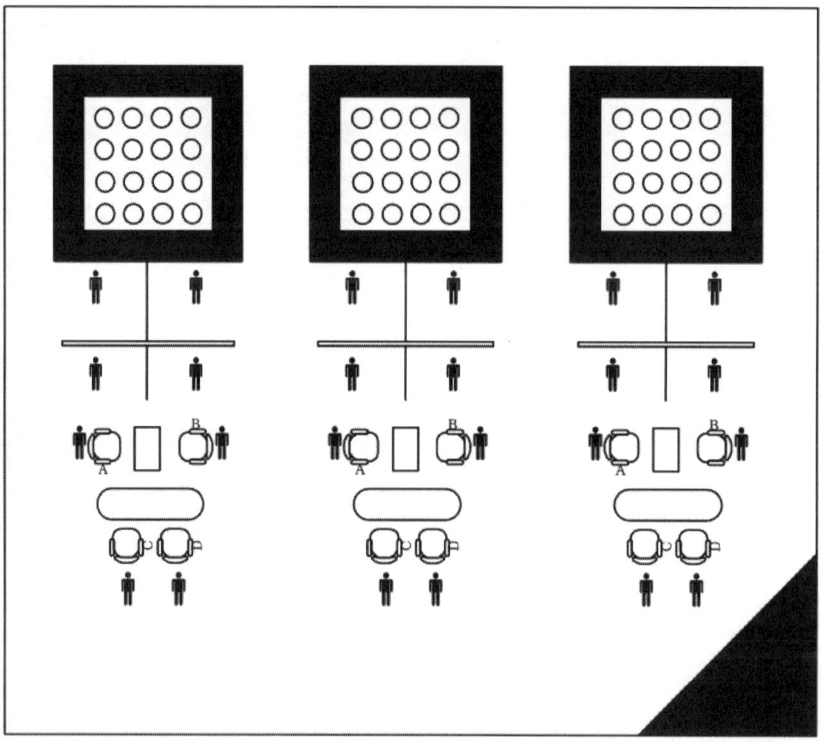

<그림 88> 계체 전체도

위 <그림 88> 계체도에서 보는 바와 같이, 오전 7시~8시는 선수들이 그 동안 관리해온 체중을 검사하는 시간으로 계체에 들어가기 전 몇 가지 유의해야 할 사항이 있다. 모든 선수들은 정해진 계체장소에 모이기 전에 남자 선수의 경우, 상의를 탈의하고 하의는 도복 바지만 입을 수 있다. 여자의 경우, 상의는 반팔 티셔츠와 하의는 도복 바지만을 착용할 수 있다는 것을 명심해야 한다. 또한 모든 선수는 계체 장소에서 통제요원의 지시에 따라야 한다. 계체 시 모든 선수는 단증을 원본을 지참하고 신분을 확인 받아야 한다. 아울러 계체 검사에서 불합격자는 정해진 시간 내에 1회에 한해서 계체를 추가적으로 응할 수 있다.

전체 계체도를 보게 되면 각 부별로(초등부, 중등부, 고등부, 대학일반부로)계체를 시작하고 정해진 코트는 특별한 일이 없는 한 담당한 부만을 실시하고, 담당한 부가 완료되고, 여분의 시간이 있을 경우 타 아직 진행하지 못하고 있는 부를 정렬시켜 원활한 계체가 될 수 있도록 도와야 한다. 보통 계체는 3개부가 동시에 하며 가능한 저등부에서부터 실시하는 것이 좋다.

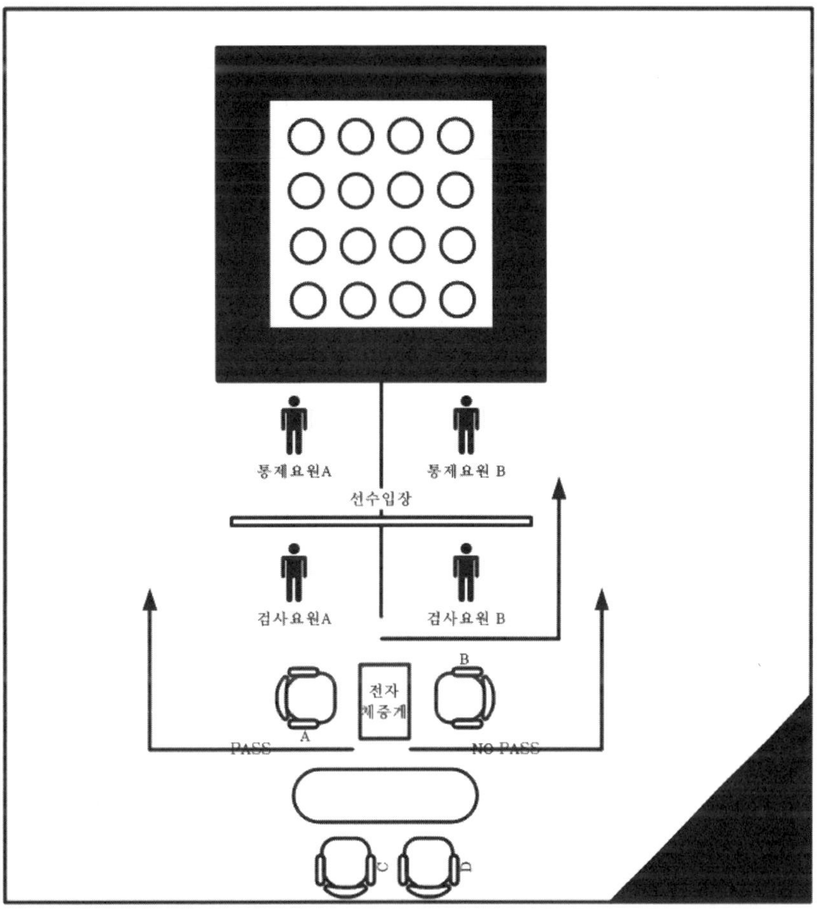

<그림 89> 계제 세부도

<그림 89>계체 세부도는 계체 전체도의 일부를 확대하여 각 투입된 요원들이 각자의 역할을 인지하도록 하기 위해 제작되었다.

통제요원A와 B는 담당하는 부의 체급별로 선수들을 정렬시키고 복장을 검사한다. 아울러 계체에 선수들이 제대로 모두 참석했는지 파악한다. C(계체 책임자)와 D(계체 책임자)는 모든 선수들은 통제요원들이 제대로 선수를 정렬시키고 준비가 완료되었을 경우, 검사요원과 A(검사자)와 B

(검사자)에게 지시를 내려 선수를 입장시킨다. 이때 검사요원들은 계체에 들어가는 선수의 복장과 체중을 늘리기 위한 허락되지 않은 물건이나 복장 상태, 단증 원본 소지 유무를 파악하여 전자저울에 올린다. 만약에 허락되지 않은 복장이나 단증 원본 소지를 하지 않았을 경우, 검사요원B쪽으로 선수를 내보내어 다시 준비하고 올 수 있도록 조치한다. 이상이 없는 선수는 전자저울에 올라가고 A(검사자)와 B(검사자)는 선수의 체중이 정해진 체급에 적합한지 파악하고 합격시 선수의 손목에 合 이라는 글자와 함께 검사자A가 사인을 한다. 불합격의 경우 不 이란 글자와 함께 검사자 A가 사인을 한다. 계체를 마친 선수들은 합격이든 불합격이든 모두 C(계체 책임자에게 합격 및 불합격 내용을 전달하고, 이때 <그림 90> 계체 합격여부 대진표 표시법에서 보는 바와 같이, C(계체 책임자)는 대진표에 합격(合)내지 불합격을(不)표시하고 표시 옆에 반드시 C(계체 책임자)의 사인을 한다. 불합격자도 대진표에 기재하는 것은 1회의 기회가 더 주어지므로 3회 이상으로 실시 할 수 없도록 하는 중요한 자료이다. 주의할 점은 C(계체 책임자) 대신 D(계체 책임자)가 절대로 할 수 없으며, 계체가 끝날 때가지 정해진 일을 바꾸어서는 안 된다. D(계체 책임자)는 선수의 선수등록신청서를 가지고 있으면서 단증원본을 부득이하게 지참하지 않거나 기타 발생할 수 있는 사항을 서류로 확인하기 위해 배치된 책임자이다. 아울러 계체에서 불합격 선수들에게 1회의 기회가 더 있음을 알려주고 오른쪽으로 내보내며, 합격자는 왼쪽으로 내보낸다.

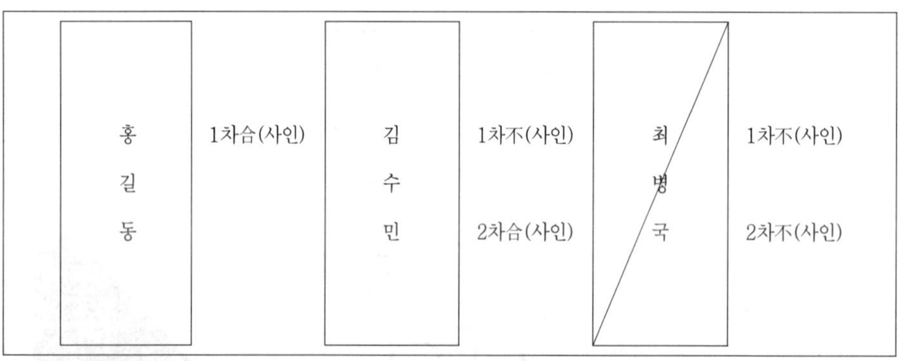

<그림 90> 계체 합격여부 대진표 표시법

대진표에서 상세하게 기록하는 방법은 위 그림과 같이 1차는 대진표에 있는 선수의 이름 오른편에 계체 횟수와 합격 및 불합격 여부를 정확하게 하며, 가능한 1차 계체 합격 및 불합격 여부를 좌우 정렬 하나의 선상에서 기록하는 것이 좋다. 1차 2차 모두 불합격일 경우 대진표에서 선수의 이름을 대각선으로 긋는다. 이것은 계체 불합격으로 실격처리를 명한다는 표시다.

2. 계체 종료 후 요원들 역할 변경 및 배치

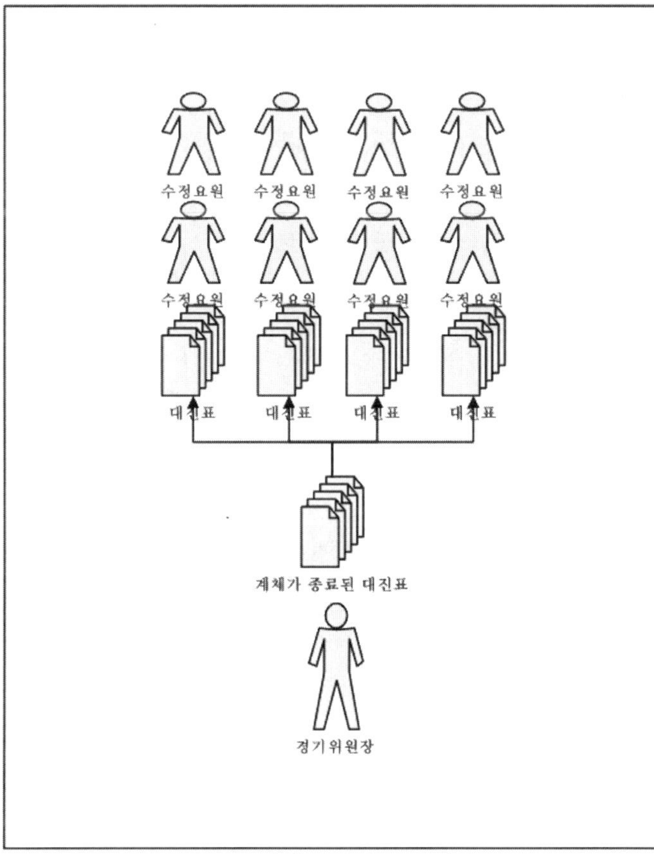

<그림 91> 대진표 수정요원 배석도1

계체로 인해 탈락된 선수들이 대진표에서 제거되고 새로운 대진표가 진행요원, 경기위원장, 심판위원장에게 배치되면 기존의 진해요원들은 최초 자기에게 부여된 역할로 원위치하여, 경기위원장의 지시를 따른다.

개세가 종료되면 각 계세구간에시 대진표에 기록된 선수의 계체 합격 및 불합격 자료를 토대로 하여 기존의 대진표를 수정하게 된다. 이때 경기위원장은 <그림 91>과 <그림 92>에서 보는 바와 같이, 진행요원 20명을 아래 그림과 같이 착석시키고, 중앙에서 불합격자를 불합격자의 이름을 호명하여 대진표 상에서 제거한다. 진행요원은 약2개의 대진표를 동시에 수정하게 되면 단 시간 안에 쉽게 대진표를 수정할 수 있다. 대진표 수정시 주의점은 대진표 수정자 전원이 모두 경기위원장이 호출하는 선수의 이름을 정확하게 듣고 대진표에서 제거해야 한다. 대진표 수정이 끝나면 수정자 이름을 반드시 대진표 표지에 기록하고 용도를 진행요원용, 경기위원장용, 심판위원장용으로 구분하여 놓는다.

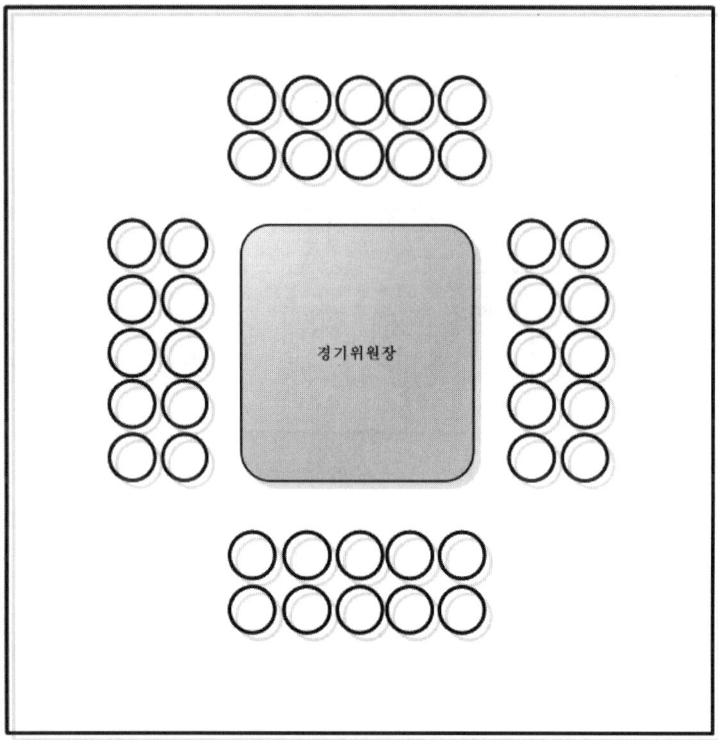

<그림 92> 대진표 수정요원 배석도2

3. 심판분과위원장의 심판회의

심판분과위원장은 경기위원장이 대진표 수정 작업에 들어가는 같은 시간에 당일 경기에 참석하는 심판 전원을 불러 모아 경기의 특이성, 경기규칙의 변경 내용, 복장점검, 심판으로부터 질문에 대한 응답, 각 코트로 심판배정, 식사, 기타 전달사항 등을 전달하여 경기 전에 모두 숙지시켜야 한다.

4. 경기위원장과 심판위원장의 대표자 회의 개최

<그림 93>에서 보는 바와 같이, 대진표 수정을 종료한 경기위원장과 심판회의를 종료한 심판위원장은 방송을 통해서 선수를 출전시키는 지도자를 한 장소에 불러 모아, 경기규칙에 대해 다시 한번 숙지시키고, 지도자로부터 오는 질문에 응답해준다. 또한 경기 진행시 선수호출을 3회 이

상해도 코트에 진입하지 않을 경우 자동 실격 처리함을 알려주고 지도자들이 항상 경기 준비에 만전을 기하여 항의사례를 미연에 방지하도록 하는데 있다, 배포된 대진표와 수정된 대진표가 다름을 인지시키며, 대진표 수정에 있어서 지도자의 동의를 구할 일과 사전에 협조를 부탁할 사항이 있을 경우 대표자회의에서 모두 처리한다.

또한 소청신청서를 배부하여 불합리한 판정에 대하여 절차에 따라 소청할 수 있도록 한다. 소청에 대한 절차가 중요한 것은 경기도중에 발생하는 지도자의 판정시비로 인해 절차 없이 이의를 제기함으로써 경기 전반에 대한 상당한 시간소비와 경기 흐름을 깨뜨리는 것을 많이 볼 수 있다. 따라서 이런 일을 사전에 방지하기 위해서라도 중요한 일이라 할 수 있겠다.

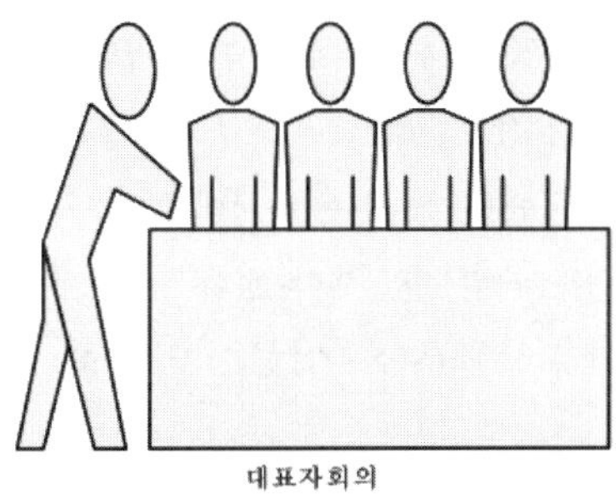

<그림 93> 대표자회의

5. 대회본부석 배치와 역할

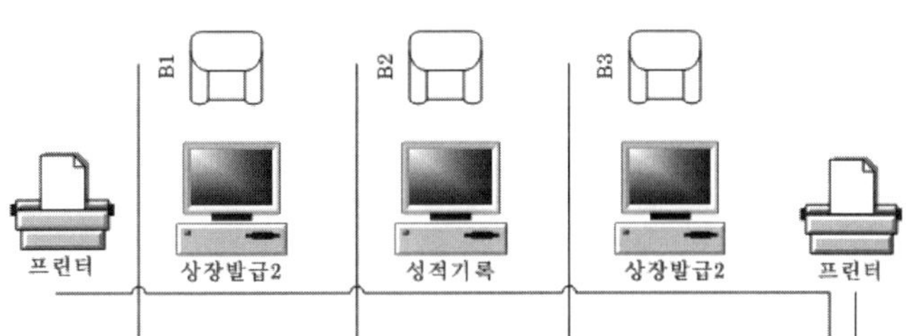

<그림 94> 대회본부석 배치 및 업무 흐름도

위 <그림 94> 배치도에서 보는 바와 같이 전면에 테이블과 의자를 3개 배치하고 3명(B1, B2, B3)이 착석한다. 후면에 테이블과 컴퓨터 3대, 프린터 2대를 설치하고, 4명(C1, C2, C3, C4)가 자

리에 착석한다. 각각의 자리에 착석한 사람들은 각자의 역할이 모두 주어지게 된다.

B2(경기위원장)를 중심으로 B1(보조요원), B3(보조요원)은 각 코트에서 들어오는 채점표를 바탕으로 경기위원장에게 알려주고, 각 채점표를 코트별로 보관해 둔다. 예를 들어 B1(보조요원)과 B3(보조요원)들은 사전에 자신들이 수거하여 보고하고 보관하여야 할 코트를 2개씩 정하면 업무가 원활하게 돌아갈 수 있다. 이때 경기위원장은 보조요원 두 명에게서 보고 받은 내용을 대진표에 승자와 패자를 정확하게 기록한다.

B1(보조요원)과 B3(보조요원)은 하나의 코트에서 경기가 완전하게 끝나고 순위가 결정될 때는 경기위원장에게 보고되어 대진표에 표시된 내용과 실제 경기 성적과 일치하는지 제대로 확인한다. 아울러 경기 위원장도 두 명의 보조요원들과 비교하여 이상 유무를 파악하여 이상이 없을 경우 순위에 진입한 선수명단만을 C2(성적기록자에게 넘겨주게 된다.

이때 C2(성적기록자)는 정리된 엑셀 파일에서 선수를 확인하여 순위를 기록하고 상장발급번호를 생성하여 양쪽 자리에 있는 C1(상장 발급요원)와 C3(상장발급요원)에게 상장 발급을 명령하게 하여 출력과 동시에 C4(상장 운송요원)에 모두 순서대로 정리하여 넘겨주게 된다. 상장발급번호 생성 시 담당자가 특별한 기준을 세워 발급해야 한다. 예를 들어 2007 추계대회의 경우, 07(년도)-추(대회명-004(번호)를 요약하여 제07-추-004호로 생성한다. (춘계의 경우: 제07-춘-004호, 회장배의 경우: 제07-회-004호)

C4(상장 운송요원)는 발급된 상장을 가지고 시상식 담당자까지 정확하게 운송한다.

6. 선수대기요원의 배치와 역할

<그림 95>에서 보는 바와 같이, 사전에 한 체급의 경기가 끝나면 경기위원장의 다음 경기 진행 안내로 대기실로 내려온 선수들을 선수대기요원은 이름을 확인하고 청선수 홍선수로 구분하고 2열 종대로 자리에 앉힌다. 이때 선수대기요원은 선수들의 개인 보호용구를 착용하였는지 확인하고 자리를 이탈하지 않도록 통제한다. 또한 선수대기요원은 선수들과 사담을 금하며, 선수인솔요원과 긴밀한 관계를 유지하면서 선수의 대기 흐름이 끊기지 않는 커뮤니케이션이 무엇보다도 중요하다. 또한 선수대기요원은 대기실에 나오지 않은 선수가 있을 경우, 선수인솔요원에게 이를 알려 대회본부석에서 방송으로 선수를 찾을 수 있도록 요청하여야 한다. 경기 운영에서 있어서 정해진 시간 내에 종료하기 위해서는 선수대기요원과 선수인솔요원의 역할이 제일 중요하다고 해도 과언이 아니다.

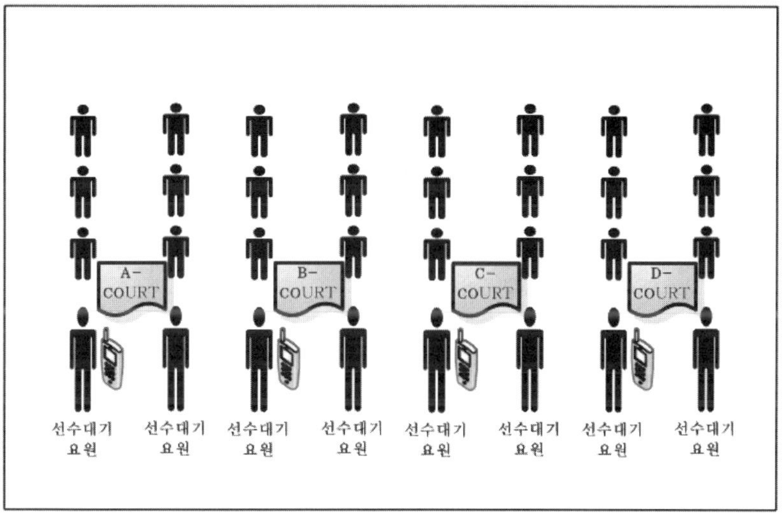

<그림 95> 선수대기

7. 선수인솔요원의 배치와 역할

선수인솔요원은 보호용구 착용요원의 지시에 의해 호명된 선수를 선수대기실에서 찾아 경기장 내부 대기장소로 신속히 이동시켜야 한다. 이때 선수 인솔요원은 선수들과 사담을 금하며, 선수대기요원과, 보호용구착용요원의 중간에서 원활한 선수대기가 이루어질 수 있도록 동적인 행위를 지속적으로 하는 요원이므로 제일 체력소모가 많다.

8. 보호용구착용요원의 배치와 역할

보호용구착용요원은 선수인솔요원이 선수를 인솔해오면 대진표에서 선수이름과 청 홍을 확인하여 코트가 보이도록 서게 하고 요원이 보는 위치에서 좌측에는 청선수를 우측에는 홍선수가 서게 한다. 이후 개인보호 용구인 팔보호대와 낭심보호대, 무릎보호대를 착용하였는지 확인한 다음 가슴보호대를 착용시킨다. (단, 대학부는 대학연맹에서 개발된 가슴보호대를 상의를 탈의시켜 도복 내부에 착용시킨다. 상의 도복을 입힌 후 청선수에게는 청벨트를 홍선수에게는 홍벨트를 착용하도록 하여 청과 홍선수를 심판이 명확히 구분하도록 해준다.)

가슴보호대를 착용시키는 방법은 선수를 경기가 진행되는 코트를 등지게 한 다음 양팔을 벌리게 한다. 이후 선수의 가슴에 보호대를 대고 선수가 안도록 한다, 선수가 가슴에 안으면 뒤에서 보호용구착용요원은 등 뒤에서 X자로 매듭을 엮어 풀리지 않도록 한다. 가슴보호대를 착용시 선수는 보호용구착용요원이 착용할 때 두 손을 보호용구를 약간 치켜 올려 잡은 다음, 두 주먹을

쥐어 보호용구 아래에서 위로 살짝 넣어 경기 시에 불편하지 않을 정도로 간격을 만들어준다. 다음으로 선수를 코트는 정면으로 정좌하여 앉도록 지시한다.

선수가 모든 보호용구를 착용하였는지 재확인하여야 하며, 경기가 시작되기 전 주심이 다시 한 번 재확인할 경우 이상이 없도록 한다. 모든 보호용구가 착용되지 않은 선수가 경기장에 들어가는 것은 보호용구착용요원에게 책임이 있으므로 각별히 주의하여야 한다. 보호용구착용요원은 선수와 개인적인 사담을 금하며, 코트에서 경기를 주시하여 하나의 경기가 끝나면 선수인솔요원에게 다음 선수들이 대기할 수 있도록 지시하여야 한다.

9. 선수호출요원의 배치와 역할

선수호출요원은 배심석에 앉아 코트 내의 경기상황을 지켜보고 있다가 종료되기 전에 보호용구착용요원에게 코트에 투입할 선수의 명단을 확인하여 준비시킨다. 아울러 선수호출요원은 코트에서 경기가 종료된 선수를 인솔하여 코트 밖으로 내보낸다. 이때 선수호출요원은 반드시 소지하고 있는 대진표에 코트 내에서 이루어진 선수의 승패를 정확하게 기록하여야 한다.

10. 전자점수기록요원과 점수기록요원의 배치와 역할

전자점수기록요원과 채점표에 점수를 기록하는 요원은 코트 내에서 일어나는 경기에서 눈을 절대로 떼지 않고 끝까지 지켜보아야 한다.

특히 주심과 부심이 행하는 수신호의 의미를 사전에 파악하고 있어야 하며, 주의, 경고, 1득점, 2득점을 전자채점하고 채점표에 점수를 기록하여야 한다. 두 요원은 점수가 일치되어야 하며, 서로 다른 점수를 기재하여서는 안된다. 혹시 이런 경우는 중간에 있는 배심의 통제가 필요하다. 채점표에 기록하는 점수기록요원은 점수를 기록하고, 배심원 및 주심, 부심이 확인 끝나면 대진표에 기록하고 점수운송요원에게 채점표를 전달한다.

<전자스코어 보드(점수 상황 표시) 조작법>

대련 경기에서 주로 사용되고 있는 것은 점수득점 및 감점에 대해 선수 및 지도자, 관람자들이 볼 수 있도록 스코어 보드를 사용한다.

스코어 보드는 수동 스코어 보드와 시인성이 확보된 전자스코어 보드를 사용하는 근래와 들어와서 많이 사용되고 있다. <그림 96>과 <그림 97>에서 보는 바와 같이, 수동 스코어 보드의 경우는 사람이 직접 점수를 손으로 넘기는 방법으로 스탑워치로 시간을 체크하고, 휘슬로 경기의 종료를 알려야 하는 단점이 있다.

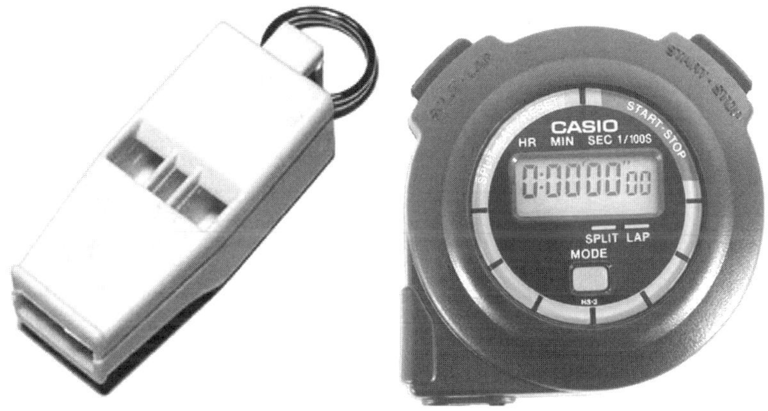

<그림 96> 휘슬, 스탑워치

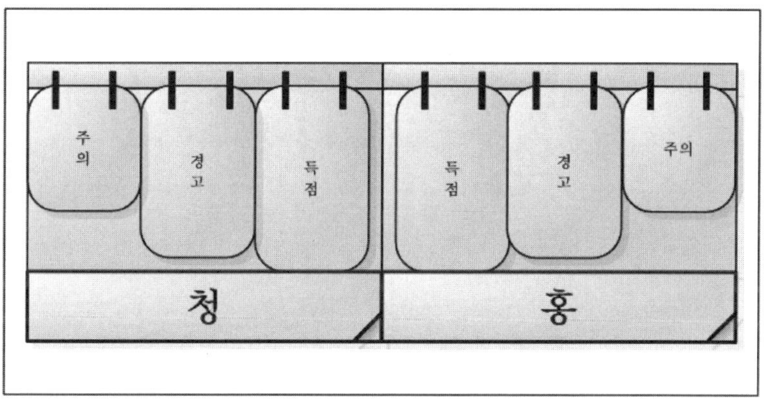

<그림 97> 수동 스코어보드

근간에는 대부분 전자 스코어 보드를 사용하는데, 전자스코어 보드는 시인성이 좋은 반면 기기를 다루는 조작자가 많은 경험과 훈련이 없으면 실수하는 경우가 많다. 조작자는 시험경기를 통해서 지속적인 연습을 통하고 빠른 계산으로 득점, 경고에 점수를 올려주어야 하며, 심판원이 행하는 득점에 과 주심이 하는 경고, 주의, 계시 등의 지시를 받아 반사적으로 점수판 기재하여야 한다. 이를 보다 원활하게 하기 위해서 배심원이 점수를 확인하여 불러주면 점수만 올리는 곳에 집중을 할 수 있어 실수를 최소화할 수 있다.

아래 <그림 98>~<그림 101>에서 보는 바와 같이, MOLTEN사에 개발된 DIGITIMER TOP100을 예를 들어 전자스코어 보드 조작법을 알아보도록 하자.

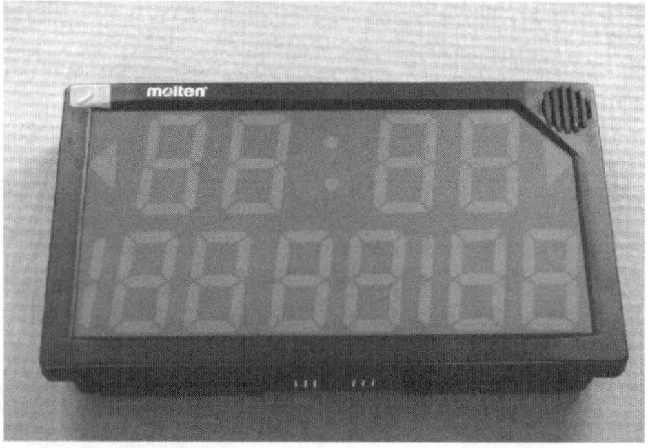

<그림 98> 전자스코어 보드 전면

<그림 99> 전자스코어 보드 후면

<그림 100> 전자스코어 보드 전원 ON 상태

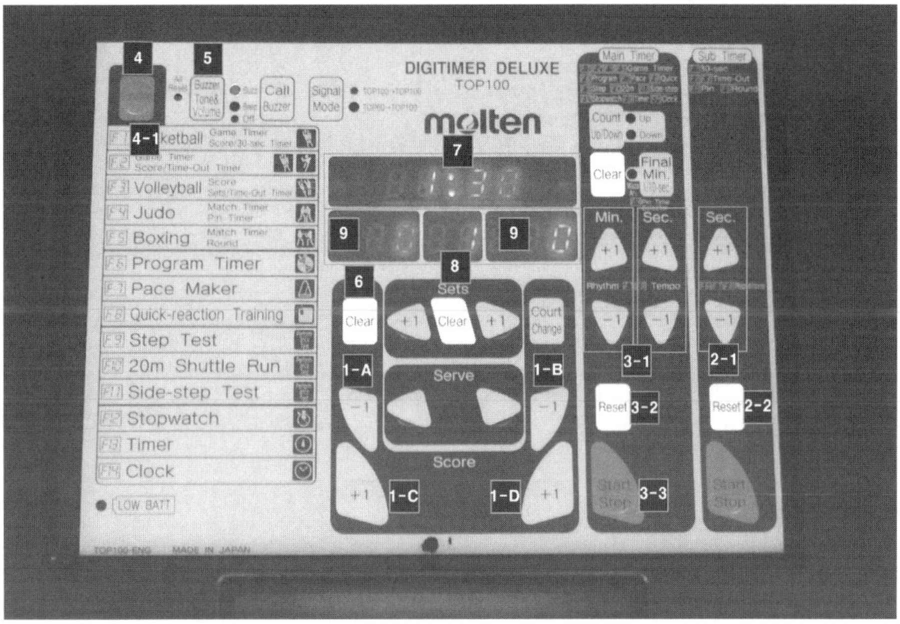

<그림 101> 전자스코어 보드 조작법

(스코어 보드 조작판넬 면을 기준으로 이해)

1) 전원을 넣는다.

2) 초기 4번 버튼 눌러서 적합한 합기도 경기에 적합한 4-1번 버튼(F1)을 누른다.

3) 최초 스코어 보드 9번에 표시된 것처럼 0:0으로 스코어가 표시된다.

4) 최초 스코어 보드 8번에 Sets(경고)는 24로 표시된다.
Sets를 경고로 대체해서 사용하므로 24를 표시하지 않아야 한다. 따라서 2-1번 에 있는 -1버튼을 길게 누르고 있으면 빠르게 숫자가 가감하여 0으로 표시될 때까지 누른다. 그리고 다시 -1버튼을 한 번 더 누르면 Sets(경고) 표시판에 아무 숫자도 표기되지 않는다.

5) 시간설정은 스코어 보드 3-1번에 있는 조작버튼으로 조작하는데, 예를 들어 1분 30초로 세팅하려면 Min +1을 한 번 누르면 1분, Sec +1버튼을 길게 눌러서 30으로 설정하면 30초로 설정된다.

6) 여러 가지 예시를 통한 조작법

예) 경기가 시작되었다.
그럼 3번 조작버튼에서 Start를 누르면 시간이 작동된다.

예) 청1득점하고 홍이 점수 없다.
스코어 보드 1-D(+1)번 버튼을 한 번 누른다.

예) 다시 청은 그대로 이고 홍이 2득점 했다.
스코어 보드 1-C(+1)번 버튼을 두 번 누른다.

예) 홍이 경고 없고, 청이 경고 하나이다
조작버튼 2번에서 +1을 한 번 누른다.
8번에 1하나만 표시된다.

예) 홍이 경고 하나, 청이 경고 없다.
2번에서 +1 버튼을 길게 눌러 10으로 맞춘다.
8번에는 10으로 표시된다.(여기서 10은 다음과 같이 해석한다. 1은 홍이 경고1 0은 청이 경고0으로 해석하면 된다)

예) 스코어가 홍이 2: 청이 1일인 상태에서 홍이 경고 1, 청이 경고 2가 되었다.
청은 경고가 두 개이므로 1실점으로 인정되어 9번 스코어 표시 전면부에는 2:0으로 표시하고 8번 경고점수는 1(홍)0(청)으로 표시되어야 한다.

따라서 스코어판 조작자는 신속하게 2번 경고 버튼에서 11에서 10으로 수정하고 1-B(-1)번 버튼을 한 번 눌러서 스코어를 2:0으로 한다.

7) 경기도중 선수가 부상당했거나 기타 이유로 경기를 중단할 때는 시간 중지하여야 한다. 이때는 3-3번 버튼(stop)을 누른다.

8) 그리고 다시 경기가 시작되면 3-3번 버튼(Start)을 누른다.

9) 만약 콜드게임이나 한판의 경우 5번 버튼(부저)을 누르고, 3-3번 버튼(Stop)을 눌러 시간을

중지시킨다.

하나의 경기가 완전히 종료됐다.

10) 점수를 완전히 0:0으로 표시하기 위해서 6번 버튼(Clear)을 누른다.

11) 새로운 경기 준비로 인해서 최초 1분 30의 설정된 상태로 가기 위해서는 3번 조작버튼에서 reset을 누른다.

12) 경고를 완전히 제로로 표시하기 위해서 2-2 번 버튼(Reset)을 누르면 24로 다시 표기된다. 2-1번에서 -1버튼을 길게 눌러 0까지 맞추고 다시 -1을 한 번 더 눌러서 8번 창에 아무런 숫자가 표시되지 않게 한다.

하나의 경기가 새롭게 시작되기 위해서 완벽하게 준비되었다.

11. 채점표운송요원의 배치와 역할

채점표운송요원은 점수기록요원에게 넘겨받은 채점표를 즉시 경기위원장에게 운송하여 준다. 경기위원장은 채점표를 받는 즉시 전체 대진표에 정확하게 기록하여야 한다.

12. 배심의 의무

배심은 코트에서 경기를 진행 및 정지시킬 수 있으며, 코트에서 일어나는 경기에서 주심과 부심이 부당하게 점수를 주는 행위에 대해서 시정 명령을 내릴 수 있으며, 또한 양 옆에 있는 전자채점기록요원과 채점표에 점수를 기록하는 요원이 제대로 점수를 기입하고 있는지 득점 및 경고, 주의 시 제대로 살펴야 한다. 배심과 기타 기록요원 및 채점표 점수기록요원은 휴대폰 통화가 일절 금지되며, 옆 사람과 사담을 하거나 코트에서 눈을 떼는 것에 대해 경고하고 주의를 주는 것은 배심의 기본적인 임무이다.

13. 개회식

어느 대회든지 개회식은 행사의 처음이며, 얼굴로써 주최측의 위상고제를 고려할 때 의전행사도 상당히 중요하다. 또한 개회식의 대회에 참여한 선수나 지도자 등은 물론이며, 관객(선수의 가족, 기타 관람객)에게 행사의 목적과 취지를 제대로 알리고 또한 각 대회의 성격에 맞게 중요한 메시지를 전달하는 의미있는 시간이 바로 개회식이라고 할 수 있다. 이런 개회식을 성공리에 끝마치면 대회의 절반은 성공이라는 말이 있는 것처럼 중요하다고 할 수 있다.

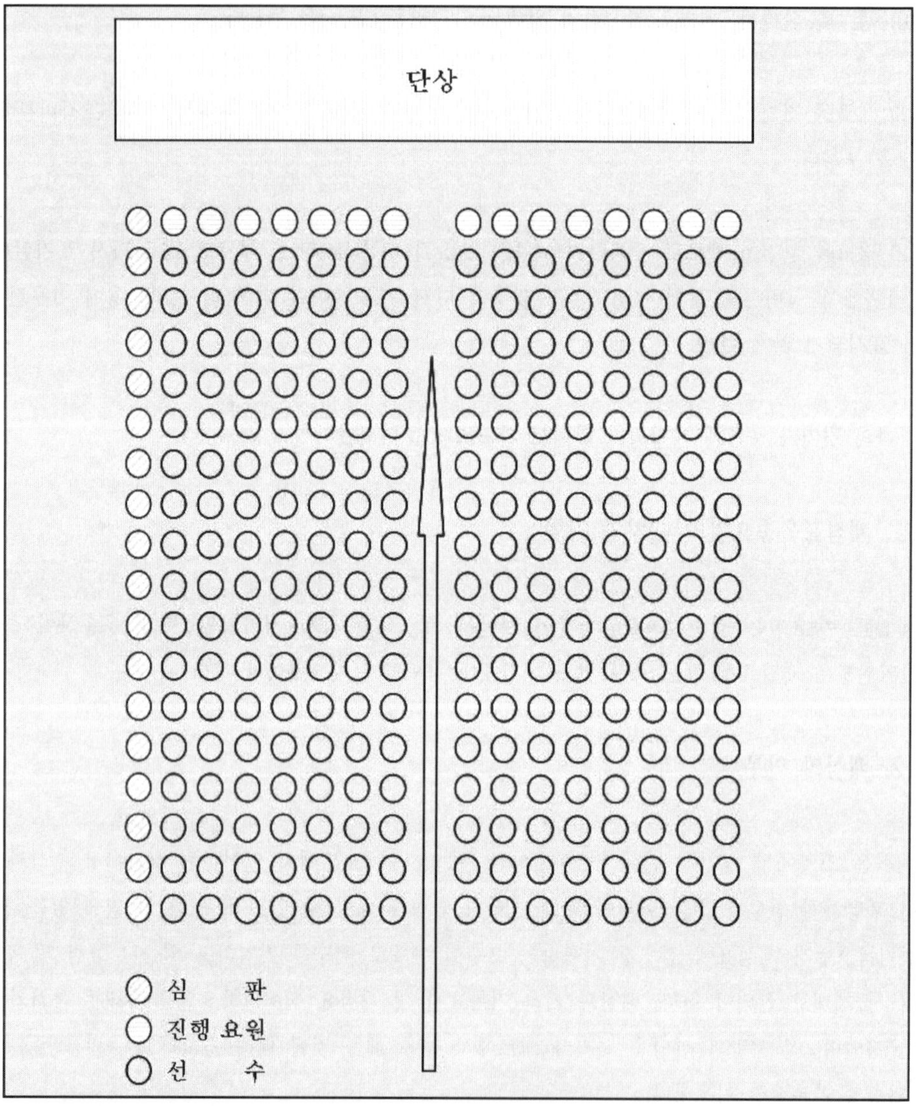

<그림 102> 내빈·외빈 진입경로

보통 개회식이 시작되면 대회의 임원, 대회에 참가한 지도자, 선수, 관람객들이 자리를 이탈하여 식사를 하는 경우가 비일비재(非一非再)하다. 이런 행동은 행사를 주최하는 측에서 사전에 협조를 구하여 최대한 개회식에 참여할 수 있도록 유도하여 하는 한편 선수를 관리감독하고 있는

지도자의 경우, 선수들이 대회의 취지 및 기타 선배들이 전해주는 조언을 새길 수 있도록 적극 협조하여야 한다. 지도자의 행동은 선수의 행동과 의식의 표본으로써, 행사에 참여하지 않고 비협조적인 태도를 보일 때 장차 선수는 지도자가 되어 그대로 답습하게 된다는 것을 잊어서는 안된다. 중요한 것은 행사의 개회식의 중요성을 제대로 인식하는 대회 참여자 모두의 의식의 전환이 무엇보다도 필요하며, 특히나 무도에서 예를 중시한다면서 대회에서 성적만을 중요시하고 인성의 작은 교육이 될 수 있는 선배의 메시지를 무시하는 언행불일치의 태도는 버려야할 자세이다. 나의 선수와 학생을 위해서 형식적인 행사라고만 생각하지 말고, 의식을 전환하여 개회식 안에서 얻을 수 있는 작지만 중요한 교훈이 있다는 것을 상기하도록 하자.

개회식을 진행함에 있어 대회임원, 사회자, 심판, 진행요원, 선수, 관객들 모두가 하나가 되어 개회식의 정리된 광경은 대회를 성공적으로 이끌 수 있는 기본이다.

개회식의 원활한 진행을 위하여 경기위원장과 질서분과위원장 진행요원으로 하여금, 대회장에서 진행되고 있는 경기를 개회식 20분 전에 정지하고, 경기장에 설치되어 있던 경기장비 및 시설 중에 개회식의 장애물로 판단되는 것은 한쪽으로 이동하여 정리정돈 한다. <그림 102>에서 보는 바와 같이, 대회임원들은 심판, 진행요원, 선수 등을 대회의 경기장으로 서게 하고, 진행요원으로 하여금 선수들을 배열시킨다. 보통 진행요원은 선수들의 제일 앞에 서서 오와 열의 기준이 되어 선수들을 정렬시키고, 나머지 진행요원은 대회장 밖에서 개회식에 참여하지 않는 지도자 및 선수들을 대회장으로 들여보내 원활한 개회식이 이루어질 수 있도록 신속하게 움직여야 한다.

사회자는 대회장내 경기장 바닥에 있는 심판, 진행요원, 선수들을 바로 세우 순조로운 개회식을 위하여, 사전에 식을 최대한 간소화하면서 짜임새 있게 할 수 있도록 계획하고 있어야 하며, 몇 가지를 주의 깊게 관찰하고 연습에 들어간다.

1) 내빈・외빈 자리 배치와 경기장에 심판, 진행요원, 선수 등은 제대 배열되어 있는가?
2) 대회에 참여하는 내빈・외빈의 명단은 제대로 파악되어 있는가?
3) 개회식순에 빠진 내용과 식순은 제대로 되어있는가?
4) 내빈・외빈에 대한 경례 및 대회장에 대한 경례법은 동일한가?
5) 국민의례나 기타 시범에 필요한 음향효과 및 조명이 제대로 작동하는가?
6) 개회식에 있을 대회사, 환영사, 축사, 격려사 등의 파일을 제대로 준비되었는가?

<표 38>에 나와 있는 개회식 순서는 일반적인 개회식순으로 보통 기타 대회의 경우 내빈・외빈이 미리 입장하고 관객이 입장되어 있는 상태에서 선수들의 입장을 환영하는 것에서부터 시작되는 것에서부터 시작된다. 그러나 <그림 10>에서는 이미 선수들과 지도자, 관객, 진행요원, 심판, 임원들이 입장해 있는 상태에서 의전요원의 안내에 따라 대회 내빈・외빈이 입장하는 것은 합기도 대회 특성상 대회기간이 장기간이 아니고, 하루에서 길게는 이틀 정도의 대회기간을 둠으로써 시간적인 제약이 많이 뒤따르게 된다.

<표 38> 개회식 식순

- 개회식 식순 -

1. 개식통보 ……………………………………………………………………사회자
2. 선수단 입장 …………………………………………………………………사회자
3. 참가팀 소개 …………………………………………………………………사회자
4. 국민의례 ……………………………………………………………………사회자
5. 선조 및 순국선열 그리고 고 합기도인에 대한 묵념 ……………………사회자
6. 대회기 및 우승컵 반환 ……………………………………………………사회자
7. 개회선언 ……………………………………………………………………사회자
8. 내빈·외빈소개 ………………………………………………………………사회자
9. 환영사 ………………………………………………………………………사회자
10. 축사 …………………………………………………………………………사회자
11. 격려사 ………………………………………………………………………사회자
12. 치사 …………………………………………………………………………사회자
13. 대회사 ………………………………………………………………………사회자
14. 선수선서 및 심판선서 ………………………………………선수대표 및 심판대표
15. 공로패, 감사패, 표창 ………………………………………………………사회자
16. 선수퇴장 ……………………………………………………………………사회자

●식후행사 ………………………………………………………………………사회자
●경기진행 ………………………………………………………………………사회자

따라서 개회식이 아침 일찍 실시되지 못하고 경기도중에 경기를 중단하고 개회식을 해야 하는 관계로 개회식이 일반적인 개회식 순서를 따르지 못하고 변동된 개회식을 할 수 밖에 없다. 즉, 경기도중에 있는 선수들을 대회장 밖으로 다시 내보고 다시 정렬하여 입장시키는데 소모되는 시간이 대회 지연을 초래할 수 있으므로, 선수입장을 하지 않고 내빈·외빈 입장으로 변동한 것이다.

충분한 시간적, 경제적으로 풍부하다면 <표 38>에 나와 있는 식으로 대회의 경기가 시작되기 전 개회식을 하는 것이 정상적인 개회식이라는 것임은 틀림이 없다.

지금부터는 <표 38>의 일반적인 개회식을 바탕으로 합기도 대회 개회식을 위한 사회자의 멘트를 제작하여 보았다.

(내빈·외빈 및 관객들이 모두 자리에 앉아 있는 상태이고, 경기장은 비어 있다. 사회자는 개회식 준비가 제대로 되어 있는지 파악되면 마이크를 잡고 진행에 들어간다.)

1. 지금부터 ○○○○ ○○○○○○ 전국합기도대회 개회식을 시작하겠습니다.

▶음향(음악이 흐르고)

2. 오늘 경기를 위해 멀리서 오신 지도자님, 선수여러분, 그리고 학부모님, 아울러 대회를 빛내주시기 위해 오신 내빈·외빈 여러분께 진심으로 감사드립니다.

이번 대회의 주역인 선수들이 그동안 갈고 닦은 기량을 보이기 위해서 경기장 밖에서 기다리고 있습니다. 선수입장과 함께 관중석 및 내빈·외빈 여러분께서는 큰 박수로 선수를 환영하여 주시기 바랍니다.

▶음향(음악이 흐르고)

(경기장 내부와 외부에 있는 진행요원 간에 무선 연락으로 사회자게 선수입장을 지시하게 되면 즉시 연락하여 입장하도록 준비한다.)

2. 선수입장!

(각 학교 및 도장별로 입장, 혹은 각 지역별로 구분하여 선수들은 입장하고 이를 인솔하는 진행요원은 피켓을 들고 선두에서 서서 정해진 자리로 들어간다. 모든 선수들이 정해진 위치에 서서 입장이 완료되면 사회자는 각 학교별 및 도장별로 소개에 들어간다.)

3. 이번 대회 경기를 위해서 각 학교 및 도장에서 힘든 훈련을 마치고 본 대회에 나온 참가팀을 순서대로 소개하겠습니다. 각 팀을 소개할 때마다 큰 환영의 박수로 맞아 주시기 바랍니다.

제일 먼저 ○○대학교 팀입니다. 본 팀의 지도사범은 ○○○교수입니다.

(참가팀 전원의 팀 소개와 지도사범의 소개가 끝나면~)

이상으로 ○○○○ ○○○○○○ 전국합기도대회 참가팀과 지도사범의 소개를 마치겠습니다.

4. 다음은 국민의례입니다.

내빈·외빈과 관중석 계신 선수 여러분의 동료 가족여러분, 경기장에 있는 심판 및 진행요원, 선수여러분께서는 단상에 있는 국기를 향해주시기 바랍니다.

일동 차렷!!

국기에 대하여 경례!!

▶국기에 대한 다짐과 음향~~

(음향효과가 끝나면)

바로!!

다음은 애국가 제창이 있겠습니다. 애국가 제창은 1절만 하겠습니다.

▶애국가 음향~~

(음향효과가 끝나면)

5. 다음은 선조 및 순국선열 그리고 고 합기도인에 대한 묵념이 있겠습니다.

▶음향(음악이 흐르고)~~

일동 묵념!!

바로!!

내빈·외빈 및 관중석에 계신 선수 여러분의 동료 가족여러분께서는 자리에 앉아주시기 바랍니다.

6. 다음은 대회기 및 우승컵 반환이 있겠습니다. (대회장 앞으로 나오고, 전대회 우승자 대회기 및 우승컵을 대회장에게 반환한다.)

7. 다음은 오늘 대회장이신 ○○○ 님의 개회선언이 있겠습니다.

(개회선언문을 들고 선수들을 바라보며)

개회선언문

합기도의 엘리트 선수발굴과 합기도인 통합을 발판 구축을 위한 ○○○○ ○○○○○○ 전국합기도대회 개회를 선언합니다.”

▶경기장에 있는 모든 사람이 박수~~

한국대학합기도연맹이 설립된 이후 대학연맹이 주최되어 ○○회 동안 대회를 개최하여왔으며, 올해 제 ○○회의 대회를 맞이하게 되었습니다. 한국대학합기도연맹이 주최하는 대회는 분열된 합기도를 하나로 묶을 수 있는 장이며, 엘리트 선수 발굴의 장으로서 그 어느 대회보다 의미 있고 중요한 대회라고 생각합니다. 이런 한국대학합기도연맹의 대회는 일선도장의 지도자님과 연맹의 진행요원, 심판, 임원의 애정과 물심양면으로 후원을 아끼지 않으신 분들이 있었기에 가능했습니다.

대학연맹의 대회에 지속적인 관심과 적극적인 지지를 보내주셨던 분들께서 오늘 대회장에 참석하셨습니다.

8. 대회 내빈·외빈을 한분 한분을 소개하도록 하겠습니다. 큰 박수로 인사해주시기 바랍니다.

▶음향(조용한 음악이 흐르고)~~

먼저 합기도와 관련 내빈·외빈부터 소개하겠습니다.

1)○○○ ○○○ 대회 대회장님이신 ○○○님을 소개합니다.

2)○○○ ○○○ 회장님이신 ○○○님을 소개합니다.

3)○○○ ○○○ 고문님이신 ○○○님을 소개합니다.

다음은 ○○○ (지방자치단체장 및 기타인사)를 소개하겠습니다.

1)○○○ ○○○ 군수님이신 ○○○님을 소개합니다.

2)○○○ ○○○ 경찰서장이신 ○○○님을 소개합니다.

3)○○○ ○○○ 지역개발위원장이신 ○○○님을 소개합니다.

다음은 본 대회를 위해 노력하신 대회임원을 소개해드립니다.

1)본 대회 경기분과 위원장이신 ○○○님을 소개합니다.

2)본 대회 심판분과 위원장이신 ○○○님을 소개합니다.

다음은 본 대회의 공정한 판정을 위해 수고를 해주실 심판분들을 소개해드립니다.

(심판 전원은 목례로 답한다).

이상으로 시간 관계상 간단하게 내빈·외빈을 소개해드렸습니다. 뒤 늦게 참석하신 내빈·외빈은 참석하시는 대로 소개해 올리도록 하겠습니다.

(소개 순서는 사회적 위치를 고려하여 소개를 하고, 뒤 늦게 참석하는 내빈·외빈의 경우, 식순에서 적당한 시간에 짧게 소개한다. 소개의 순서가 내빈·외빈에게는 상당히 중요한 절차이므로, 누가 우선시 되어야 하는지 사회자는 명확하게 판단을 하여 소개하는 것이 행사에서 무엇보다도 중요하다. 예를 들어 사회적 위치나 명예를 고려하지 않고 하는 소개의 경우 대상자에게 결례를 범하는 것이므로 신중해야 한다.)

9. 다음은 ○○○님의 환영사가 있겠습니다. (환영사하실 분은 앞으로 나오고 사회자는)
일동 차렷!!
○○○님께 경례!!
(환영사 하실 분은 목례나 기타 인사법으로 답)
바로!!
(환영사를 시작하고, 종료~~)

10. 다음은 ○○○님의 축사가 있겠습니다. (축사하실 분 앞으로 나오면 사회자는)
일동 차렷!!
○○○님께 경례!!
(축사 하실 분은 목례나 기타 인사법으로 답)
바로!!
(축사를 시작하고, 종료~~)

11. 다음은 ○○○님의 격려사가 있겠습니다. (격려사하실 분 앞으로 나오면 사회자는)
일동 차렷!!
○○○님께 경례!!
(격려사 하실 분은 목례나 기타 인사법으로 답)
바로!!
(격려사를 시작하고, 종료~~)

12. 다음은 ○○○님의 치사가 있겠습니다.(치사하실 분 앞으로 나오면 사회자는)
일동 차렷!!
○○○님께 경례!!

(치사 하실 분은 목례나 기타 인사법으로 답)
바로!!
(치사를 시작하고, 종료~~)

13. 다음은 ○○○님의 대회사가 있겠습니다.(환영사 하실 분 앞으로 나오면 사회자는)
일동 차렷!!
○○○님께 경례!!
(대회사 하실 분은 목례나 기타 인사법으로 답)
바로!!
(대회사를 시작하고, 종료~~)

14. 다음은 오늘 경기에 참여한 선수를 대표하여 선수대표의 선서가 있겠습니다.
대회장을 단상 앞으로 나오게 하고~~
(선서문을 들고 남녀 대표선수 1명씩 대회장 앞으로 뛰어 나온다)

선수 선서문

선서!
오늘 우리는 ○○○○ 대학연맹회장배 전국합기도대회에 출전하게 된 것을 기쁘게 생각하며 경기규정을 준수하고 평소에 연마한 기술을 유감없이 발휘할 것을 선수 일동을 대표하여 이에 선서합니다.

200○년 ○○월 ○○일

선수대표
○○○ / ○○○

(선서문을 모두 낭독하고 남녀 대표선수 대회장에 선서문을 전달한다.)
다음은 오늘 경기의 기량을 공정하게 평가할 심판을 대표하여 심판대표의 선서가 있겠습니다.

(선서문을 들고 심판대표 1명이 대회장 앞으로 뛰어 나온다)

심판 선서문

선서!

본인은 심판을 대표하여 이번 ○○○○대학연맹회장배 전국합기도대회에서 진실한 무도인의 정신으로 경기규정을 준수하고 공정하게 직무를 수행할 것을 선서합니다.

200○년 ○○월 ○○일

심판 대표 ○ ○ ○

(선서문을 모두 낭독하고 남녀 대표선수 대회장에 선서문을 전달한다.)

15. 다음은 합기도의 발전과 본 대회를 위해 힘써주신 분들의 공로패 및 감사패 전달과 대회주최측에게 금일봉 전달이 있겠습니다.

공로패를 받으실 분은 ○○○입니다. 앞으로 나와 주시기 바랍니다.
(공로패 받을 분 앞으로 나오고, 시상과 함께 박수!!)
감사패를 받으실 분은 ○○○입니다.
(감사패 받을 분 앞으로 나오고, 시상과 함께 박수!!)

다음은 합기도 엘리트 선수 발굴에 지대한 공이 있는 분들을 대상으로 표창이 있겠습니다.
호명하는 분들은 단상 앞으로 나와 주시기 바랍니다.
○○○!!, ○○○!!
(표창장을 받으실 분 나오고, 시상과 함께 박수!!)
(표창장을 받으실 분 나오고, 시상과 함께 박수!!)

다음은 ○○○회장으로부터 대회측에게 금일봉 전달이 있겠습니다.
(금일봉 전달자 앞으로 나오고, 다음은 전달 받을 대회대표자 앞으로 나온다. 금일봉 전달과 함께 박수!!)

장시간 동안 개회식에 참여해주신 내빈·외빈을 비롯하여 심판, 진행요원, 선수여러분께 진심으로 감사드리며, 개회식을 마치기 전에 오늘 식후 행사를 안내해 드리겠습니다. 잠시 후에 ○○대학교의 합기도 시범 있겠습니다. 아울러 시범이 끝나면 사진 촬영이 있겠습니다.

또한 사진 촬영이후 내빈·외빈들께서는 안내요원의 안내에 따라 대회측에서 마련한 리셉션 장소로 이동하여 주시면 되겠습니다.

이상으로 ○○○○○○ 전국합기도대회 개회식을 모두 마치도록 하겠습니다.
감사합니다.

※리셉션 (Reception) 어떤 사람을 환영하거나 어떤 일을 축하하기 위하여 베푸는 공식적인 모임. '초대', '초대 연회', '축하', '축하 연회' 를 의미한다.

14. 채점표 작성법

1) 대련 채점표 양식과 작성법

○○○○ ●●●● 전국합기도대회

채 점 표(대련)

■대회일시 : 년 월 일

■코트 NO :

■부 구분 : 초등부, 중등부, 고등부, 대학일반부

■성 별 : 남 / 여

■체 급 :

청(선수명)									홍(선수명)								
득 점									득 점								
주 의									주 의								
경 고									경 고								
기 타									기 타								
합 계																	
득점합계									득점합계								
주의합계									주의합계								
경고 합계									경고 합계								
승패 결과																	
청									홍								

확인자					
배 심	(서명)	기 록	(서명)	전자 채점	(서명)
주 심	(서명)	부 심1	(서명)	부 심2	(서명)
특이사항:					

년 월 일

한국대학합기도연맹

2) 개인연무 채점표와 집계표

○○○○ ●●●● 전국합기도대회

개 인 연 무 채 점 표

■대회일시 : 　　년　월　일

■코트 NO :

■부　구분 : 초등부, 중등부, 고등부, 대학일반부

■종목구분 : 개인연무1종목, 개인연무 2종목

순번	소속		선수명		난이도	정확성	실용성	예절	무도정신	총점
1										
2										
3										
4										
5										
6										
7										
8										
9										
10										
채전기준			①매우미흡(1점~2점)　②미흡(3점~4점) ③보통(5점~6점)　④양호(7점~8점)　⑤ 매우양호(9점~10점)							

심판명:　　　　　(서명)

년 월 일

한국대학합기도연맹

○○○○ ●●●● 전국합기도대회

개 인 연 무 채 점 집 계 표

■대회일시 : 년 월 일

■코트 NO : 부 구분 : 초등부, 중등부, 고등부, 대학일반부

■종목구분 : 개인연무1종목, 개인연무 2종목

순번	소속		선수명		심판 1	심판 2	심판 3	심판 4	심판 5	총점	순위
1											
2											
3											
4											
5											
6											
7											
8											
9											
10											
주의사항		배심의장은 5명의 심판 채점표를 수거하여 심판별로 채점한 총점을 위 서식에 기재하여 합산하여 총점을 낸다. 모든 선수들의 총점이 기재되면 순위를 정한다.									

심 판 : (서명)

년 월 일

한국대학합기도연맹

3) 단체연무 채점표와 집계표

○○○○ ●●●● 전국합기도대회

단 체 연 무 채 점 표

■대회일시 : 년 월 일

■코트 NO :

■부 구분 : 초등부, 중등부, 고등부, 대학일반부

■종목구분 : 단체연무1종목, 단체연무 2종목

순번	소속	선수인원	난이도	정확성	예술성	창작성	팀웍	무도정신	예의	**총점**
1										
2										
3										
4										
5										
6										
7										
8										
9										
10										
채점기준	①매우미흡(1점~2점) ②미흡(3점~4점) ③보통(5점~6점) ④양호(7점~8점) ⑤ 매우양호(9점~10점)									

심 판: (서명)

년 월 일

한국대학합기도연맹

○○○○ ●●●● 전국합기도대회

단 체 연 무 채 점 집 계 표

■대회일시 : 년 월 일

■코트 NO :

■부 구분 : 초등부, 중등부, 고등부, 대학일반부

■종목구분 : 단체연무1종목, 단체연무 2종목

순번	소속	선수인원	심판 1	심판 2	심판 3	심판 4	심판 5	총점	순위
1									
2									
3									
4									
5									
6									
7									
8									
9									
10									
채점기준	①매우미흡(1점~2점) ②미흡(3점~4점) ③보통(5점~6점) ④양호(7점~8점) ⑤ 매우양호(9점~10점)								

심 판: (서명)

년 월 일

한국대학합기도연맹

15. 경기기록 작성법

<기록분석을 위한 선수 개인 신상에 관한 질문지>

※대회전이나 선수등록 시 함께 배부하고 수거한다.

성 명		성 별	
부		체 급	
현재체중		신 장	
연 령		학 년	
현 단		수련기간	
지 역		소속도장명	
소속협회		경제상황	
평균수련시간		대회참여횟수	
비 고			

<기록관리 용지-연구용>

성명	성별				부				체급				기타				
기술내용	1	2	3	4	5	6	7	8	9	10	11	12	13	14	15	총	득점
찍어차기																	
하단찍어차기																	
앉아돌아차기																	
뒤옆차기																	
옆차기																	
메치기																	
방족술																	
굳히기																	
주먹지르기																	
겨드랑이꺽기																	

한국대학합기도연맹

합기도 경기활성화와 선수들이 경기 시에 시도하는 기술을 분석하는 것은 합기도 기술개발과 선수들이 자주 시도에 대한 연구는 아주 필요한 부분이다. 예를 들어 경기기록과 분석은 이전부터 타 스포츠 종목 대지 무도 종목에서 도입하여 선수 개인 및 전체 선수들에 관한 데이터베이스는 물론이고 선수 기량 향상을 위한 자료로 사용되어 왔다. 또한 경기시에 실행기술 및 득점을 정확히 파악하는 것은 합기도를 보다 학문적 연구의 바탕이 될 뿐 아니라, 지도자의 전략 전술에도 큰 자료로 사용될 수 있다는 점에서 경기기록과 분석은 꼭 도입되어야 하며 실행되어야 한다.

위에 선수 개인신상에 대한 설문지와 기록관리 용지를 하나로 제작하는 것은 경기에 대한 기록을 분석하는 연구자로써는 편리할 수 있다. 그러나 경기장에 일일이 기록요원이 선수의 개인신상에 대해 묻고 한 대회에서 경기에 수회씩 치루는 과정에서 개인적인 신상을 되묻는 것은 현실적으로 경기시간을 지연시킴은 물론, 선수개인에게 심적 부담을 줄 수 있다는 점에서 따로 분리하여 기록하여야 한다.

따라서 선수개인에 대한 신상의 질문지는 선수가 직접 기록하고 대회를 앞둔 선수들이 선수등록 시 선수등록신청서와 함께 제출하게 하는 방법이 제일 효과적이라고 할 수 있다.

선수 개인신상정보에 대한 설문지는 성별, 부별, 체급별로 하나의 차트를 마련하여 보관하고 있다가 경기가 끝난 후 선수개인이 만들어낸 기록관리용지 전체(경기횟수 만큼의 기록용지)를 하나로 묶은 다음, 개인신상정보 설문지를 제일 위에 겹치면 한 선수의 경기 성적을 할 수 있는 준비는 완료된다.

기록관리용지는 경기 당일 날 기록요원에 의해서 기록되어지는 것으로 사전에 지시자에게 철저하게 교육된 기록요원에 의해서 기록되어진다. 이때 기록요원이 위에 있는 기록용지 작성법은 아주 중요하다.

※ 기록관리 용지 작성 방법

1) 선수개인에 대한 신상 정보를 기재한다.

2) 기록요원은 담당하고 있는 선수에게서 시선을 떼지 않고 정확히 관찰하여 기록한다.

3) 실행기술은 ∨로 표시하고 실행해서 득점으로 인정된 경우는 ○ 로 표시한다.

4) "총"란에는 실행한 전체횟수(득점 기술횟수 포함)하여 기록한다.

위와 같이 선수들에 대한 기술을 파악하고 분석하기 위해서는 무엇보다도 현 대회시 필수적으로 기록요원 투입이 실제적으로 투입되어야 하며, 대회조직위원회에서는 그 중요성을 인식하고 적극적으로 협조해주여야 만이 가능하다.

또한 위와 같은 선수들의 기술을 하나의 숫자로 기록하는 기록분석 뿐만 아니라, 선수 개인이 경기 참여시 심리 및 체력에 관련된 분야도 지속적인 관심과 연구가 필요하다.

16. 대회의 전체의 업무 흐름

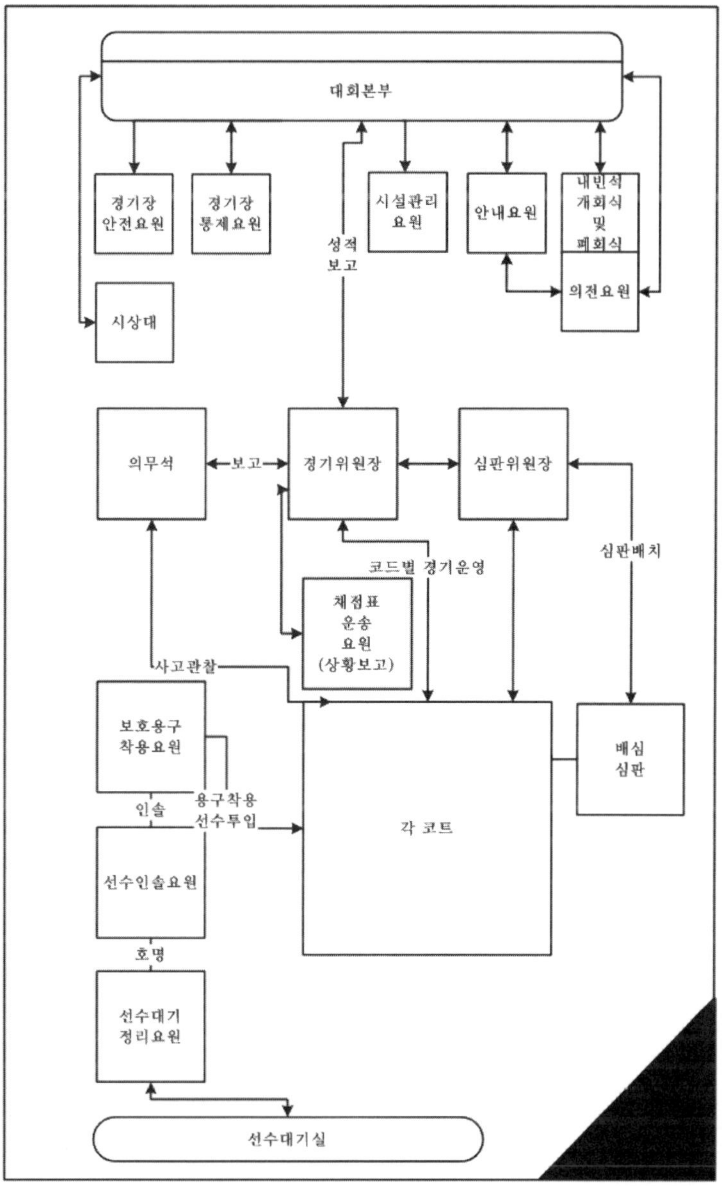

<그림 103> 대회 전체의 업무 흐름도

<그림 103>에서 보는 바와 같이, 대회를 성공적으로 이끌기 위해서는 각 분과별, 각 진행요원, 임원들에게 맡겨진 역할을 다해야만 할 뿐 아니라, 분과별간, 진행요원간에 상호협조가 이루어지지 않으면 안 된다.

대회조직위원회에서는 대회본부를 주축으로 모든 업무가 조절 및 조정되어야 하는데 <그림 103>에서 보는 바와 같이, 핵심적인 부분만을 설명해 보도록 하자.

모든 경기는 각 코트에서 이루어지고, 경기의 시작과 중지는 경기분과위원장의 조정에 의해서 코트가 쉬지 않고 원활한 경기가 지속적으로 이루어지도록 하는데, 이때 각 코트에는 심판, 배심 배치되고, 하나의 경기가 종료되면 다음 선수의 경기가 곧바로 이루어지도록 선수인솔요원은 선수대기정리요원 간에 신속한 커뮤니케이션으로 선수를 코트로 불러들어야 한다. 코트에 도착한 선수는 청선수 홍선수를 구분하여 보호용구착용요원에게 인되면 보호용구착용요원은 선수들이 의무적으로 착용하여야 할 용구를 착용 및 검사하여야 한다. 준비된 선수는 배심석과 심판의 지시에 따라 경기장에 입장하고 경기를 치르게 된다. 이렇게 하나의 경기가 끝나면 배심석에서 기록된 해당선수의 경기기록은 채점표 운송요원으로 하여금 경기위원장에게 보고되도록 한다. 경기위원장은 이를 토대로 하여 승자와 패자를 대진표에 기록하고 이를 다시 대회본부에 전달한다. 대회본부에서는 전달 받은 선수의 채점내용(승・패)을 살피고 보관 처리한다. 결승의 경우, 상장 발급의 자료로도 사용한다. 대회본부에서는 상장발급과 함께 선수등록대장에 입상성적을 기록하고 상장 번호를 입력한다. 상장이 발급되면 시상요원에게 전달되어 시상에 차질이 없도록 한다.

심판위원장은 각 코트에 배치된 심판이 공정한 판정을 하고 있는지 관리감독과 함께 심판의 피로와 집중력을 수시로 체크하여 심판 순환 및 교체를 담당한다. 심판과 배심은 담당코트에서 이루어지는 선수의 감정 및 득점을 책임질 뿐 아니라, 선수의 부상방지를 위해서 관심을 갖아야 할 뿐 아니라, 선수 부상 시 의무석에 있는 의무요원에게 이를 선수의 부상정도를 진단하고 치료하도록 하여야 할 의무가 있다.

경기장의 질서를 위해서는 각 출입구와 경기장의 경계선에 배치된 통제요원이 출입이 가능한자만을 가리고 그렇지 출입금지자는 통제하여 경기장 질서를 정돈하고, 경기의 흐름이 지속적으로 이루질 수 있도록 도와야 한다.

제3절 마무리 단계

1. 시상요원의 배치와 역할

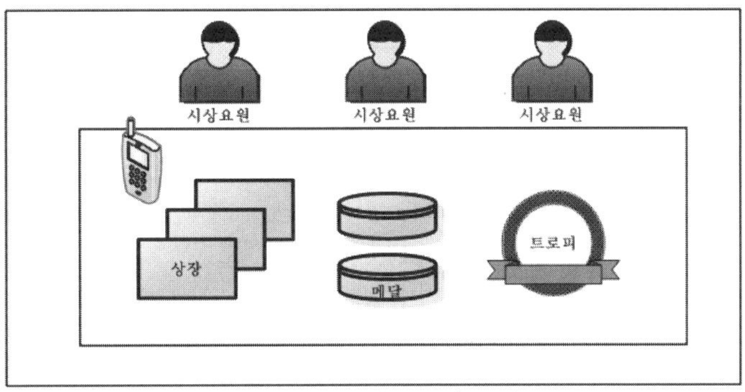

<그림 104> 시상요원과 준비물

<그림 104>에서 보는 바와 같이, 시상요원은 대회본부에서 집계된 성적을 바탕으로 인쇄된 상장을 발급된 순서대로 시상물 준비대에 배열하고 순위와 적합하게 메달과 트로피를 보기 좋게 정렬한다.

시상요원은 입상자를 호출하고 시상대에 선수를 올리고 시상물을 전달 받을 수 있도록 하기까지 모든 업무를 담당한다.

대회요강에 있는 자료를 바탕으로 대련경기와 개인연무 입상자에게는 메달과 상장을 준비하고, 단체연무 입상자에게는 트로피가 하나의 시상품이라는 것을 숙지하여야 한다.

또한 시상의 준비만이 아니라, 혼잡한 경기장으로 인해서 시상품의 훼손, 파손, 도난에도 각별한 주의가 필요하다.

2. 문서 정리 및 시설물 해체

대회가 종료되면 대회에 관련된 모든 문서와 사무용품, 대회시설 및 용품은 수송용 차량에 모두 옮긴다.

특히 대회 문서에 관련한 문서는 중요한 기록물이며, 잔존물이기 때문에 쉽게 분리해서 볼 수 있도록 분리해서 정리하도록 한다.

<그림 105> 대회종료 후 정리

<그림 105>에서 보는 바와 같이, 수송용 차량에 모두 옮겨지면 대회와 관련된 모든 요원을 소집하여 임차한 대회 경기장 내부 및 외부에 설치된 설치물을 원상복귀한 다음, 진행요원으로 하여금 기본적인 청소를 실시한다. 원상복귀 및 청소가 완료되면 체육과 관리자에게 경기종료를 알려주고 시설물에 대한 이상 유무를 판단하는 하게 한다. 이상이 없을 경우 대회임원 및 진행요원에게 철수를 지시한다.

3. 폐회식

<표 39> 폐회식 식순

- 폐회식 식순 -	
1. 선수단 입장	사회자
2. 경기성적발표	사회자
3. 시상식	사회자
4. 대회기 이양 및 우승컵 이양	사회자
5. 폐회 선언	사회자

4. 예산서와 결산보고서의 비교

1) 예산서

특정 단체 및 기타 회사에서는 그 목적을 수행하기 위하여 경비를 지출하고, 또 그 재원이 될 수입을 얻어내야 한다. 이 수입과 지출을 회계연도별로 구분하여 세입 및 세출이라고 하며, 세입·세출은 모두 예산에 편입하여야 한다.

세입은 국가의 제반 수요를 충족하기 위한 지출의 재원이 될 현금의 수납을 의미하며, 세출은 제반 수요를 충족하기 위한 현금의 지급을 의미한다.

연맹에서는 항시 해당 년도의 사업계획서를 기반으로 심판연수교육, 심판보수교육, 경기지도자교육, 경기운영자 교육, 각종 대회를 비롯해서 기타 행상에 필요한 각각의 예산서가 필요하다. <표 40>에서 보는 바와 같이, 예산서는 해당 행사의 수입과 지출을 기존의 행사에서 얻어지는 자료를 근거로 하여 작성된다. 예산서는 정확하게 작성을 원칙으로 하지만 수입과 지출을 미리 어림잡아 셈한 것을 적은 서류라고 보면 된다. 이러한 예산서를 작성하는 이유는 모든 대회에 필요한 자금을 안정적으로 확보하고 확보된 자금내에서 예산에서 편성된 금액에 가깝게 사용하도록 함으로서 대회에 소요되는 자금을 효율적으로 사용하기 할 수 있게 된다. 예산서의 종류에는 각 대회에 대한 예산과 연맹의 1년 동안 수행하려고 하는 각종 행사를 총망라한 예산서로 구분할 수 있다. 지금부터 한 대회를 기준으로 예산서를 작성하는 방법을 표를 통해서 보도록 하자. 표에서 보는 바와 같이, 대회를 계획을 기반으로 하나의 예산서가 보기 좋게 기재되어 있다. 대회에 필요한 예산 부분에서 확보될 수 있는 수입을 몇 가지로 구분해보면 각 대회는 기존의 대회를 감안해 볼 경우, 대회조직위원회에서 일정한 선수등록비(출전비)가 기본적인 수입이 되며, 대회에 참석하는 사람 중에 일부분이 찬조금으로 기부하는 경우가 대부분이다. 또한 이전 대회에를 마치고 남은 이월금과 공동주최 및 주관하는 곳에서 일부 지원하는 지원금 정도로 자금이 확보된다고 할 수 있다.

지원금의 경우 지방 자치단체에서 지원하는 지원금, 관련 단체에서 대회의 성공을 바라는 차원에서 지원하는 지원금 등이 있을 수 있다. 이런 모든 수입은 예산서의 수입으로 모두 합산하여 총계를 내고 이 총계 내에서 지출될 부분을 각 항목별로 대분류로 하여 대회에 관련된 전반적인 내용을 조직위원회에서 원활한 대회 운영을 위하여 수시로 있을 회의에 들어가는 회의비, 대회를 알리기 위해 서면으로 작성된 문서의 인쇄, 대회 전반적인 내용을 간략하게 참여자에게 안내하기 위한 유인물, 선수들의 경기에 관련된 대진표 등이 인쇄되게 되는데 이 항목을 대분류로 하면 인쇄비 항목으로 포함될 수 있다. 또한 대회를 알리고 많은 선수들이 대회에 참가할 수 있도록 신문사, 방송사, 인터넷 매체, 포스터, 현수막 등을 이용하는 경우는 광고비 항목으로 포함시킬 수 있다. 대회를 하기 위해 동원되는 인력의 경우 잠자는 공간 사용에 대한 숙박비로, 노동에 대한 보수로 인건비, 기타 대회에 필요한 대회 비품 및 소모품을 운반과 대회를 진행하는 진행요원이 대회장소에 편리하게 접근할 수 있도록 하는 운송비, 대회 장소나 대회비품의 임대에 사용되는 임차료, 대회장에 필요한 비품 구매에 대한 비품비, 대회 준비 및 당일날 사무처리를 위한 사무용품비로 분류할 있다. 대회에 대한 안내, 상담, 실무자간 업무를 위한 유선 통화에 소요되는 비용은 물론, 대회공문에 우편물 발송에 들어가는 우편발송비용의 경우 통신비에 포함시킬 수 있다. 다음은 대회장 내에서 경기를 하는 선수가 경기 도중에 발생하는 사고를 사후 처리하기 위해 소요되는 보험료, 대회조직위원회 실무자가 대회를 준비하기 위해 움직이는 교통비, 대회 협찬이나 후원을 부탁할 손님에게 베푸는 경우 접대비에 포함시키면 된다.

예비비의 경우 예산에서 없는 항목으로 처리해야 할 경우나, 기존의 예산보다 부득이하게 초과할 경우 타당성이 인정되는 항목에 대해서만 예비비에서 사용한다.

2) 결산보고서

<표 41>은 예산서를 바탕으로 확보된 자금으로 하나의 대회를 완전하게 종료한 후 간단 명료하면서 일목정연, 자세한 내용으로 사용된 자금을 하나의 문서로 표기한 문서이다.

결산보고는 자금이 합리적으로 사용되었는지, 적정한 곳에 알맞게 사용되었는지, 대회로 인해서 생긴 적자나 흑자는 없는지 등을 평가하고 다음에 행할 대회에서 필요한 예산이 얼마나 필요할지 예상되는 기준치 마련을 보다 쉽게 할 수 있다.

아래 결산보고서를 보면 알 수 있듯이 예산서를 바탕으로 실제로 확보된 자금(수입)과 자금 사용(지출)을 크게 대분류하고 이에 따라서 정확하고 구체적으로 표기하는 중분류한 수입내역서와 지출내역서로 해서 구분하여야 한다.

결산 보고서 수입부분에서 지원금으로 표기된 내용은 중분류에서 다시 지방차지단체 지원금, 기업체 지원금, 합기도단체 지원금 등으로 분류한다. 지방자치단체 지원금 경우 550만원 입금된 것으로 표기되었고, 이를 소분류 하여 경기도에서 2008년 8월 31일 행사비용 내용으로 250만원이 1회 입금되고, 2008년 9월 2일 200만원이 입금되어 총 550만원이 입금된 것으로 지원금 내역에 표기한다.

반면, 결산보고서 지출부분에서 인건비로 표기된 항목은 중분류 지출내역서에 인건비 내용으로 심판비, 임원비, 진행요원비, 사무국장급여 등으로 총 350만원이 지출된 것으로 표기한다. 다음은 인건비 지출내역을 상세하게 심판비, 100만원, 임원비로 100만원, 진행요원비로 100만원, 사무국장 급여로 50만원이 각각 지출되어 총350만원이 지출되었음을 알 수 있다.

<표 40> ○○○○ 춘계대학연맹 전국합기도대회 예산서

	수 입		(원)
1	선수등록비	①대련700명×30,000원 =21,000,000	21,000,000
		②연무200명×15,000원 = 3,000,000	3,000,000
2	이월금	1,300,000	1300,000
3	지원금	3,000,000	3,000,000
	총 계		25,300,000
	지 출		(원)
1	회 의 비		500,000
2	인 쇄 비		1,500,000
3	광 고 비		700,000
4	숙 박 비		1,200,000
5	연회 및 식대		5,000,000
6	기 념 품 비		3,000,000
7	비 품 비		1,000,000
8	임 차 료		1,000,000
9	장 식 비		1,000,000
10	접 대 비		1,000,000
11	통 신 비		1,500,000
12	운 송 비		2,000,000
13	인 건 비		3,500,000
14	교통 및 여비		1,000,000
15	사무용품 및 잡비		1,000,000
16	보 험 료		1,400,000
17	예 비 비		2,000,000
총 계			26,300,000

<표 41> ○○○○ 춘계대학연맹 전국합기도대회 결산보고서

(단위 : 원)

지출		수입	
내용	금액	내용	금액
회의비	600,000	전년이월	1,300,000
인쇄비	1,700,000	선수등록비 수입	24,000,000
광고비	600,000	지원금	13,000,000
숙박비	1,500,000	찬조금	7,000,000
연회 및 식대	5,000,000	이자수입	50,000
기념품비	3,000,000		
비품비	1,000,000		
임차료	1,000,000		
장식비	1,000,000		
접대비	1,000,000		
통신비	1,500,000		
운송비	2,000,000		
인건비	3,500,000		
교통 및 여비	1,000,000		
사무용품 및 잡비	1,000,000		
보험료	1,400,000		
합계	26,800,000	합계	45,350,000
잔액		18,550,000	

<표 42> 수입내역서

(단위 : 원)

항 목		금 액	내 용
전 년 이 월		1,300,000	
선수등록비	대련선수등록비	21,000,000	700명×30,000
	연무선수등록비	3,000,000	연무200명×15,000원
	소 계	24,000,000	
지원금	지자체 지원금	5,000,000	경기도, 용인시
	기업체 지원금	5,000,000	(주)소마연구소, (주)사이론
	합기도단체 지원금	3,000,000	○○○협회, ○○○연맹
	소 계	13,000,000	
찬조금	회장단 찬조금	3,000,000	대학연맹회장 찬조금, 중고연맹회장 찬조금, 초등연맹회장 찬조금
	기타 협회 찬조금	2,000,000	○○○협회, ○○○연맹
	기업체 임원 찬조금	2,000,000	(주)소마연구소, (주)사이론
	소 계	1,700,000	
이 자 수 입		50,000	예금이자
수 입 합 계		**45,350,000**	

<표 43> 지출내역서

(단위 : 원)

항 목	금 액	내 용
회 의 비	600,000	이사회 및 임원회의 진행비
인 쇄 비	1,700,000	리플렛 제작, 대진표 제작
광 고 비	600,000	배너광고, 현수막, 포스터, 신문광고
숙 박 비	1,500,000	임원숙박, 심판숙박, 진행숙박
연 회 및 식 대	5,000,000	임원, 심판, 진행요원, 선수, 리셉션
기 념 품 비	3,000,000	상장, 메달, 감사패
비 품 비	1,000,000	가슴보호용구, 시상대
임 차 료	1,000,000	경기장 임대, 매트리스 임대
장 식 비	1,000,000	대회장 장식
접 대 비	1,000,000	○○○회장 접대, ○○대표 접대
통 신 비	1,500,000	전화, 팩스 사용료 및 우편발송료
운 송 비	2,000,000	매트리스 및 시상대, 진행요원수송
인 건 비	3,500,000	임원, 심판, 진행요원, 사무국장
교 통 및 여 비	1,000,000	사무국장, 회장 등 회의 참석 교통비
사무용품 및 잡비	1,000,000	사무용품 구입 및 사진현상료 外
보 험 료	1,400,000	대련선수
지 출 합 계	26,800,000	

- 지방차치단체 지원금 내역 (수입내역서 예)-

■경기도

<표 44> 지방차치단체 지원금 내역 (수입내역서 예1)

(단위 : 원)

입 금 일	지원금 내역	금 액	비 고
2008. 8. 31	행사비용	2,000,000	
2008. 9. 2		2500,000	
합 계		2,500,000	

■용인시

<표 45> 지방차치단체 지원금 내역 (수입내역서 예2)

(단위 : 원)

입 금 일	지원금 내역	금 액	비 고
2002. 3. 27	용인시 대회 지속유치 세미나	1,500,000	
2002. 5. 17	임원 work-shop	1,000,000	
합 계		2,500,00	

- 인건비 지출내역(지출내역서 예) -

■○○○○ 춘계대학연맹 전국합기도대회

<표 46> 인건비 지출내역(지출내역서 예)

(단위:원)

계정과목	지출내역	금 액	비 고
인 건 비	심 판 비	1,000,000	
	임 원 비	1,000,000	
	진행요원비	1,000,000	
	사무국장급여	500,000	
합 계		3,500,000	

5. 평가보고서

현재의 대회를 성공적으로 이끌고, 또한 다음 대회를 위해서 평가는 꼭 필요한 요수이다. 한번 기획되고 수행된 대회에 대해서는 완전한 평가를 하고 그 결과를 반영하여야 한다. 평가는 관리상의 책임소재를 명확히 하거나 평가결과를 다른 여러 목적에 활용하기 위해서 실시되는데, 효과적인 평가를 위해서는 평가대상이 되는 대회 에 관해서 철저한 기록을 남겨야 한다. 특히 정확한 평가를 위해서는 주관적인 기록이 아니라 완전히 객관적인 기록을 남기는 것이 중요하다. 또 대회 개최와 관련인 각종 서류, 제작물 등을 관리·보관하여야 하며 대회가 완료된 다음에는 종합적인 보고서를 작성해야 한다.

이런 평가결과는 기존의 대회 운영의 개선에도 중요한 기여를 할 수 있지만, 특히 새로운 대회의 기획에 있어서 더욱 중요한 의의를 갖는다고 할 수 있다.

대회 평가는 다양한 기준에 의하여 행해질 수 있다. 여기서는 대표적으로 평가의 주제·시기·방법에 따라 구분해보고자 한다.[77]

1) 평가 주체체 따른 분류

대회에 대한 평가에서 평가를 누가하는가에 의한 분류이다. 평가 주체가 대회 주체가 아닌 외부전문가에게 평가를 의뢰하는 외부평가와 대회조직내에서 실시하는 내부평가 혹은 자체평가로 구분되어진다. 대부분의 경우 내부평가와 외부평가의 목적이 약간의 차이가 있다.

(1) 외부평가

외부평가는 책임소재를 명확하게 하기 위해서 대회 전반에 걸친 문제점 개선방안을 찾기 위한 것으로, 사후에 실시되는 것이 대부분이다.

(2) 내부평가

자체평가라고도 하며 이는 대회를 추진하는 주체가 집행전략과 효율적인 관리를 위해 정보산출을 통해 평가의 질을 확보하기 위해 대회중에 또는 사후에 스스로 수행하는 평가이다.

2) 평가 시기에 따른 유형

시기에 의한 평가는 진단평가, 형성평가, 산출(총괄)평가 등 세 가지로 구분한다.

(1) 진단평가(Diagnostic evaluation)

사전평가라고도 하며 대회가 시작되기 이전에 수행되는 평가를 말한다. 이는 주로 대회의 수행의 경제적으로 사회·문화적으로 효과적인가 여부를 결정하기 위한 타당성을 분석하는 평가이며, 최초 대회의 입안단계에서 이루어진다.

즉 대회 개최로 인해서 나타나게 될 파급효과를 사전적으로 평가하고 타당성이 인정될 경우, 이를 가장 효율적으로 집행할 수 있는 방안을 탐색하는 과정에서 평가가 이에 해당된다. 진단평가를 통해서 대회의 집행여부 결정할 수 있게 된다.

(2) 형성평가(Formative evaluation)

대회가 진행되는 동안에 수행되는 평가를 말한다. 형성평가는 관련조직의 효율적 운영을 위해 실시하고 있으며, 투입(Input)과 산출(Output)간의 관계를 분석하고 더 나아가 파급효과와의 관계도 그 평가의 대상이 될 수 있다.

형성평가의 목적은 집행과정에서 나타난 집행계획, 집행절차, 투입자원, 집행활동 등을 점검하여 대회가 변화되는 환경에 좀더 유연하게 적응할 수 있는 가능성을 높이는데 있다. 이런 변화를 통해 대회는 본래의 목적을 효과적으로 달성할 수 있고, 대회의 진행 역시 효율성을 제고할 수 있다. 또 환경변화에 적응하는 것이 불가능한 때는 추진전략의 변화를 강구하거나 대회 내용을 수정·변경하며, 대회 자체의 중단·축소·유지·확대 여부의 결정에 도움을 주는 데 평가활동의 목적이 있다.

(3) 산출평가(Outcome evaluation)

산출평가는 대회가 완료된 이후에 수행되는 평가로 실제 대회의 완료와 함께 얻을 수 있는 모든 자료를 바탕으로 대회의 실질적 효과, 전반적인 가치와 전체과정에서 나타난 결과 및 잘된 점, 잘못된 점을 평가하는 것이다. 일반적으로 대회의 평가는 이러한 산출평가를 의미하고 있다.

산출평가는 특히 경제적인 부분을 강조할 때 쓰이는 용어라고 할 수 있다. 목표 달성이나 성취의 정략적 평가가 가능한 상황에서 그 목표를 어느 정도 달성하였는가를 평가하는 것이다. 산출평가는 대회의 계속·확장·축소 등과 같은 중요한 의사결정을 하는데 활용될 수 있어 일명 총괄평가(Summative evaluation)라고도 한다.

3) 평가방법에 따른 유형

평가 방법에 따라 정량적 분석과 정성적 분석으로 구분할 수 있다.

(1) 정량적 분석

정량적 분석은 대회의 집행 타당성을 사전에 그리고 사후에는 영향이나 효과를 과학적 기법을 동원하여 계량화하는 평가 기법을 의미한다.

(2) 정성적 분석

정성적 기법은 계량화 혹은 실측하기 어려운 영향이나 파급효과를 질적 척도로 구성된 선수의식조사, 지도자의식조사 등을 통해서 간접적으로 그 크기나 목표달성수준을 측정·분석하는 방법이다.

이 두 평가방법은 서로 대립되기보다는 보완적인 성격을 갖는 것으로 평가의 대상에 따라 적절한 방법을 활용하여야 더욱 정확한 평가가 가능해진다.

4) 평가의 지표

대회가 잘 수행되는지 대한 평가는 그 대회가 어떤 목적을 가지고 준비되고 실시되었는가와 결과를 비교해야 정확하게 알 수 있다.

평가의 가치는 주관적 결정이기 때문에 대회 평가를 수행함에 있어 객관성·정확성을 확보하기 위해 평가의 일정한 규칙이나 기준이 마련되어야 한다.

평가에 있어 판단을 위한 기준을 평가지표(Indication)라고 하는데, 흔히 기준(Standards)과 준거(Criterion)등 다양한 용어로 표현된다. 평가하는데 있어 주로 사용되는 개념으로는 효과성, 능률성을 들 수 있다. 효과성은 목표달성을 측정하는 것으로, 효과성의 측정은 영향평가, 또는 총괄평가시에 요구된다. 효과성의 측정은 목표를 달성하는 데 있어 각 개인과 조직의 기여도를 평가하는 데 필요하다. 능률성은 자원의 이용을 측정하는 것으로, 자원의 최적 이용 또는 비용의 낭비 등을 측정하는 것이다. 능률성을 평가하기 위해서 관리자는 산출단위당 생산에 소비되는 자원을 조사하고 자원투입을 증가시킬지 여부를 결정하게 된다.[78]

<표 47> 합기도대회 평가지표

평가지표	세부내용
대회장 배치 및 운영	※안내소 위치의 적정성 및 식별의 용이성 ※대회장 안내표지판 설치 여부 및 기재언어 ※관람객 동선을 충분히 고려한 배치로 흐름의 원활 여부 ※주 코트 위치의 적정성 ※주 코트의 활용성(지속적인 경기) ※대회장내 쓰레기 처리(쓰레기통, 처리인력) ※음식 부스에서 발생하는 오폐수로 인한 하천 등 환경오염 ※주대회장에 먹거리 장터 및 부대시설구분(행사분위기)
대회 운영	※주최측의 대회 육성 의지 ※주최측의 대회 전체를 종합적으로 통제, 진행 여부 ※개회식 연사제한과 환영분위기 조성 등 참가자 및 관람객 배려 ※대회특징을 잘 살리고 있는지 여부 ※관람객 참여이벤트 종류와 참여 이벤트 운영에 대한 관람객 만족도 평가
관람객과 대회참여자 편의시설	※충분한 화장실 및 청결도 평가와 공중전화, 무료급수, ※벤치, 파라솔 등 휴식공간, 주차장수 및 주차관리 ※기타 현금지급기
안내체계	※대도시권에서 접근용이성(소요시간, 환승편리시설) ※교통통제를 위한 지역 경찰 및 봉사단체 활용도 ※대회장을 가는 유도표지판, 편수막, 선전탑 설치장소와 개수 ※철도역, 터미널에서 대회장 가는 셔틀 버스 운행 ※셔틀버스 이용의 용이성(출발장소, 운행시간 안내 등 주최측의 배려도) ※대회장 이외에 지점 안내소 운영

한국관광공사(1999), "99 문화관광축제 지원 결과보고서: 해외홍보 ·마케팅 중심으로"[79]31쪽을 참고하여 내용 수정함.

결재	담당	전무	회장

<표 49> 대회평가보고서

한국대학합기도연맹회장 귀하	20 년 월 일
다음과 같이 대회 결과 보고를 합니다.	해당위원장 (인)
대 회 명	
대회 일 자	
대회 장 소	
주관부서 및 책 임 자	
대 회 목 적	
변경된 대회 계 획 내 용	
대 회 강 평	
잘 된 점	
개 선 점 (반 성)	
소 요 경 비	
참가 인원 및 상비이상유무	
비 고	

참고 문헌

1) Luther Gulick, "Note on the Theory of Organization,", in Luther Gulick and L. Urwick(eds.), Paper on the Science of Administration(New York; Institute of Public Administration, 1937), p.13.

2) Donald Stone, The Management of Municipal Public Works(Chicago: Public Administration Service, 1939), pp.63~67.

3) Harold Koontz and Cyril O'Donnell, Principles of Management: An Analysis of Managerial Functions(New York: McGraw-Hill Book Co., 1959), p. 453.

4) 김신복, 「발전기획론」(서울: 박영사, 1984), p. 6.

5) Hasan Ozbekhan, "Toward a General Theory of Planning," Erich Jantsch(ed.), Perspectives of Planning(OECD Paris, 1969), pp.117~118.

6) Ibid.

7) Erich Jantsch, "From Forecasting and Planning to Policy Sciencies," Policy Science, Vol. 1(American Elsevier Publishing Co., 1970), p. 35.

8) Yehezkel Dror, "The Planning Process: a Facet Design," International Review of Administrative Sciences, Vol. XXIX, No. 1(1963), pp.46~58.

9) Ibid., p.55.

10) John D. Millett, The Process and Organization of Government Planning(New York: Columbia Univ. Press, 1947), p.10.

11) Charles E. Merriam, "The National Resources Planning Board," in George B. Galloway and Associates, Planning for America(New York: Henry Holt&Co., 1941), p. 489.

12) Robert A. Walker, "The Relation of Budgeting to Program Planning," Public Administration Review, Vol. IV(Spring 1944), pp.97~102.

13) E. S. Quade, "Introduction," Systems Analysis and Policy Planning edited by E. S. Quade and W. I. Boucher(New York: Elsevier, 1968); 김신복, 전게서, p. 12.

14) Anthony J. Catanese, Systemic Planning: Theory and Application

(Massachusetts: Health Lexington Books, 1970), pp.26~34; 김신복, 상게서, pp.12~17.

15) 상게서.

16) 최창호 · 정세욱, 「행정학」(서울: 법문사, 1979), p.173.

17) Robert A.Dahl and Charles E. Lindblom, Politics, Economics and Welfare(New York: Harper Brothers, 1953), pp.3~25.

18) S. Kenneth Howard, "Administrative Rationality," in Frank Marini(ed.), Toward a New Public Administration: The Minnowbrook Perspective(new York: Chandler Publishing Co., 1971), p.287.

19) Karl Mannheim, "The Meaning of Rationality," in Marshall W. Meyer(ed.), Structure, Symbols, and Systems(Boston: Little, Brown and Co., 1971), p.54; Herbert A.Simon, "From Substantive to Procedural Rationality," in S. J. Latsis(ed.), Method and Appraisal in Economics(Cambridge: Cambridge University Press, 1976), pp.130~131; 백완기 「행정학」(서울:박영사, 1984), pp.133~137 등을 참조.

20) 김신복, 전게서, pp.16~17.

21) 유종해 외, 「행정학사전」(서울: 박영사, 1984), p.259.

22) Charles H. Levins, "More on Cutback Management: Hard Questions for Hard Times", Public Administration Review, Vol. 39(1979), p.179.

23) Andreas Faludi, Planning Theory(Oxford: Pergamon Press, 1973), p. 3.

24) Henry C. Highwer, "Planning Theory in Contemporary Professional Education", Journal of the American Institute of Planning, Vol. 35(September 1969), pp.326~329.

25) 김신복, 전게서, p. 80.

26) 조현호, 송재일, 서윤정(2006), 관광이벤트의 기획과 실제, 서울:대왕사, pp.191-206.

27) 고승익(2002), 관광이벤트경영론, 서울: 백산출판사 pp. 107-108.

28) 조달호(1994), 창조적인 이벤트전략, 한국이벤트개발원, p. 116.

29) 태권도지 통권 제160호(2008), 대한태권도협회, pp. 56-59.

30) 신입회원 훈련원(2004), (사)한국청년회의소, pp. 221-238.

31) 한상진(2002). 태권도 심판 지도론, 도서출판 홍경

32) 브리태니커 백과사전(Encyclopædia Britannica)

33) 다음 사전, http://www.daum.net/

34) 다음 사전, http://www.daum.net/

35) 신갑호(1997), 스포츠관리학, 도서출판 홍경

36) Gould, D., Guinan, D., Greenleaf, C., & Chung, Y.(2002) A survey of U.S olympic coaches: variables perceived to have influenced athlete performances and coach effectiveness. The Sport Psychologist, 14, pp. 229-250.

37) 박형란 · 조현홍 · 이한주 (2004), 고등학교 우수팀과 비우수팀 검도 지도자의 코칭 행동, 한국체육학회지, 2004, 제43권 제5호, pp. 173-182.

38) Dieffenbach, K., Gould, D., & Moffet, A.(2002), The coach's role in developing, Olympic Coach, 12, 2-4.

39) 성창훈 · 홍준희 · 최은규, 2004, 소년 스포츠 코치들이 지각하는 긍정적 코칭의 구성요서 및 장애요인, 한국스포츠심리학회지, 2004, 제15권, 제4호, pp.151-168

40) 신동성, 2000, 코칭론, 체육과학연구원, 2000. 05.03

41) 최상진(1996), 한국인의 심리적인 특성과 감독의 선수관리, 한국스포츠심리학회, 춘계학술발표 초록집.

42) Terry, P.(1993), The psychology of the coach-athlete relationship. A Self-Help Guide. Sport Psychology. Bull, S. J; The Crowood Press Ltd.

43) 김귀봉 · 손천택(1993), 코칭론, 서울: 보경문화사.

44) 김정연(1995), 체육 교수의 교수 행동과 코칭 행동의 비교 연구, 서울대학교 대학원 박사학위논문.

45) 백종수(2003), 초 · 중등학교 체조 코치의 코칭 행동 비교 분석, 한국스포츠교육학회지, 2003, 제10권, 제2호, pp. 97-109.

46) 윤익선(1994), 코칭론, 서울: 태근문화사. pp.12-23.

47) 정지혜(2000), 한국 프로농구 감독의 코칭지식 개념과 모형개발, 박사학위논문, 중앙대학교.

48) Tan, S. S. T., (1997), The elements of expertise. Journal of Physical Education. Recreation, and Dance, 68(2), pp. 30-33.

49) Demarco, G. M., & Mccullick, B. A. (1997) Developing Expertise in Coaching, JOPERD, March, 68(3).

50) Olson, B. (1996), Traits of Successful Coaching. Gatorade Sports Science Institute.

51) 박정근(2001), 우수 코치들의 리더십에 관한 질적연구, 한국스포츠 심리학회지, 12(1), pp. 79-107.

52) 유진 · 정지혜(1999), 농구코칭경험에 대한 질적 연구(Ⅰ), 한국체육학회지, 10(1), pp. 3-22.

53) 전진효(2001), 우수 테니스 코치들의 코칭 리더십에 관한 질적 연구, 한국체육학회지, 40(3), pp. 189-208.

54) 김인숙(2003), 우수 코치의 코칭 전문지식 발달 요인, 체육연구논문집, 2003, 제10권, 제1호, pp. 20-39.

55) McPerson, S. L., & Tomas, J. R.(1989), Relation of knowledge in boy's tennis: Age and expertise. Journal of Experimental Child Psychology, 48, pp.190-211.

56) Chase, W. G., & Simon, H. A. (1973), Perception in chess. Cognitive Psychology, 4, pp. 55-81.

57) 최의창(1996), 체육지도자의 실천적 지식, 스포츠과학, 55, pp. 4-14.

58) 정지혜(2004), 우수 농구코치들의 코칭지식에 대한 질적연구, 체육과학연구, 2004, 제15권 제1호, pp. 94-108.

59) 허정훈 · 김병준 · 유진(2001), 대학운동 선수들의 자기관리 전략: 평소연습과 시합상황의 비교, 한국체육학회지, 2001, 제40권, 제1호, pp.187-198.

60) 허정훈 · 김병준 · 유진(2001), 대학운동 선수들의 자기관리 전략: 평소연습과 시합상황의 비교, 한국체육학회지, 2001, 제40권, 제1호, pp.187-198.

61) Jones, R.T., Nelson, R.E., & Kazdin A.E(1977), The role of external varibles

in self reinforcement; A review. Behavior Modification, 1, 147–178, Comier, W.H. & Comier L.S.(1985). Interviewing Strategies for Helper.

62) Thoresen C. E., & Mohoney, ,M.J.(1974). Behavioral self control. NY; Holt. Rinehart and Winson. Comier, W. H,& Comier, W.H & Comier L.S.(1985). Interviewing Strategies for Helper.

63) Grews, D.(1993). Self–regulation strategies in sport and exercise. In R.N, Singer.,M. Murphy.,&L.K. Tinnant (Eds.), Hand–book on research in sport psychology (pp.557–568), NY: Macmillian phblishing company.

64) Kanfer, F.H.(1971) The maintenance of behavior by self–generated stimuli and L.B. Sachs(Eds). The psychology of private events. NY: Academic Press.

65) 김혜숙·박한샘(1996), 인지행동 상담기법 개발 및 보급보고서: 자기관리법Ⅰ. 청소년상담연구, 26. pp. 13–43.

66) Moy, S.(1992) A culturally sensitive psycho educational model for understanding and treating Asian–American. Journal of Psychology and Christianity, 4, pp. 235–267.

67) 허정훈·김병준·유진(2001), 대학운동 선수들의 자기관리 전략: 평소연습과 시합상황의 비교, 한국체육학회지, 2001, 제40권, 제1호, pp.187–198.

68) 허정훈·김병준·유진(2001), 대학운동 선수들의 자기관리 전략: 평소연습과 시합상황의 비교, 한국체육학회지, 2001, 제40권, 제1호, pp.187–198.

69) 허정훈·김병준·유진(2001), 대학운동 선수들의 자기관리 전략: 평소연습과 시합상황의 비교, 한국체육학회지, 2001, 제40권, 제1호, pp.187–198.

70) 허정훈·유진(2004), 국가대표 선수들의 자기관리 전략: 질적연구, 한국스포츠심리학회지 2004, 제15권, 제3호, pp. 27–52.

71) 허정훈·유진(2004), 국가대표 선수들의 자기관리 전략: 질적연구, 한국스포츠심리학회지 2004, 제15권, 제3호, pp. 27–52.

72) 김석기(2005), 경마기수의 자기관리에 관한 연구, 한국스포츠리서치, 제17권 1호, pp. 13–18.

73) 안주미·김상현(2005), 스포츠에어로빅스 선수의 자기관리 차이 분석, 한국스포츠리서치, 제16권 6호 pp. 615–521.

74) 김병준(2003), 운동선수 자기관리행동 측정, 체육과학연구, 12(4) pp. 125-140.

75) 구본칠(2005), 선수사기와 자기관리와의 관계, 한국스포츠리서치, 2005, 제16권, 통권 93호, pp. 479-490.

76) Coughlan, R.J.(1970), Dimensions of teacher morale. Educational Research Journal, 7, pp. 221-233.

77) 고승익(2002), 관광이벤트경영론, 서울: 백산출판사 pp. 147-150.

78) 고승익(2002), 관광이벤트경영론, 서울: 백산출판사 p. 152.

79) 한국관광공사(1999), "99 문화관광축제 지원 결과보고서: 해외홍보·마케팅 중심으로" p. 31.

저자 약력

○장 재 이(張 在 利)

용인대학교 유도학과 졸업
경희대학교 교육대학원 졸업(교육학 석사)
(필리핀)아라네타 대학교 대학원 졸업(교육학 박사)
현) 선문대학교 국제무도경호학부 교수
충남체육회 이사
충남 용무도협회 회장
대한유도회 중앙심의 위원

○최 종 균(崔 鍾 均)

용인대학교 동양무예학과 졸업
일본체육대학 대학원 졸업(체육학 석사)
용인대학교 대학원 졸업(체육학 박사)
현) 선문대학교 국제무도경호학부 교수
선문대학교 국제무예문화연구소 소장
한국대학합기도연맹 전무이사
한국전통쥬신무예 창시위원회 책임연구원장

○방 환 복(方 煥 福)

용인대학교 동양무예학과 졸업
명지대학교 대학원 졸업(체육학석사)
명지대학교 대학원 졸업(공학박사)
현) 선문대학교 국제무도경호학부 강사
선문대학교 국제무예문화연구소 특별연구원
한국대학합기도연맹 사무국장
한국전통쥬신무예 창시위원회 연구원
소마연구소 연구원

무도 경기 기획론

2008년 11월 17인쇄
2006년 11월 20발행

저 자 장재이, 최종균, 방환복
발행인 김봉태
발행처 선문대학교 출판부
아산캠퍼스 336-708 충청남도 아산시 탕정면 갈산리 100
전화 (041)530-2114 / Fax. (041)530-2979
등록 제9호(1998. 9. 25)
정가 15,000원
ISBN 978-89-8423-635-6 12690